编辑委员会

主　任：萧正洪
副主任：王子今　赵　荣　陈　峰　耿占军　刘吉发
委　员：王社教　王　欣　王　晖　王学理　朱士光　杜文玉
　　　　　李炳武　李　军　辛德勇　宋　超　周伟洲　周晓薇
　　　　　妹尾达彦　拜根兴　侯甬坚　麦大维（David McMullen）
　　　　　孙家洲　陈文豪　陈正奇　傅绍良　张建林　张寅成
　　　　　张懋镕　黄留珠　彭　卫　葛承雍　贾二强　贾俊侠
　　　　　赵世超　荣新江　刘庆柱　鹤间和幸

编辑人员

主　　编：贾二强
执行主编：权家玉

目 录

历史研究

略说日本史籍中的"唐"以及"唐人""唐物"
　　——以日本正史"六国史"为中心 .... 石晓军　3
关中士人与汉魏之际的政治变迁 .... 崔建华　23
唐折冲府卫属州属补考 .... 冯　雷　42
荀爽定位与董卓执政时期的汉末历史 .... 权家玉　王忆东　49

出土文献研究

珪组相辉　文华不绝：新出隋《刘大臻墓志》研读 .... 周晓薇　75
唐《赵慎微墓志》考 .... 吴炯炯　王乐达　88
新出唐代蕃将《石纲墓志》史事考 .... 王书钦　95
唐代小说家张固夫妻墓志辑考 .... 张　驰　121
东魏故镇远将军步兵校尉武威太守安威墓志析考 .... 阎　焰　138

长安历史记忆

刘绍攽《周易详说》易学初探 .... 刘银昌　155
长安与日下：陕西师范大学唐史研究所与北京大学中国古代史研究中心的
　　学术互动 .... 胡耀飞　167

沉痛悼念刘宝才教授...赵世超　185

翻译专栏

重建与毁弃：北魏洛阳城........................［美］熊存瑞　著　肖爱玲、王笑寒　译　197

《长安学研究》征稿启事..227

Table of contents

Historical Research

On the Japanese Image of Tang China (*Tō,* and *Tōjin, Tōbutsu*) in the
  Japanese Official Histories: Centering · on the *Rikkokushi* .... Shi Xiaojun   3
The Political Participation of Guanzhong Celebrities during The Han-Wei
  Transitional Period .... Cui Jianhua   23
Supplementary Research on the Historical Relationship Between Zhechong Fu,
  and Troops on the Basis of *Wei* and *Zhou* .... Feng Lei   42
Xun Shuang's Image and the History of Dong Zhuo's Administration in the
  Late Han Dynasty .... Quan Jiayu   Wang Yidong   49

Research on Excavated Literature

Interpretation of the Newly Published *Liu Dazhen's Epitaph* in the
  Sui Dynasty .... Zhou Xiaowei   75
Textual Research of *the Epitaph of Zhao Shenwei* in Tang Dynasty
  .... Wu Jiongjiong   Wang Leda   88
A Textual Research of Newly Discovered *Epitaph of Shi Gang* of the
  Tang Dynasty .... Wang Shuqin   95
A Study on the Collection of Tomb Inscriptions of Tang Dynasty Novelist
  Zhang Gu and His Wife .... Zhang Chi   121
Analytical Investigation on An Wei's Epitaph of the Eastern Wei Dynasty .... Yan Yan   138

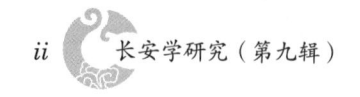

Chang'an Historical Memory

A Tentative Research of Liu Shaoban's Thought on Yi-ology in His
    The Elaboration of the Book of Changes .... Liu Yinchang   155

Chang'an and Capital: Academic Interactions between Tang History Institute
    of Shaanxi Normal University and Center for Research on Ancient
    Chinese History of Peking University .... Hu Yaofei   167

Deeply Mourning for Professor Liu Baocai .... Zhao Shichao   185

Translation Column

Reconstruction and Abandonment: Luoyang City of Northern Wei Dynasty
    .... Victor Cunrui Xiong Write   Xiao Ailing/Wang Xiaohan Translate   197

历史研究

略说日本史籍中的"唐"以及"唐人""唐物"

——以日本正史"六国史"为中心

石晓军[①]

（日本姬路独协大学　人间社会学群）

摘　要：本文通过日本古代的正史，即"六国史"中有关"唐"的记载及其相关表述，来探讨日本史书中的"唐"之形象的形成及其演变。"六国史"包括《日本书纪》30卷（720年成书）、《续日本纪》40卷（797年成书）、《日本后纪》40卷（840年成书）、《续日本后纪》20卷（869年成书）、《日本文德天皇实录》10卷（879年成书）、《日本三代实录》50卷（901年成书）六部史籍。通过系统梳理六书中关于"唐"，以及"唐人""唐物"等的记载及其事例，就其表述的具体所指进行考察，以尝试厘清古代日本人心目中的唐代形象。

关键词：古代日本正史；六国史；隋唐王朝；唐；唐人；唐物

一、引　言

超越国别史（Nation history）框架，从全球史（Global history）和区域史（Regional history）视角对历史事像加以观察、分析、解释，乃是史学研究的新动向及重要方法之一。建立在都城长安研究基础之上、涵盖整个周秦汉唐研究的长安学也不例外。近年来，在东亚（East Asia）或曰欧亚大陆东部（East Eurasia）的大视域中，通过横向及纵向的比较考察以及互视、互证研究，长安学研究领域已出现了不少令人瞩目的成果。[②]

[①] 作者为陕西师范大学历史文化学院特聘教授。本文的主旨曾于"长安与世界：古都名城与区域文化国际学术研讨会"（2023年10月21日，陕西师范大学）由作者做过口头报告。

[②] 这一方面最新成果及其综述可参见妹尾达彦著《グローバル・ヒストリー》（中央大学出版部，2018年，东京）一书。

受此影响，笔者近年也开始系统辑录考察日本历代史籍中有关中国的记载，藉以对笔者长期以来关注的中日文化交涉及其互视等问题做出进一步探讨。① 作为其副产品之一，笔者在本文中，试图从"域外"的视角，对隋唐王朝在同时代的日本文献中的表述及其演变加以观察。拟通过日本正史"六国史"中的"唐"及其相关表述，尝试探讨日本史籍中"唐"之内涵及其演变轨迹。②

众所周知，前近代日本对于中国的称呼因时代而有所变化，前后有数种，其中尤以"汉"与"唐"两种称呼最为普遍。"汉"作为代指中国以及中国文化的象征符号，诸如"汉字""汉语""汉文""汉诗"以及在比较对照意义上经常说的"汉和""和汉"等，不仅在日本早已耳熟能详，而且最近日本史学界还出现了对"汉"及其象征意义重新认识的新动向。③ 但是另一方面，对于另一个代指中国重要符号的"唐"形象及其演变轨迹，人们的关注则相对较少。

而事实上，自从奈良时代（710—784）、平安时代（794—1185），日本史籍中开始出现有关"唐""大唐""唐人""唐客""唐国""唐商""唐物"等记述以来，经镰仓、室町时代，直至江户时代，"唐"已经俨然成为中国的代称。④ 江户时代（1603—1867）的日本人普遍称赴长崎的清代商船为"唐船"、中国人为"唐人"、中国物品为"唐物"、汉语为"唐话"、汉籍为"唐本"等即为显例。以前推测江户时代上述称呼的直接语源，或来自明末清初赴日者多为明末唐王朱聿键治下之人，因其自称"唐人"而致，⑤ 但若从长时段来看，其源头无疑可溯至长期以来日本称中国为"唐""唐土"的传统。⑥ 换言之即起源于公元8、9世纪前后的奈良、平安时代。

那么，奈良、平安时代的日本文献是如何表述"唐"及其相关概念的呢？其具体所指及其演变又如何呢？迄今为止，学界围绕日本遣唐使带回日本的"唐消息（唐国

---

① 笔者自从20世纪80年代中期以来一直对此问题比较关注，曾在拙著《中日两国相互认识的变迁》（台湾商务印书馆，1992年，台北）中对此略有涉及。

② 除"六国史"之外，《类聚国史》205卷（菅原道真编。892年成书，现存61卷）、《日本纪略》34卷（编者不详。11世纪晚期成书）、汇集奈良平安时代古文书金石题跋等的史料集《宁乐遗文》3卷（竹内理三编，东京堂，1943—1962年，东京）、《平安遗文》15卷（竹内理三编，东京堂，1947—1980年，东京）等也是这一时期重要的史籍。此外还有《怀风藻》《本朝文萃》《菅家文草》《本朝无题诗》等汉诗文集，以及东大寺正仓院藏"正仓院文书"群等文献中都有不少有关隋唐的史料记载。关于这一方面，当留待异日另行考察。

③ 参见冈田和一郎、永田拓治编著《汉とは何か》（东方书店，2022年，东京）。

④ 需要说明的是，"唐""大唐"在日语中的训读作「もろこし」，其最初是实指唐朝，其后成为中国的代称，江户时代前后，其又进一步派生出了泛指海外的涵义，日语训读作「から」。关于其后演变的概况，可参阅河添房江、皆川雅树编《唐物と东アジア：舶载品をめぐる文化交流史》（勉诚出版，2011年，东京）、同氏编《「唐物」とは何か：舶载品をめぐる文化形成と交流》（勉诚出版，2022年，东京）。

⑤ 参见浦廉一著《唐船风说书の研究》第20页（东洋文库，1958年，东京）、大庭修著《江户时代における唐船持渡书の研究》第9页（关西大学东西学术研究所，1967年，大阪）。

⑥ 据松浦章氏的研究，从明《熹宗实录》卷五十八天启五年（1625）四月戊寅朔条收录的福建巡抚南居益给天启帝的奏折来看，当时明人似已知日本将中国商船称为"唐船"，中国人聚集区域称为"唐市"之事（参见松浦章著《江户时代唐船による日中文化交流》的序言部分以及第248页。思文阁出版，2007年，京都）。这一情况至少说明，江户时代日本称中国为"唐"，并非只与南明唐王有关，而是基于长期以来的传统。

消息)"的史料价值等问题,已出现了一些颇为深入的研究,①然而关于日本史籍中的"唐"的总体形象及其演变等,似仍未见有过全面系统的梳理。为此,笔者不揣浅陋,就此略事考察,敬请识者批评指正。

二、关于日本正史"六国史"

提起日本奈良、平安时代的史籍,势必首先要举出这一时期陆续编纂的六种敕撰正史,即从720年成书的《日本书纪》到901年成书的《日本三代实录》的六种官修史书,通常被称为"六国史",本文即以此为例来梳理考察其有关"唐"的相关表述。考虑到中文圈读者或许未必都很熟悉这些日本史籍,本节首先简要介绍一下"六国史"的概况。

所谓"六国史",包括以下六部史籍。

①《日本书纪》三十卷

舍人亲王等奉敕编撰,元正天皇养老四年(720)成书。汉文编年体。乃日本现存最早之正史,记述自传说中的"神代"时期至持统天皇十一年(697)之间四十代天皇的史事,但其早期记事以为神话传说为主,多不可信。这一点与下述五部史书明显不同。

《日本书纪》无序跋,关于其成书年代,乃是基于《续日本纪》卷八元正天皇养老四年(720)五月癸酉条的记载:"先是一品舍人亲王奉敕修《日本纪》,至是功成奏上《纪》卅卷,《系图》一卷。"

由上述记载,我们至少可以了解到以下三点:其一,《日本书纪》成书于元正天皇养老四年(720);其二,当初还有"系图一卷",已佚,现存诸本均不存此《系图》;其三,《日本书纪》亦称《日本纪》。②

②《续日本纪》四十卷

菅野真道、藤原继绳等奉敕编纂,桓武天皇延历十六年(797)成书。汉文编年体。

记述文武天皇元年(697)至桓武天皇延历十年(791)间九十五年的史事,包括

---

① 相关研究可参见山内晋次著《延暦の遣唐使がもたらした唐・吐蕃情報——『日本後紀』所収「唐消息」の基础的研究》(『史学杂志』103卷9号,1994年9月,东京)、金子修一著《遣唐使・遣渤海使の报告に见る唐の情势(一)》(『国史学』230号,第1—19页,国史学会,2020年2月,东京)、同氏著《遣唐使・遣渤海使の报告に见る唐の情势(二)》(『东方学』139辑,第1—21页,东方学会,2020年1月,东京)。

② 关于《日本书纪》何以有两种书名,历来已有很多研究,简言之,比较通行的看法是认为,中国的传统是把纪传体史书称作"书",而按编年体记载帝王治世的史书称作"纪",受中国史书影响,最初编纂者当是仿《汉书》《后汉书》,打算编修《日本书》,但因为最后只完成了帝王本纪部分,所以又称之为《日本纪》。另外,从《日本书纪》存世最早的写本来看,书名本作《日本书》,在书名之下写有小字"纪",故推测当是其后在传抄过程中,以讹传讹误为《日本书纪》。具体可参阅坂本太郎著《六国史》(日本历史丛书27)第43—49页(吉川弘文馆,1970年,东京)。

九代天皇（文武、元明、元正、圣武、孝谦、淳仁、称德、光仁、桓武）治世。乃研究奈良时代的基本史料。

全书基本体裁是编年体，但同时对部分人物有简略的传记（"薨传"）。这一点亦为其后几部日本史书所沿袭。

③《日本后纪》四十卷（现存十卷）

藤原绪嗣等奉敕编纂，仁明天皇承和七年（840）成书。汉文编年体。

记述桓武天皇延历十一年（792）至淳和天皇天长十年（833）间四十二年的史事，包括四代天皇（桓武、平城、嵯峨、淳和）治世。乃平安时代前期的基本史料。

是书原为四十卷，15世纪中后期的"应仁之乱"（1467—1477）之后散佚，现存十卷（卷五、八、十二、十三、十四、十七、二十、二十一、二十二、二十四）。但根据9世纪末菅原道真编纂的《类聚国史》以及12世纪初成书的《日本纪略》的引文，可大致复原其散佚部分之内容。

④《续日本后纪》二十卷

藤原良房、伴善男、春澄善绳等奉敕编纂，清和天皇贞观十一年（869）成书。汉文编年体。

其记述的时期是仁明朝（833—850）十七年间的史事，起自仁明天皇即位的天长十年（833），终至仁明天皇去世的嘉祥三年（850），乃是"六国史"中初次以一代天皇治世为对象的史书。全二十卷中，除记载即位之年（833）和承和之变（842）之外，基本上是一年一卷。

⑤《日本文德天皇实录》十卷

藤原基经、菅原是善等奉敕编纂，阳成天皇元庆三年（879）成书。汉文编年体。

如书名所示，其与《续日本后纪》同样，记述文德天皇一代。具体而言，从文德天皇即位的嘉祥三年（850）至文德天皇去世的天安二年（858）这八年之间的史事。

另外值得注意的是，与前述四种史书不同，是书首次以"实录"作为书名。

⑥《日本三代实录》五十卷

藤原时平、大藏善行、菅原道真等奉敕编纂，醍醐天皇延喜元年（901）成书。汉文编年体。

与上述《日本文德天皇实录》同样，也以"实录"为书名，但其记述的并非一代，而是三代。即清和朝（858—876）、阳成朝（877—883）、光孝朝（884—887）三代天皇治世。具体而言是从清和天皇天安二年（858）至光孝天皇仁和三年（887）三十年间的史事。

上述六部史籍即"六国史"共同的特点一是敕撰官修，也就是说都是奉天皇之命由官方基于各种史源材料编纂而成的正史，因而成为研究10世纪之前日本历史的最基本的史籍。而其所包括的时间范围是从传说中的"神代"到公元887年，若除去《日本书纪》前半部分的一些虚无缥缈的神话传说内容的话，其涵盖的时期正好大致相当于隋唐时期。同时，"六国史"基本都使用"汉文"，即中国古典文体，并以编年体形式撰写而成，这就使得中文圈的研究者及读者也可以比较容易地利用这些史料。

"六国史"目前最为通行的文本是由黑板胜美为首的"国史编修会"编校、20 世纪 30 年代以来由吉川弘文馆陆续出版的"新订增补国史大系"所收诸本。除此之外，20 世纪 60 年代以后又出现了一些校注译注本，其中比较有代表性的有：岩波书店 1965 年出版的"日本古典文学大系"收录的《日本书纪》（坂本太郎、家永三郎、井上光贞、大野晋校注并译）、小学馆 1996 年出版的"新编日本古典文学全集"收录的《日本书纪》（小岛宪之、直木孝次郎、西宫一民、藏中进、毛利正守校校注并译）、岩波书店 1989 年出版的"新日本古典文学大系"收录的《续日本纪》（青木和夫、稻冈耕二、笹山晴生、白藤礼幸校注并译），以及平凡社 1986 年至 1992 年间作为"东洋文库"之一种刊行的《续日本纪》（直木孝次郎等译注）、集英社 2003 年作为"译注日本史料"之一出版的《日本后纪》（黑板伸夫、森田悌译注）等。本文所引史料以吉川弘文馆的"新订增补国史大系"所收诸本为主，同时参稽了上述各校注译本。

三、《日本书纪》中的"唐"之所指为何？

《日本书纪》中涉及"唐"及其相关表述。最早出现是在《日本书纪》卷二十二推古天皇十五年（607）秋七月戊申朔庚戌条，其云：

> 大礼小野臣妹子遣于<u>大唐</u>，以鞍作福利为通事。
> （下线由笔者所加。以下同此，不另出注。——石注）

这条记载中的"大礼"乃是推古天皇四年（604）圣德太子主持制定的表示官人位阶的"十二阶冠位"的第五等级，"小野臣妹子"即众所周知的日本遣隋使小野妹子。[①] 607 年即隋炀帝大业三年的这次遣使亦见于《隋书》卷八十一《倭国传》，乃中日双方史籍第一次都明确记载的遣隋使，大家都很熟悉，兹不具引。值得注意的是，此条记载说小野妹子出使之地是"大唐"，显然有误。那么，这是否偶尔的笔误呢？翻检《日本书纪》，可以发现类似记载还有多处。例如：

[①] "小野臣妹子"的"臣"乃古代日本氏姓制度中表示身份地位的"姓（かばね）"之一（"八色之姓"的第六位）。按古代日本氏姓制度有三要素，即"氏""姓""名"，"氏"与"姓"一体，"姓"须置于"氏"之后面，通常可以省略"姓"，但不会省略"氏"。因而"小野臣妹子"通称"小野妹子"。关于这一问题亦可参阅拙著《也说〈李训墓志〉中的"朝臣"》（《澎湃新闻》2020 年 1 月 8 日《私家历史》专栏）以及拙著《略说隋唐史籍中的日本人姓名表记》（《澎湃新闻》2020 年 2 月 23 日《私家历史》专栏）。

(a) 卷二十二推古天皇十六年（608）夏四月条云：

小野臣妹子至自大唐。唐国号妹子臣曰苏因高。即大唐使人裴世清、下客十二人，从妹子臣至于筑紫。遣难波吉士雄成，召大唐客裴世清等。为唐客更造新馆于难波高丽馆之上。

(b) 同推古天皇十六年六月壬寅朔丙辰条载：

（前略）爰妹子臣奏之曰：臣参还之时，唐帝以书授臣。（下略）

(c) 同推古天皇十六年秋八月辛丑朔癸卯条：

唐客入京。是日，遣餝（饰）骑七十五疋（匹）而迎唐客于海石榴市衢。（中略）

(d) 同月壬子条：

召唐客于朝庭，令奏使旨。（中略）于是，大唐之国信物置于庭中。（中略）

(e) 同月丙辰条：

飨唐客等于朝。

(f) 同推古天皇十六年九月辛未朔辛巳条：

唐客裴世清罢归。则复以小野妹子臣为大使，（中略）副于唐客而遣之。爰天皇聘唐帝，其辞曰：（中略）是时，遣于唐国学生倭汉直福因、（中略）等并八人也。

(g) 卷二十二推古天皇十七年（609）秋九月条：

小野臣妹子等，至自大唐。唯通事福利不来。

(h) 卷二十二推古天皇廿二年（614）六月丁卯朔己卯条：

遣犬上君御田锹、矢田部造（阙名）于大唐。

(i) 卷二十二推古天皇廿三年（615）秋九月条：

犬上君御田锹、矢田部造至自大唐。

上述史料所涉及的时间跨度是607年至615年，相当于隋炀帝大业三年至大业十一年。史料中共有19处涉及"唐"（包括"大唐""唐国""唐帝"等）的表述。这些表述无论从时间还是从所记述的内容来看，显然都不是说唐朝，明显是指隋朝。而其中"大唐使人裴世清""大唐客裴世清"以及"唐客"则无疑是指《隋书·倭国传》中所记载的大业四年（608）隋炀帝"遣文林郎裴清使于倭国"之事（按《隋书》之所以作"裴清"，当是因为避李世民之讳）。或许是因为此乃不言自明之事，所以在《日本书纪》已出各校注本或译注本中，对此都仅加注说明此处的"唐"实际指"隋"，却并未解释其原因。[①]

[①] 参见坂本太郎、家永三郎、井上光贞、大野晋校注并译《日本书纪》下册，第189页注十九（日本古典文学大系68，岩波书店，1965年，东京）、小岛宪之、直木孝次郎、西宫一民、藏中进、毛利正守校注并译《日本书纪》第二册，第555页注十二（新编日本古典文学全集3，小学馆，1996年，东京）。

那么其原因究竟为何？是否因为《日本书纪》的编撰者不知道隋朝的存在呢？回答则是否定的，因为《日本书纪》卷二十二推古天皇廿六年（618）秋八月条有如下记载：

癸酉朔，高丽遣使贡方物，因以言：隋炀帝兴卅万众攻我，返之为我所破。（下略）

这条记载是《日本书纪》中唯一一次提到"隋"，但由此已足以了解到《日本书纪》的编撰者是知道"隋炀帝"的，由此推测其当然也应该是知道隋朝的。不过值得注意的是，上引史料在提及"隋"时是转述，即借用"高丽"（高句丽）使者之口转述。而在前面列举的（a）至（i）实际记述与隋朝的交往的各条记载中，《日本书纪》的编撰者则一律直接都用"唐"称之。换言之就是说，《日本书纪》的编撰者在竭力避免直接提及"隋"，都是以"唐"代指"隋"。这究竟为何呢？井上秀雄氏认为此事当显示了大和朝廷基于对唐外交考虑，对唐朝而做出的一种迎合姿态。[①] 笔者赞同此说，倘若结合其后《日本书纪》对唐朝的各种记述，还可以进一步说，其不仅反映了大和朝廷对隋唐的基本认识，而且也正是因为《日本书纪》的编撰者的这种姿态和坚持，遂使得"唐"这一称呼逐渐在日本扎根落户，并最终演变成为表示中国的一个象征性符号。

简而言之，在《日本书纪》全三十卷中，从卷二十二《推古纪》（593年—628年）的推古天皇十五年（607）秋七月戊申朔庚戌条开始出现"大唐"的记载，到全书卷末即卷三十《持统纪》（690年—697年）的持统天皇八年（694年）春正月丁未条的"大唐"记事为止，除了卷二十四《皇极纪》（642年—645年）和卷二十八《天武纪》上（673年）之外，每卷都有关于"唐"的记事。为节省篇幅，这里不再一一列举引用原文。兹列表如下：

表1 《日本书纪》的涉"唐"记载

卷次	天皇名	涉"唐"条目	公元	条数
卷22	推古天皇	十五年秋七月戊申朔庚戌条、十六年夏四月条、十六年六月壬寅朔丙辰条、十六年秋八月辛丑朔癸卯条、十六年八月壬子条、十六年秋八月丙辰条、十六年九月辛未朔辛巳条、十七年秋九月条、廿二年六月丁卯朔己卯条、廿三年秋九月条、卅一年秋七月条	607、608、609、614、615、623	22
卷23	舒明天皇	二年秋八月癸巳朔丁酉条、四年秋八月条、四年冬十月辛亥朔甲寅条、五年春正月己卯朔甲辰条、十一年秋九月条、十二年冬十月乙丑朔乙亥条	630、632、633、639、640	6
卷25	孝德天皇	白雉元年二月庚午朔戊寅条、白雉二年是岁条、白雉四年夏五月辛亥朔壬戌条、白雉四年秋七月条、白雉五年二月条、白雉五年秋七月条	650、651、653、654	10

---

① 井上秀雄：《古代日本人の外国観》第64—80页《『日本书纪』の外国観》（学生社，1991年，东京）。

续表

卷次	天皇名	涉"唐"条目	公元	条数
卷26	齐明天皇	元年夏五月条、元年八月戊戌条、三年是岁条、四年秋七月条、五年秋七月朔丙子朔戊寅条、六年九月己亥朔癸卯条、六年冬十月条、七年十一月壬辰朔戊戌条	655、657、658、659、660、661	21
卷27	天智天皇	称制辛酉年十二月条、元年三月条、二年春二月条、二年秋八月戊戌条、二年九月辛亥朔丁巳条、四年九月庚午朔壬辰条、六年冬十月条、七年冬十月条、八年是岁条、十年秋七月丙申朔丙午条、十年十一月甲午朔癸卯条	661、662、663、665、667、668、669、671	22
卷29	天武天皇	四年冬十月丙戌条、十三年十二月戊寅朔己卯条、十四年二月丁丑朔庚辰条、朱鸟元年六月庚午条	675、684、685、686	5
卷30	持统天皇	三年六月庚子条、四年九月丁酉条、四年冬十月癸丑条、四年冬十月乙丑条、五年九月己巳朔壬申条、六年闰五月乙酉条、八年春正月癸巳条、八年春正月丁未条、十年夏四月戊戌条	689、690、691、692、694、696	10
涉"唐"记载条目数合计				96

表2 《日本书纪》中的涉"唐"记事总数与"大唐"的记载数

卷次	天皇及在位期间	有记载的期间	其中"大唐"记载	"唐"记载总数
卷22	推古纪（593—628）	607年—623年	10	22
卷23	舒明纪（629—641）	633年—640年	5	6
卷25	孝德纪（645—654）	650年—654年	6	10
卷26	齐明纪（655—667）	655年—661年	6	21
卷27	天智纪（668—671）	661年—671年	10	22
卷29	天武纪（673—686）	675年—686年	4	5
卷30	持统纪（690—697）	689年—696年	6	10
			计68	计96

从上表来看，《日本书纪》中的"唐"相关记载共计96条。如上所述，其中《推古纪》的22处中至少有19条明确指隋朝。此外推古三十一年（623）秋七月条所记载的留学"大唐"的僧惠齐、惠光，以及医惠日、福因等回日本后的上奏曰：

> 留学于<u>唐国</u>者，皆学以成业，应唤。且<u>大唐国</u>者，法式备定之珍国也。常须达。

公元623年隋唐政权的更替已经完成，相当于唐高祖武德六年。但目前学界通说是认为日本派出的首次遣唐使是公元630年即日本舒明二年（唐太宗贞观四年）。即《日本书纪》卷二十三《舒明纪》的舒明天皇二年（630）秋八月癸巳朔丁酉所载"以大仁犬上君三田耜、大仁药师惠日遣于大唐"。尚无史料证明在此之前曾有遣唐使。因此，之前的推古三十一年（623）回日本的僧惠齐等人也很有可能是以前随遣隋使到赴华留学的僧人。按此推理，那么他们口中所说的"唐国"和"大唐国"则也有可能也是指隋朝。如果是这样的话，可以说《日本书纪》的《推古纪》中的全部涉"唐"记载都是指隋朝。

从《舒明纪》开始，以下各卷的记载则明确都是实指唐朝。此后的各条涉唐记载，基本上都是围绕遣唐使而展开，其中又尤其以相当于唐高宗治世前期的日本齐明天皇时期（655—667）的21条和天智天皇时期（668—671）的22条为最多。之所以如此，乃是与围绕朝鲜半岛的局势，这一时期唐日之间频繁互动有密切的关联。因此，透过上述涉唐记载的分布，我们还可以从一个侧面略窥当时的唐日关系。关于这一方面涉及问题较多，本文不拟展开，留诸以后再考。

另外，从上表还可以看到，在《日本书纪》的涉唐记载中，"大唐"这一表记最多，高达68条，占总数96条的百分之七十以上。这一现象亦充分反映了《日本书纪》对唐朝的认知状况，也奠定了其后"唐"在日本成为中国代称的基础。

四、《续日本纪》到《日本三代实录》中的"唐"

如前所述，《续日本纪》（四十卷）、《日本后纪》（四十卷，现存十卷）、《续日本后纪》（二十卷）、《日本文德天皇实录》（十卷）、《日本三代实录》（五十卷）五部史籍是继《日本书纪》之后的日本正史。其与前面谈过的《日本书纪》的不同点至少可以举出以下三点。

其一，这五部史籍都基本是根据当时的史源材料编撰而成，因而史料的可信程度较高。

其二，相对于《日本书纪》中有不少欠缺的年份，这五部史籍作为编年体史书，以总计一百六十卷的篇幅，一年不差地连续记述了从697年（日本文武天皇元年、武周神功元年）到887年（日本光孝天皇仁和三年、唐僖宗光启三年）之间一百九十年的史事。

其三，五部史籍的时间跨度是从7世纪末到9世纪晚期，大致相当于唐中宗（武周）至唐僖宗时期，因而其中所有涉"唐"的记载，无一例外都是实际指唐朝（包括武周）这一时期。

是故本节将其视为一个整体，对其中的涉及"唐"的记载加以粗略的梳理考察。

1. 涉唐记载概况

首先让我们看看这五部史籍中关于唐朝的相关记载的情况。

（甲）《续日本纪》（全四十卷）

如前所述，由四十卷构成的《续日本纪》的记载范围是从697年（文武天皇元年）至791年（桓武天皇延历十年），跨度95年，包括九代天皇（文武、元明、元正、圣武、孝谦、淳仁、称德、光仁、桓武）。697年即武周神功元年（唐中宗嗣圣十四年），791年即唐德宗贞元七年。也就是说相当于从武周开始，经睿宗、玄宗、肃宗、代宗朝，到德宗朝前期这一段时期。

在《续日本纪》中，首次出现涉唐记载是其卷一文武天皇四年（700）三月己未条，最后一条记载是其卷四十桓武天皇延历十年（791）五月乙亥条，时间跨度91年。笔者粗略翻检所及，涉唐记载卷次条目至少有下列各条，具列如次：

表3 《续日本纪》的涉唐记载

卷次	天皇名	涉唐条目	公元	条数
卷1	文武天皇	四年三月己未条	700	1
卷3	文武天皇	庆云元年秋七月甲申朔条，庆云四年三月庚子、五月癸亥条	704、707	3
卷8	元正天皇	养老二年冬十月庚辰条、十二月壬申条，养老三年春正月己亥条	718、719	3
卷9	元正天皇、圣武天皇	养老六年夏四月辛卯条、神龟二年十一月乙丑条	722、725	2
卷10	圣武天皇	神龟四年十二月丁丑条、圣武天皇天平元年八月癸亥条	727、729	2
卷11	圣武天皇	天平六年九月戊辰条	734	1
卷12	圣武天皇	天平七年三月丙寅条、夏四月辛亥条、五月庚申条、五月壬戌条，天平八年二月丁巳条、八月庚午条、冬十月戊申条、十一月戊寅条，天平九年九月己亥条	735、736、737	9
卷13	圣武天皇	天平十一年冬十月丙戌条、十一月辛卯条；天平十六年冬十月辛卯条	739、744	3
卷16	圣武天皇	天平十八年六月己亥条	748	1
卷18	孝谦天皇	天平胜宝二年二月乙亥条	750	1
卷19	孝谦天皇	天平胜宝六年正月壬子条、正月丙寅条三月丙午条，天平胜宝八年六月辛卯条	754、756	3
卷20	孝谦天皇	天平宝字符年十二月壬子条，天平宝字二年三月丁亥条、夏四月己巳条	757、758	3
卷21	淳仁天皇	天平宝字二年十二月戊申条	758	1
卷22	淳仁天皇	天平宝字三年春正月丁酉条、天平宝字四年二月辛亥条	759、760	2
卷23	淳仁天皇	天平宝字五年八月甲子条、冬十月辛酉条、冬十月癸酉条、十二月丙寅条	761	4
卷24	淳仁天皇	天平宝字六年春正月乙酉条、正月丁未条、三月庚辰朔条、四月丙寅条、五月丁酉条、秋七月丙申条、八月乙卯条，天平宝字七年春正月庚戌条、壬子条、庚申条、五月戊申条、冬十月乙亥条	762、763	12
卷25	淳仁天皇	天平宝字八年春正月乙巳条、秋七月甲寅条	764	2
卷26	称德天皇	天平神护元年冬十月戊子条、闰十月乙丑朔条	765	2
卷27	称德天皇	天平神护二年二月甲午条、六月壬子条、秋七月己卯条、冬十月癸卯条	766	4
卷28	称德天皇	神护景云元年冬十月庚子条	767	1

续表

卷次	天皇名	涉 唐 条 目	公元	条数
卷29	称德天皇	神护景云二年秋七月辛丑条	768	1
卷30	称德天皇 光仁天皇	神护景云三年十月癸亥条、宝龟元年三月丁卯条	769、770	2
卷33	光仁天皇	宝龟五年三月癸卯条、宝龟六年冬十月壬戌条	774、775	2
卷34	光仁天皇	宝龟七年夏四月壬申条、宝龟八年六月辛巳朔条	776、777	2
卷35	光仁天皇	宝龟九年冬十月乙未条、庚子条、十一月壬子条、乙卯条、庚申条、十二月丁亥条、己丑条、庚寅条、戊戌条；宝龟十年二月乙亥条，三月辛亥条，夏四月辛卯条、庚子条，五月癸卯条、丁巳条、庚申条、乙丑条、丙寅条、丁卯条，冬十月癸丑条	778、779	20
卷36	光仁天皇 桓武天皇	宝龟十一年春正月己巳条、辛未条、癸酉条、壬午条，十一月丙戌条，十二月甲午条，天应元年六月辛亥条、九月丁丑条	780、781	8
卷38	桓武天皇	延历三年六月辛丑条、癸丑条	784	2
卷39	桓武天皇	延历五年八月戊寅条、延历六年夏四月乙卯朔条、延历七年五月丁巳条	786、787、788	3
卷40	桓武天皇	延历八年冬十月乙酉条、延历十年五月乙亥条	789、791	2
涉唐记载条目数合计				102

又上列卷次条目可知，在全四十卷的《续日本纪》中，没有记载的只有十卷（卷2、4、5、6、14、17、31、32、37），其余三十卷均有涉唐记述，共计有102条记载，且不少条目中，一条记载中就有多处涉唐表述。另外，以时间顺序来说，其中记载条目较多的几次分别是：卷十二圣武天皇天平七年（735）至天平九年（737）的9条记载、卷二十四淳仁天皇天平宝字六年（762）至七年（763）的12条记载、卷三十五光仁天皇宝龟九年（778）至十年（779）的20条记载、卷三十六的宝龟十一年（780）至天应元年（781）的8条记载。

概言之，卷十二及卷二十四的记载显然主要与733年（日本天平五年、唐玄宗开元二十一年）至761年（日本天平宝字五年、唐肃宗上元二年）之间数次日本遣唐使（第10次至第15次）的任命及派遣有关；而卷三十五以及卷三十六的大量记载出现，则与777年（日本宝龟八年、唐代宗大历十二年）的第16次遣唐使，779年（宝龟十年、唐大历十四年）的第17次遣唐使的任命以及派遣密切关联。关于这一方面，留待以后另文考察，此处不拟展开。

（乙）《日本后纪》（全四十卷，现存十卷）

前文提到，840年（仁明天皇承和七年）成书的《日本后纪》原本是四十卷，其记述范围从792年（桓武天皇延历十一年）至833年（淳和天皇天长十年），跨度42年。但在15世纪中后期的"应仁之乱"之后散佚，目前仅有十卷（卷5、8、12、13、14、17、20、21、22、24）存世。在现存十卷中，涉唐记事首见于卷八桓武天皇延历十八年（799）正月甲戌条，最后一条记载是卷二十四嵯峨天皇弘仁六年（815）正月乙卯条。涉及卷次共有六卷（卷8、12、13、17、22、24），共计15条记载。具体如下：

表4 《日本后纪》的涉唐记载

卷次	天皇名	涉唐条目	公元	条数
卷8	桓武天皇	延历十八年正月甲戌条、秋七月条	799	2
卷12	桓武天皇	延历二十三年正月戊戌条、九月己丑条；延历二十四年六月乙巳条	804、805	3
卷13	桓武天皇	延历二十四年秋七月辛巳条、壬午条、辛卯条、壬辰条、甲午条、八月乙巳条，十一月丁卯条	805	7
卷17	平城天皇	大同三年十一月戊子条	808	1
卷22	嵯峨天皇	弘仁三年八月戊申条	812	1
卷24	嵯峨天皇	弘仁六年正月乙卯条	815	1
涉唐记载条目数合计				15

由于《日本后纪》现存卷数为原书的四分之一，所以相关涉唐记载仅有15条。在这15条记事中，涉唐记载最多的是卷十三的桓武天皇延历二十三年（804年，唐德宗贞元二十年）、延历二十四年（805年，唐顺宗永贞元年）两年。而这两年正是以藤原葛野麻吕为首的"延历遣唐使"即第18次遣唐使往来于唐日之间的时期，著名的最澄、空海、橘逸势等人也正是在这次回到了日本。另外，正如后文所述，引人注目的是，在《日本后纪》中第一次出现了"唐物"一词。

（丙）《续日本后纪》（二十卷）

作为"六国史"中第一部记载一代天皇治世的史书，《续日本后纪》起自仁明天皇即位的天长十年（833年，唐文宗太和七年），终至仁明天皇去世的嘉祥三年（850年，唐宣宗大中四年）。尽管只有十七年时间，但其中涉唐记事却不少。其首见于卷二仁明天皇天长十年（833）冬十月壬寅条，终于卷十九仁明天皇嘉祥二年（849）八月乙酉条。二十卷中十五卷有涉唐记载，具体如下所示：

表5 《续日本后纪》的涉唐记载

卷次	天皇	涉唐条目	公元	条数
卷2	仁明天皇	天长十年冬十月壬寅条、十二月乙酉条	833	2
卷3		承和元年正月己巳条、三月丁卯条	834	2
卷4		承和二年正月癸丑条、三月己巳条、三月庚午条、九月乙卯条、冬十月丁亥条	835	5
卷5		承和三年正月乙丑条、二月丙子条、二月戊寅条、二月丙戌条、三月癸丑条、四月戊寅条、四月壬辰条、四月甲午条、四月丁酉条、五月戊申条、五月庚申条、闰五月辛巳条、十二月丁酉条	836	13
卷6		承和四年二月甲午朔条、三月丙子条、三月戊寅条、三月壬午条、三月乙酉条、三月丁亥条	837	6

续表

卷次	天皇	涉唐条目	公元	条数
卷7		承和五年二月三月乙丑条、三月甲申条	838	2
卷8		承和六年九月丙午条、冬十月辛酉条、十月癸酉条、十二月辛酉条、十二月庚午条	839	5
卷9		承和七年夏四月戊辰条、六月丁未条	840	2
卷10		承和八年正月甲午条	841	1
卷11	仁明天皇	承和九年正月乙巳条、三月辛丑条	842	2
卷12		承和九年十月丁丑条	842	1
卷14		承和十一年秋七月癸未条	844	1
卷17		承和十四年秋七月辛未条、冬十月甲午条	847	2
卷18		承和十五年六月壬辰条、六月庚子条	848	2
卷19		嘉祥二年八月乙酉条	849	1
		涉唐记载条目数合计		47

尽管《续日本后纪》的范围只是仁明朝一代史事，但涉及唐朝的记载却有47条。其中尤其以卷五的承和三年（836年、唐文宗开成元年）最多，高达13条记载。其原因是因为这一年以藤原常嗣为大使、小野篁为副使的遣唐使团开始启程赴唐。这次被称为"承和遣唐使"的派遣，也是日本最后一次实际派出的遣唐使，在此前后的几年围绕此事有很多反复。例如早在承和元年（834）及二年（835）已任命大使等使团成员，然而由于风暴船只受损以及人事纠葛等问题，此次遣唐使船一直到838年（日本承和五年，唐开成三年）第三船才终于启航赴唐，次年四月回到日本。因此，其前后的记载大多都是围绕这次遣唐使而展开。

（丁）《日本文德天皇实录》（十卷）

如前所述，其也是记述了一代天皇治世，即从文德天皇即位的嘉祥三年（850）至文德天皇去世的天安二年（858）八年之间的史事。其首见于卷一的嘉祥三年（850）五月壬辰条，最后一条记载是卷九的天安元年（857）九月丁酉条。其中有五卷有涉唐记载，具体如下：

表6 《日本文德天皇实录》的涉唐记载

卷次	天皇	涉唐条目	公元	条数
卷1		嘉祥三年五月壬辰条	850	1
卷3		仁寿元年九月乙未条	851	1
卷4	文德天皇	仁寿二年二月乙巳条、十二月癸未条	852	2
卷5		仁寿三年六月辛酉条、十月丙子条	853	2
卷9		天安元年九月丁酉条	857	1
		涉唐记载条目数合计		7

850年至858年这一时期日本没有遣唐使赴唐，因而《日本文德天皇实录》中的

涉唐记载很少，仅有 7 条。其中所涉及唐朝之处，除了有关八世纪前半期的延历、承和年间的遣唐使相关人物，诸如对橘逸势、菅原梶成等事迹的追忆之外，大都是一些关于这一时期到日本九州岛大宰府的唐人的零星记载。

（戊）《日本三代实录》（五十卷）

如书名所示，其记述清和朝（858—876）、阳成朝（877—883）、光孝朝（884—887）三代天皇治世。具体而言是从清和天皇天安二年（858）至光孝天皇仁和三年（887）三十年间的史事。涉及唐朝的记载首见于卷五的清和天皇贞观三年（861）三月戊子条，最终记载是卷四十九的光孝天皇仁和二年（886）六月乙卯条。具列如下：

表7 《日本三代实录》涉唐记载

卷次	天皇	涉 唐 条 目	公元	条数
卷5	清和天皇	贞观三年三月戊子条、六月己未条	861	2
卷6	清和天皇	贞观四年七月庚寅条	862	1
卷7	清和天皇	贞观五年夏四月癸丑条、五月壬午条	863	2
卷8	清和天皇	贞观六年正月辛丑条	864	1
卷9	清和天皇	贞观六年八月丁卯条	864	1
卷11	清和天皇	贞观七年七月丙午条、十月甲戌条	865	2
卷12	清和天皇	贞观八年夏四月辛卯条、五月甲子条、五月壬申条	866	3
卷13	清和天皇	贞观八年冬十月甲戌条	866	1
卷14	清和天皇	贞观九年冬十月己巳条	867	1
卷23	清和天皇	贞观十五年五月庚寅条	873	1
卷24	清和天皇	贞观十五年秋七月庚午条	873	1
卷25	清和天皇	贞观十六年六月辛未条	874	1
卷26	清和天皇	贞观十六年秋七月甲辰条	874	1
卷28	清和天皇	贞观十八年三月丁亥条	876	1
卷29	清和天皇	贞观十八年六月庚申条、八月丁未条	876	2
卷30	阳成天皇	元庆元年闰二月己丑条	877	1
卷31	阳成天皇	元庆元年四月己丑条、六月甲午条	877	2
卷32	阳成天皇	元庆元年八月庚寅条、十二月丁亥条	877	2
卷36	阳成天皇	元庆三年冬十月己巳条、闰十月己丑条	879	2
卷38	阳成天皇	元庆四年十二月癸未条	880	1
卷40	阳成天皇	元庆五年冬十月戊子条、十二月己卯条	881	2
卷42	阳成天皇	元庆六年六月甲戌条	882	1
卷43	阳成天皇	元庆七年六月甲辰条	883	1
卷44	阳成天皇	元庆七年冬十月庚申条	883	1
卷45	阳成天皇	元庆八年三月丁亥条	884	1
卷48	光孝天皇	光孝天皇仁和元年十月辛未条	885	1
卷49	光孝天皇	光孝天皇仁和二年六月乙卯条	886	1
涉唐记载条目数合计				37

如上所见，《日本三代实录》全50卷中一共27卷有涉唐记载，总计37条。由于这一时期日本也没有派出遣唐使，因此都是零星涉及，各卷基本上都在一两次前后，最多一卷（卷十二）也只有三条记载。

就其记事的内容来看，与前述《日本文德天皇实录》同样，涉唐记载除了少数是因遣唐使相关人物（使者、留学生、留学僧等）故去而追忆其事迹之外，比较多的是有关这一时期到日本的唐商的记载。

2. 涉唐记载的初步考察

通过考察《续日本纪》到《日本三代实录》五部史籍中的涉唐记载，笔者以为至少可以得出如下几点认识。

其一，涉唐记载的"唐"不仅实指唐朝，而且也代指中土。

在上述五部史籍中，所有的涉唐记载都是以"唐"代称中土。那么当时的日本当局是否知晓7世纪末至8世纪初中土实际上出现了武周代唐的变动呢？从其涉唐记载来看，回答则是肯定的。例如《续日本纪》卷三庆云元年（704）秋七月甲申朔条记载云：

> 正四位下粟田朝臣真人自<u>唐</u>国至。初至<u>唐</u>时，有人来问曰：何处使人？答曰：日本国使。我使反问曰：此是何州界？答曰：是<u>大周</u>楚州盐城县界也。更问：先是<u>大唐</u>，今称<u>大周</u>，国号缘何改称？答曰：永淳二年，天皇太帝崩，皇太后登位，称号圣神皇帝，国号<u>大周</u>。

众所周知，以粟田真人为大使的第八次日本遣唐使是702年（日本文武天皇大宝二年、武周长安二年）出发，704年（日本庆云元年、武周长安四年）返回日本。这一时期恰好与武周时期重合，日本当局及时地知晓了这一变动信息，但《续日本纪》中仍说"粟田朝臣真人自<u>唐</u>国至"，可见其与之前的《日本书纪》的做法一样，明知故称。

其二，涉唐记载详细具体，部分可补唐代史籍之不足。

五部史籍涉唐记载的时间跨度是从7世纪末到9世纪晚期，几乎包括了日本遣唐使的全过程，因而说其涉唐记载以遣唐使为主也不为过。由于遣唐使乃是当时日本最大的事情，所以相关记载详细具体。其中部分记载可以补充唐代史籍之不足，试举一例。

《续日本纪》卷三十五光仁天皇宝龟九年（778）冬十月乙未条载：

> 正月十三日，到长安城，即于<u>外宅</u>安置供给。特有监使，勾当使院，频有优厚，中使不绝。十五日，于宣政殿礼见，天子不御。是日，进国信物及别贡等物，天子非分喜欢，班示群臣。三月廿二日，于延英殿对见，所请并允，即于内里设

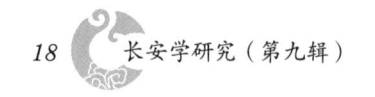

宴，官赏有差。

又《日本后纪》卷十二桓武天皇延历二十四年（805）六月乙巳条亦云：

> 十二月廿一日到上都长乐驿宿。廿三日内使赵忠，将飞龙家细马廿三匹迎来，兼持酒脯宣慰。驾即入京城，于<u>外宅</u>安置供给。特有监使高品、刘昂，勾当使院。第二船判官菅原朝臣清公等廿七人，去九月一日从明州入京，十一月十五日到长安城，于<u>同宅</u>相待。廿四日国信物及别贡等物，附监使刘昂，进于天子。

上面不同年代（相隔27年）的两条记载，都详细地记述了日本遣唐使入京，即进入长安城前后的具体过程，尤其是关于其住宿的"外宅"等的记载弥足珍贵，可补唐代史籍的不足。[1] 此外，日本史籍中有关安史之乱中安禄山称帝的时间，以及唐玄宗到益州之后，唐廷与渤海之间的交涉等记录等都是唐代史籍中所未见之记载。[2]

其三，透过涉唐记载表记的变化，可略窥唐日关系的大致走向以及奈良、平安时代日本对唐认识的变迁大势。

前文提到，在《日本书纪》中的涉唐记载中，"大唐"这一表记占总数的七成以上。但是到了《续日本纪》所记载的7世纪末到8世纪晚期的95年之间，即公元697年至791年间的相关涉唐记载中，"大唐"表记却大幅度减少。根据笔者的初步统计，在《续日本纪》总计102条涉唐记载中，几乎都是"唐""唐国"，明确表记为"大唐"者仅有4条。[3]

而进入9世纪以后，即从《续日本后纪》开始，"大唐"表记又明显增加，甚至出现了"巨唐"的表记。尽管《续日本后纪》记述的时期仅有十七年（833—850年），在总计47条涉唐记载中，却至少有九条是"大唐"或"巨唐"的表记。[4] 而《日本文

---

[1] 关于这一问题亦可参见拙著《唐代における鴻臚寺の附属机关について》（《史泉》第86号，第19—30页，1997年7月，大阪）、《隋唐时代の四方馆について》（《东方学》第103辑，第65—79页，东方学会，2002年1月，东京）、《隋唐外务官僚の研究》第一篇第二章（东方书店，2019年，东京）。中文论文可参拙著《隋唐四方馆考略》（《唐研究》第7卷第311—325页，北京大学出版社，2001年12月，北京）、《关于隋唐两京接待安置外使机构及设施的若干问题》（《史念海先生百年诞辰纪念学术论文集》第278—291页，陕西师范大学出版社，2012年10月，西安）。

[2] 可补唐史之阙的具体事例及其讨论，可详参前揭金子修一著《遣唐使・遣渤海使の报告に见る唐の情势（一）》（『国史学』230号，第1—19页，国史学会，2020年2月，东京）、同氏著《遣唐使・遣渤海使の报告に见る唐の情势（二）》（『东方学』139辑，第1—21页，东方学会，2020年1月，东京）。

[3] 即：《续日本纪》卷三的文武天皇庆云元年（704）秋七月甲申朔条、卷十五的圣武天皇天平十六年（744）冬十月辛卯条、卷十九的孝谦天皇天平胜宝六年（754）春正月丙寅条、卷二十的天平宝字二年（758）夏四月己巳条。

[4] 即：《续日本后纪》卷二的仁明天皇天长十年（833）冬十月壬寅条的"大唐使"，卷五的承和三年（836）闰五月辛巳条的"巨唐"、同年十二月丁酉的"巨唐"，卷八的承和六年（839）九月丙午条的"大唐天子"，卷九的承和七年（840）夏四月戊辰条的"大唐"和"巨唐"、同年六月丁未条的"大唐"，卷十七的承和十四年（847）秋七月辛未条的"大唐"、同年冬十月甲午条的"大唐"，卷十九的嘉祥二年（849）八月乙酉条的"大唐商人"。

德天皇实录》中的 7 条涉唐记载中超过半数是"大唐"的表记。① 到了 9 世纪中晚期即《日本三代实录》记述的时代，"大唐"的出现频率更是明显超过除了前述《日本书纪》之外的其他四部史籍，在《日本三代实录》总计 37 条涉唐记载中，有关"大唐"的表记达 18 条，几占总数的一半，尤其引人注目的是有关"大唐商人"等记载又约占其百分之五十左右。②

上述"大唐"表记的变化，以及 9 世纪中后期的"大唐商人"记事频出于日本史籍，恰好从一个侧面反映了 7 世纪末到 9 世纪晚期唐日关系的变迁。同时也给我们勾画出了这一时期日本对唐认识的基本变化轨迹。

其四，9 世纪涉唐记载中的"唐人"及"唐物"表记，当是后世同类称呼的先声。

在上述五部史籍中的涉唐记载中，除了"唐"及"大唐"等表示王朝名称的表记之外，谈及唐朝人物时最为普遍的表记则是"唐人"。这种倾向在进入 9 世纪以后更加明显，从《续日本纪》开始，"唐人"不仅成为当时的日本史籍中最为常见的称呼，而且似乎也对后世产生了巨大的影响。笔者以为，近世日本以"唐人"代指中国人的远源亦当溯源于此。

除此之外，还有一个值得注意的问题是，在 9 世纪初的日本史籍中，还出现了"唐物"这样一个全新的称呼。840 年成书的《日本后纪》卷十七平城天皇大同三年（808）十一月戊子条载：

> 敕：如闻，大尝会之杂乐伎人等，专乖朝宪，以<u>唐物</u>为饰。令之不行，往古所讥。宜重加禁断，不得许容。

一般通行说法是把上引大同三年（808）的这条记载视为"唐物"之首次出现。③ 笔者以为，其源头当再往前追溯至延历二十四年（805）。在《日本后纪》卷十三桓武天皇延历二十四年（805）秋七月条中有两条记载，一条是辛巳条，其云：

> 辛巳，葛野麻吕等上<u>唐国答信物</u>。

---

① 即：《日本文德天皇实录》卷三的仁寿元年（851）九月乙未条的"大唐人货物"、卷四的仁寿二年（852）二月乙巳条的"大唐"、卷五的仁寿三年（853）十二月丙子条的"大唐和尚"、卷九的天安元年（857）的"大唐扬州"。

② 关于"大唐商人"的记载，可参见《日本三代实录》卷六的清和天皇贞观四年（862）七月庚寅条的"大唐商人李延孝等"、卷九的贞观六年（864）八月丁卯条的"大唐通事张友信等"、卷十一贞观七年（865）的"大唐商人李延孝等"、卷十三贞观八年（866）冬十月甲戌条的"大唐商人张言等"、卷二十六贞观十六年（874）的"大唐商人崔岌等"、卷二十九贞观十八年（876）八月丁未条的"大唐商人杨清等"、卷三十二阳成天皇元庆元年（877）八月庚寅条的"大唐商人崔铎等"以及同年十二月丁亥条的"大唐处士"、卷四十八光孝天皇仁和元年（885）冬十月辛未条的"大唐商贾人"。

③ 见前揭河添房江、皆川雅树编《唐物と東アジア：舶载品をめぐる文化交流史》第 8、38—50 页森公章《奈良時代と「唐物」》（勉诚出版，2011 年，东京）、同氏编《「唐物」とは何か：舶载品をめぐる文化形成と交流》第 25—33 页河内春人《「唐物」の成立》（勉诚出版，2022 年，东京）。

另一条是甲午条，其说：

> 甲午，献<u>唐国物</u>于山科后田原崇道天皇三陵。

也就是说，延历二十四年（805）七月甲午，以"唐国物"献祭于山科后田原、崇道天皇陵。① 据此笔者推测，后来的"唐物"一词或当源于上述两条记载中的"唐国答信物"及"唐国物"，换言之也就是说，其当是"唐国答信物"和"唐国物"的简称。笔者之所以做出这种推断，是因为从其后的献祭皇陵的各种记载来看，同样的地方都是明确说是奉献"唐物"。例如《续日本后纪》卷二仁明天皇天长十年（833）十二月乙酉条云：

> 乙酉，天皇御建礼门，分使者奉<u>唐物</u>于后田原、八嶋、杨梅、柏原等山陵。

此处提到的"后田原、八嶋、杨梅、柏原等山陵"，后田原即指光仁天皇陵，八嶋指崇道天皇陵，杨梅指平城天皇陵，柏原指桓武天皇陵。其与前述延历二十四年（805）七月甲午条的"山科后田原崇道天皇三陵"是同一回事。此外，其他类似的记载还有不少，如《续日本后纪》卷二天长十年（833）十二月条的"庚子，天皇御建礼门，奉<u>唐物</u>于长冈山陵"；《续日本后纪》卷八承和六年（839）九月条的"辛酉，奉<u>唐物</u>于伊势大神宫"、十二月条的"辛酉，天皇御建礼门，分使者奉<u>唐物</u>于后田原、八嶋、杨梅、柏原等山陵"都是如此。

根据上述记载，基本可以断定805年的"唐国答信物"及"唐国物"当是其后"唐物"一词的来源。进入9世纪30年代以后，"唐物"逐渐成为一个普遍的称呼。并且一直影响到了后世的日本。关于这一方面，近年以来出现了不少研究，可一并参阅。②

五、结　语

上面围绕古代日本正史"六国史"的涉唐记载，做了一个粗略的考察。最后，对此加以简单的小结。通过上述考察，似可得出如下初步结论。

（1）敕撰官修的日本正史"六国史"所涉及的时期是从远古到公元9世纪晚期，其中基本依据原始记录档案编撰而成的部分，则基本上与隋唐时代重合。因此"六国

---

① 即桓武天皇之弟及皇太子早良亲王，延历四年（785）被废，流放于淡路岛，死于流放途中。延历十九年（800）被追谥为崇道天皇。

② 关于"唐物"一词在后世日本的最新研究，可参阅上揭《唐物と東アジア：舶載品をめぐる文化交流史》（2011年）、《「唐物」とは何か：舶載品をめぐる文化形成と交流》（2022年）二书。

史"不仅是研究10世纪之前日本史的基础史料,其有关中国的大量记载对于研究隋唐史也具有重要的意义。为我们提供了一个从"域外"观察隋唐、认识隋唐的视角。

（2）"六国史"中有关中国的记载几乎皆以"唐"表记。主要有"唐""大唐""唐国""唐客""唐人""唐物"等。粗略统计涉唐记载总数达304条,具体而言包括《日本书纪》96条、《续日本纪》102条、《日本后纪》15条、《续日本后纪》47条、《文德天皇实录》7条、《日本三代实录》37条。这些涉唐记载中的部分内容可补隋唐史籍记载之不足。

（3）在《日本书纪》中仅有1条记载提及"隋",而涉"唐"记载则高达96条。在这96条涉唐记载中,有关7世纪初期的19条记载实际是指同时期的隋朝。换言之《日本书纪》的编撰者是竭力避免直接提及"隋",以"唐"代指"隋"。类似的情况在其后的《续日本纪》中也有以"唐"代指"周"等表现。这些现象不仅显示了日本当局对"唐"外交的迎合姿态,也反映出"唐"已逐渐成为当时日本朝野对中土的一个代称。

（4）从"六国史"中的"大唐"表记来看,7世纪时约占总数的百分之七十左右（《日本书纪》）,到8世纪则跌落至谷底（《续日本纪》）,进入9世纪以后又再次回升至总数的百分之五十前后（《日本后纪》《续日本后纪》《文德天皇实录》《日本三代实录》）。这种现象从一个侧面反映了7世纪初至9世纪末唐日关系的变迁。同时也给我们勾画出了这一时期日本朝野对唐认识的基本变化轨迹。

（5）从"六国史"的后四部史籍——《日本后纪》《续日本后纪》《文德天皇实录》《日本三代实录》的涉唐记载来看,最为引人注目的是9世纪初"唐物"一词的出现,以及9世纪中后期的"大唐商人"记事的频出。这些现象都反映了9世纪以后唐日关系由政转经、从官方逐步转向民间的大趋势。

（6）"六国史"中频出的"唐""唐人"以及9世纪初期出现的"唐物"表记,不仅是观察7至9世纪日本朝野对唐认识的关键词,也是我们考察这些称呼何以成为后世日本对中国的代称,并进一步演变为整个"海外"之代称的出发点。关于这一方面,因涉及对镰仓、室町、江户时代相关史料的考察,已经远远超出了本文的范围,当作为今后的课题。

On the Japanese Image of Tang China (*Tō*, and *Tōjin*, *Tōbutsu*) in the Japanese Official Histories: Centering · on the *Rikkokushi*

Shi Xiaojun

Himeji Dokkyo University, Japan

Abstract: This paper aims at clarifying the formation and evolution of the Japanese image of Tang China through an examination of the expressions in relation with the Sui and Tang dynasties in the official histories of ancient Japan, namely the *Rikkokushi*. The *Rikkokushi* consists of six parts: *Nihon Shoki* 日本书纪, 30 volumes, completed in 720; *Shoku Nihongi* 续日本纪, 40 volumes, completed in 797; *Nihon Kōki* 日本后纪, 40 volumes, completed in 840; *Shoku Nihon Kōki* 续日本后纪, 20 volumes, completed in 869; *Montoku Tennō jitsuroku* 日本文德天皇实录, 10 volumes, completed in 879; and *Nihon Sandai jitsuroku* 日本三代实录, 50 volumes, completed in 901. By a systematic exploration of those expressions about *Tō* 唐, *Tōjin* 唐人 and *Tōbutsu* 唐物 in the *Rikkokushi*, the paper will elucidate their real meaning and thereby reconstruct the Japanese image of Tang China.

Key words: official Histories of ancient Japan, *Rikkokushi*, the Sui and Tang dynasties, *Tō*, *Tōjin*, *Tōbutsu*

关中士人与汉魏之际的政治变迁

崔建华

（陕西师范大学　历史文化学院）

摘　要：汉魏之际，关中士人被一系列的政局变动裹挟其中。在并凉合作阶段，董卓为了维持这一合作局面，默许王允选用个别关中士人。李傕等董卓部将执政时，出于和解关东的需要，重视发挥关中大族的政治影响力。曹操控制汉献帝后，钟繇被任命为司隶校尉，持节督关中诸军。司隶校尉军事职能的强化，使大批关中士人能够以军府僚佐的身份加入献帝政权。而献帝政权往往也通过任用关中士人，实现对关中、凉州的有效控制。献帝末年，"世为汉臣"的关中旧族因反对曹操而遭到清洗，出身"单家"的关中新贵则因其对曹魏建国的贡献，具备较好的政治前景。曹魏时期，关中新贵的第二代谋夺司马氏辅政权而被诛，关中士人的政治参与陷入低谷。不过，就区域文化融合而言，献帝末年关中旧族对曹操的不满具有较强的历史文化歧视意味，而曹魏时期政争双方皆为曹魏功臣第二代，政争双方政治身份同质性的增强，体现出汉魏之际东西方区域融合的深化。

关键词：关中士人；汉魏之际；凉州集团；关中旧族；区域融合

在东汉晚期宦官专权的情况下，士人们对政治的疏离是一个普遍现象。不过，若仔细观察，士林的共性之中也存在区域差异。关东士人往往由疏离政治进而否定时君的合法性，屡有另立皇帝的计划。比如灵帝晚期"冀州刺史王芬、南阳许攸、沛国周旌等连结豪杰，谋废灵帝，立合肥侯"。献帝初年"袁绍与韩馥谋立幽州牧刘虞为帝"。[①] 比较而言，关中士人则显得相对平和，未见他们因为疏离而图谋另立新君，他们更倾向于寻求合适的机会，参与到既有政权的建设中来。

---

① 《三国志》卷一《魏书·武帝纪》，北京：中华书局，1982年，第4、8页。

一、并凉合作与关中士人的初步进用

中平六年，在众多士人的支持下，外戚何进与宦官之间的矛盾激化。为增加诛宦官的胜算，何进招董卓进京。董卓领兵尚在道，洛阳宫廷大乱，何进及众多宦官相继死亡。趁此乱局，董卓进入洛阳，以武力为后盾，成为东汉王朝的执政者。秉政之初，董卓"忍性矫情，擢用群士"，"幽滞之士，多所显拔"，但即便如此，他并未被士林所接纳，群士到官，"各兴义兵，同盟讨卓"。①笼络关东士人的努力未能奏效，董卓不得已转变策略，将选人用人的目光转向凉州与关东之间的中间地带。

所谓"中间地带"，并不只是地理空间意义上的二者之间，还用来指代文化面貌上具有杂糅状态的区域。在某种程度上，后一义可能更重要，这个意义上的中间地带可以成为文化差异明显的区域之间的缓冲地带或是沟通的桥梁。董卓籍贯陇西，属凉州。他既为关东士人所排斥，人事安排上便只能向接近凉州的区域倾斜。《后汉书·献帝纪》记载，初平元年，董卓罢免屡持异议的太尉黄琬、司徒杨彪，"以光禄勋赵谦为太尉，太仆王允为司徒"。赵谦的籍贯，李贤注引《谢承书》："蜀郡成都人也。"②属益州。而王允为"太原祁人也"，③属并州。益州在文翁化蜀之后，文教日渐兴盛，涌现出司马相如、王褒、扬雄等具有全国性影响的文化人物。至于并州，其太原、上党二郡毗邻中原，自然深受中原士风的影响，甚至出现了郭林宗这样主导人物品评的典型士人。但需要指出的是，在文教方面与关东地区趋同，这只是并、益二州历史发展的一个方面。实际上，二州皆属边地，既与羌胡氐蛮相接，在文化风格上势必与同处边地的凉州存在尚武的共性。董卓对益、并士人的任用，显然离不开由边地文化共性所带来的亲近感，同时也蕴含着凭借中间地带士人来缓和东西矛盾的理性行政思维。

在董卓重用中间士人的总体人事策略中，并州人占据着更为突出的地位。④来自该州五原郡的吕布与太原郡的王允，二人一文一武，维系着董卓政权。比较而言，益州的重要性相对弱一些，毕竟该州僻处西南一隅，地缘上与山东悬隔，沟通关东关西，自非其强项。再者，自刘焉任益州牧以来，该州已然成为独立王国，虽有不臣之势，然亦无争天下之志，董卓只需与益州势力相安无事即可，没有重用益州人的急迫性。并州则不然，无论其地理意义的中间状态，抑或文化意义的中间状态，都决定着该州人士是需要尽力争取的对象。为此，董卓对王允几乎是不设防的。这一点，从董卓执政时的关中人事安排可以看得极为明白。

---

① 《后汉书》卷七二《董卓传》，北京：中华书局，1965年，第2326页。
② 《后汉书》卷九《献帝纪》，第369页。
③ 《后汉书》卷六六《王允传》，第2172页。
④ 方诗铭指出，"兼并了并州军队"是董卓掌握东汉政权的武力条件之一，而"并、凉两州军队矛盾激化"则导致了董卓失败被杀（方诗铭：《董卓对东汉政权的控制及其失败》，《史林》1992年第2期）。陈勇亦认为，并、凉两大集团的关系演化对汉末政局有"重要的影响"（陈勇：《董卓进京述论》，《中国史研究》1995年第4期）。

董卓将汉献帝迁至长安后,关中地区的管控便是一个极其要害的问题。《后汉书·王允传》:

> 初,允以同郡宋翼为左冯翊,王宏为右扶风。是时三辅民庶炽盛,兵谷富实,李傕等欲即杀允,惧二郡为患,乃先征翼、宏。宏遣使谓翼曰:"郭汜、李傕以我二人在外,故未危王公。今日就征,明日俱族。计将安出?"翼曰:"虽祸福难量,然王命所不得避也。"宏曰:"义兵鼎沸,在于董卓,况其党与乎!若举兵共讨君侧恶人,山东必应之,此转祸为福之计也。"翼不从。宏不能独立,遂俱就征,下廷尉。傕乃收允及翼、宏,并杀之。①

因惧怕左冯翊、右扶风"二郡为患",董卓被杀后,其余党未敢立即杀死王允。右扶风王宏亦自言,正是因他与左冯翊宋翼"二人在外",李傕等人"故未危王公"。可见,关中地区控制权的极端重要性。然而,对如此敏感的职位,董卓竟然全权交给了王允。不仅认可王允从故土太原择人,甚至对王允任人唯亲亦未见质疑。《后汉书·王允传》载"王宏字长文",而据同书《郭太传》记载,被名士郭太品评过的人物当中,有籍贯太原的王长文。李贤注引《谢承书》:"王长文,长文弟子师……子师位至司徒。"②子师即王允之字,这就意味着,王允是将自己的兄长安插到了三辅长官的关键岗位上。这一人事安排,如果缺少了董卓对王允的高度信任,是绝不可能实现的。

王允任用同乡亲信控制关中,客观上有利于其实现诛除董卓的政治意愿。但他的谋划显然不止于此,他对关中士人的提携亦可视为推进诛董进程的重要举措。就区位特征而言,关中介于凉州与关东之间,但长期建都以及园陵所在的特殊历史决定着,该区域在文化面貌上不同于临边的并、益二州,它与关东地区的文化联系更为紧密一些。因此,作为凉州武人代表的董卓,他对关中士人是比较疏离的。《后汉书·董卓传》记载,董氏为树立凉州集团的政治权威,"稍诛关中旧族,陷以叛逆"。③《三国志·魏书·董卓传》描述董卓在关中的统治状态:"法令苛酷,爱憎淫刑,更相被诬,冤死者千数。百姓嗷嗷,道路以目。"更详细的情形见于裴松之注引《魏书》:"卓使司隶校尉刘器籍吏民有为子不孝,为臣不忠,为吏不清,为弟不顺,有应此者皆身诛,财物没官。于是爱憎互起,民多冤死。"④考虑到董卓未能实际控制关东地区,此处所谓遭受严厉打击的"吏民",其所属区域显然应是献帝政权所在的关中地区。然而,董卓挟持的献帝政权中仍可见到关中士人的身影。《后汉书·王允传》:

---

① 《后汉书》卷六六《王允传》,第 2177 页。
② 《后汉书》卷六八《郭太传》,第 2231 页。
③ 《后汉书》卷七二《董卓传》,第 2330 页。
④ 《三国志》卷六《魏书·董卓传》,第 176—177、179 页。

允见卓祸毒方深，篡逆已兆，密与司隶校尉黄琬、尚书郑公业等谋共诛之。乃上护羌校尉杨瓒行左将军事，执金吾士孙瑞为南阳太守，并将兵出武关道，以讨袁术为名，实欲分路征卓，而后拔天子还洛阳。卓疑而留之，允乃引内瑞为仆射，瓒为尚书。①

王允先安排士孙瑞经由南阳征讨尚驻留洛阳的董卓，未果之后又运作其担任尚书仆射。此职秩级不算太高，仅六百石，但属机要岗位，"署尚书事，（尚书）令不在则奏下众事"。②表面看来，士孙瑞的地位在尚书令之下，并非尚书机构的负责人，不过，如果注意到王允在献帝即位之初"拜太仆，再迁守尚书令。初平元年，代杨彪为司徒，守尚书令如故"，③既然王允本人承担了尚书令的职责，那么尚书仆射士孙瑞自然是辅助他掌控尚书机构最为得力的人物。而此人的籍贯，据《三辅决录》："士孙瑞字君荣，扶风人，世为学门。"④可见，王允选择了一位关中士人作为自己的心腹。事实上，他在尚书机构安插的关中士人不止一个，《三国志》裴松之注引《典略》：

赵戬，字叔茂，京兆长陵人也。质而好学，言称《诗》《书》，爱恤于人，不论疏密。辟公府，入为尚书选部郎。董卓欲以所私并充台阁，戬拒不听。卓怒，召戬欲杀之，观者皆为戬惧，而戬自若。及见卓，引辞正色，陈说是非，卓虽凶戾，屈而谢之。迁平陵令。故将王允被害，莫敢近者，戬弃官收敛之。⑤

由记载可知，王允与赵戬是故将与故吏的关系。在东汉政治伦理中，这种关系通常发生于某个政府机构与该机构的各组成部门之间，至于不同的政区层级之间，比如郡太守与县令之间，一般不构成这样的关系。因此，赵戬成为王允属吏并非在担任平陵令期间，而应当是在"辟公府，入为尚书选部郎"的阶段。从引文所述赵戬与董卓围绕人事问题而发生的激烈冲突来看，关中士人进入尚书机构显然对董卓的权力有所牵制。那么，董卓为何没有果断地阻止或推翻此类人事布局呢？回答这个问题，就不能不考虑外来政权的生存之道。

有学者指出，董卓迁都长安的目的在于"以关陇为依托，实现与其凉州旧部的会合，从关中乃至凉州本土直接获得兵源"。⑥此说言及凉州集团对关中兵源的抽取，其实关中地区的统治资源又何止兵源一项，众多士人在士林及乡土社会当中发挥着不同程度的影响力，凉州人欲使献帝政权有效运转，绝不会忽视关中本土士人的存在。董

---

① 《后汉书》卷六六《王允传》，第2175页。
② 《后汉书》志二六《百官三》，第3596页。
③ 《后汉书》卷六六《王允传》，第2174页。
④ 赵岐撰，张澍辑，陈晓捷注：《三辅决录》，西安：三秦出版社，2006年，第61页。
⑤ 《三国志》卷三二《蜀书·先主传》裴注引《典略》，第883页。
⑥ 陈勇：《董卓进京述论》，《中国史研究》1995年第4期。

卓"稍诛关中旧族",即反映了他对关中士人的注目。只不过这种关注是以消灭而非笼络的方式加以表现的。之所以如此,董卓秉政之初遭遇的未能成功笼络关东士人的执政经验,或许从负面影响了他对关中士人的态度。但无论从情感角度来讲,抑或从施政理性出发,董卓亦当期待与关中士人合作,尽管这种期待近乎奢望。在无力争取关中士人的情况下,董卓既信用并州人,假并州人之手使关中士人为我所用,便是一种可以尝试的用人模式。而在并凉合作的基本框架下,这种用人模式也应得到某种程度的尊重,毕竟,全面否决王允的人事安排,并不利于维持并凉之间的互信。

从相关记载来看,董卓不仅默认王允启用关中人,甚至他自己对待关中士人的方式也有渐趋软化的迹象。《后汉书·献帝纪》:初平二年,"太尉赵谦罢,太常马日䃅为太尉",①《三辅决录》曰:"日䃅字翁叔,马融之族子。少传融业,以才学进。"② 马融为扶风茂陵人,系关中大儒,其同族晚辈马日䃅既"少传融业,以才学进",儒学造诣亦不为薄。董卓黜免益州人赵谦,转而任用关中大族出身的儒士,这一人事任免或许亦有王允参赞其间,但三公这个层次的人选显然非王允所能独办,董卓本人应是此次人事更动的主导者。明乎此,便不难体会董卓此举的标志意义,凉州集团在并凉合作的基础上,日益重视关中士人的积极作用。

二、和解关东与凉州武将对关中大族的重用

初平三年四月,经过司徒王允的运作,董卓被杀。此事的直接后果便是并凉合作局面的终结。董卓部将李傕、郭汜等攻陷长安,杀王允,逐吕布,并州人不再为凉州武将所信任。相应地,关中士人的重要性显得愈发突出。其表现包括以下两点。

其一,在残酷杀戮王允势力的过程中,李傕等人对关中士人是网开一面的。比如士孙瑞,杀董卓之前,"允与士孙瑞、杨瓒登台请霁,复结前谋",说明他是深度参与了诛董密谋的,但他并未被李傕清算。《后汉书》叙其因由:"瑞以允自专讨董卓之劳,故归功不侯,所以获免于难。"③ 将免于被清算归因于低调、谦退,固然不错。不过,对于士孙瑞所扮演的角色,李傕等人恐怕不会因为他的低调就未能知悉。李傕不杀士孙瑞,更大程度上应源于他不愿激化与关中士人的矛盾。再如赵戬,他殡殓王允,李傕定然不悦,但仍听其行义,成全士人的道德之美。

其二,李傕等人任用了更多的出自关中大族的士人。初平三年七月,"太尉马日

---

① 《后汉书》卷九《献帝纪》,第369、371页。
② 《后汉书》卷七〇《孔融传》李贤注引,第2265页。马日䃅与马融的关系,《后汉书》卷六〇《马融传》:"族孙日䃅,献帝时位至太傅。"(第1972页)与此不同。
③ 《后汉书》卷六六《王允传》,第2178页。

碑为太傅，录尚书事。八月，遣日䃅及太仆赵岐，持节慰抚天下"。① 马日䃅的地域、家世背景已如前述，至于赵岐，《后汉书》本传谓其"京兆长陵人"，又言"生于御史台"，说明其父曾在中央政府任职。② 另据《三国志》裴松之注引《魏略》，赵岐的侄子赵息担任京兆功曹，因轻蔑宦官唐衡之弟唐玹，唐玹"甚恚，欲灭诸赵"。不久，唐玹任京兆尹，"息自知前过，乃逃走"。赵岐时任皮氏长，"闻有家祸，因从官舍逃"。赵息的另一个从父赵仲台为凉州刺史，免官后被杀，一并受害者还包括"诸赵尺儿以上"。③ 从赵氏诸人的职务、对待外来宦官势力的态度、家族规模来看，赵氏无疑亦属于京兆大族。李傕任用的还有金氏。袁术曾言："昔将金元休向兖州，甫诣封丘，为曹操逆所拒破，流离迸走，几至灭亡。"《三国志》裴松之注引《典略》："元休名尚，京兆人也。尚与同郡韦休甫、第五文休俱著名，号为三休。尚，献帝初为兖州刺史，东之郡，而太祖已临兖州。尚南依袁术。"④ 京兆金氏可追溯至西汉武帝时期以谨慎著称的金日䃅，就家族渊源而言，比马、赵二族还要久远。据袁术及《典略》所言，金元休赴任兖州刺史，与曹操发生了冲突。兖州刺史本为刘岱，刘岱死后，兖州僚佐推戴曹操领兖州牧，金元休被献帝朝廷任命为兖州刺史，应当也发生于此时。而据《三国志·魏书·武帝纪》，刘岱之死及曹操领兖州牧等内容被书写于"傕等擅朝政"之后，⑤ 因此，金元休的任命应出自李傕。

赋予关中大族以重要使命，意味着凉州武将对董卓用人策略的重大调整。他们在放弃对并州人的过分倚重的同时，大幅度加强了董卓已表现出的任用关中人的人事倾向。但需要指出的是，用人策略的此次转变不能单纯地从并凉合作的破产来理解。事实上，王允死后，首先受到凉州武将关注的是益州人，而非关中人士。初平三年六月，"前将军赵谦为司徒"，前一年被罢免太尉一职的益州人再任三公，接替了因王允被杀而出缺的司徒一职，显然，关中士人在当时尚非李傕用人的首选。那么，择人眼光由益州到关中的转向是如何发生的呢？

据《后汉书·献帝纪》，赵谦担任司徒一职不过月余，便被济南人淳于嘉所取代。⑥ 这在一定程度上可以视为李傕等人向关东群雄展示善意，企图缓和关东与关西之间的矛盾。为配合这一政治目标，在罢免赵谦的同时，凉州武将以"车骑将军皇甫

---

① 《后汉书》卷九《献帝纪》，第373页。《三国志·魏书·袁绍传》记载，袁绍起兵讨伐董卓后，"卓遣执金吾胡母班、将作大匠吴修赍诏书喻绍，绍使河内太守王匡杀之"。裴松之注引谢承《后汉书》载胡母班与王匡书，其中有言："仆与太傅马公、太仆赵岐、少府阴修俱受诏命。关东诸郡，虽实嫉卓，犹以衔奉王命，不敢玷辱。"（第192—193页）此信将马日䃅、赵岐赴关东调停的时间置于董卓执政时期，显系后来者假胡母班之名伪作。
② 《后汉书》卷六四《赵岐传》，第2121页。
③ 《三国志》卷一八《魏书》裴注引《魏略》，第551—552页。与赵岐一同出逃的还有赵岐之侄赵戬。见《后汉书》第2122页。
④ 《三国志》卷七《魏书·吕布传》，第223页。
⑤ 《三国志》卷一《魏书·武帝纪》，第9页。
⑥ 《后汉书》卷九《献帝纪》，第373页。

嵩为太尉"。这个人事安排具有双重意义。首先，在李傕等人看来，皇甫嵩任太尉可以巩固凉州人对献帝政权的主导地位。皇甫嵩籍贯安定郡，属凉州，作为灵帝末年镇压黄巾之乱的首功之臣，皇甫嵩可以说是凉州武人的骄傲。王允诛董卓之后，谋划解除领兵在外的董氏部将的兵权，当时便有人劝说王允："可以皇甫义真（皇甫嵩字）为将军，就领其众，因使留陕以安抚之，而徐与关东通谋，以观其变。"王允虽然不同意这个提议，但他说："今若距险屯陕，虽安凉州，而疑关东之心。"① 可见，皇甫嵩对凉州武将可以发挥安抚作用，这是当时士大夫的共识。其次，皇甫嵩担任太尉，具有向关东人让步的意味。史载皇甫嵩"少有文武志介，好《诗》《书》，习弓马"。② 就文化性格来说，他既成长于边地尚武的氛围中，又深受弥漫于东汉社会的习经之风的影响，这一点可以为皇甫嵩与关东士人之间的沟通提供些许便利。

合观淳于嘉、皇甫嵩二人所获三公之任，李傕等凉州武人颇有向关东群雄示好的意向，这是董卓死后凉州武人执政的一个重要特征。与此相应，某些关东政治势力正是在董卓死后方才与关中的献帝政权建立联系。比如徐州刺史陶谦，《后汉书·陶谦传》："时董卓虽诛，而李傕、郭汜作乱关中。是时四方断绝，谦每遣使间行，奉贡西京。"③ 揣此文意，陶谦朝贡献帝似在李傕秉政时。但《三国志·魏书·陶谦传》曰："董卓之乱，州郡起兵，天子都长安，四方断绝，谦遣使间行致贡献。"④ 却将陶谦西使献帝的时间前延至董卓时期。今据《后汉书·朱儁传》：朱儁讨董卓时，"徐州刺史陶谦遣精兵三千"，并"上儁行车骑将军"。"及董卓被诛，傕、汜作乱，儁时犹在中牟。陶谦以儁名臣，数有战功，可委以大事，乃与诸豪桀共推儁为太师，因移檄牧伯，同讨李傕等，奉迎天子。"⑤ 可见，陶谦是讨董的坚定支持者，董卓死后，他又积极声讨董卓余党。那么，他遣使贡献必定开始于李傕执政后的某个时段。⑥ 陶谦之外，曹操是另一个联络献帝政权的人物。《三国志·魏书·钟繇传》："是时，汉帝在西京，李傕、郭汜等乱长安中，与关东断绝。太祖领兖州牧，始遣使上书。傕、汜等以为'关东欲自立天子，今曹操虽有使命，非其至实'，议留太祖使，拒绝其意。繇说傕、汜等曰：'方今英雄并起，各矫命专制，唯曹兖州乃心王室，而逆其忠款，非所以副将来之

---

① 《后汉书》卷六六《王允传》，第2176页。
② 《后汉书》卷七一《皇甫嵩传》，第2299页。
③ 《后汉书》卷七三《陶谦传》，第2366页。
④ 《三国志》卷八《魏书·陶谦传》，第248页。
⑤ 《后汉书》卷七一《朱儁传》，第2312页。
⑥ 《后汉书·朱儁传》记载，陶谦推戴朱儁为太师讨李傕，"会李傕用太尉周忠、尚书贾诩策，征儁入朝。军吏皆惮入关，欲应陶谦等。儁曰：'以君召臣，义不俟驾，况天子诏乎！……'遂辞谦议而就傕征"。（2313页）朱儁坚定讨董卓，董氏死后便服从李傕征召，尽管朱儁自言这是献帝皇统对他的感召，但这并非实质性解释。董卓、李傕都是挟天子以出令，董卓入关中后，留朱儁守洛阳，这个军事措置亦当假皇命而为之，然而，朱儁却与关东联合讨董卓，此时并未见到朱氏对皇命的遵从。因此，朱儁应李傕征召，根本原因在于联合讨伐对象董卓已死亡，朱儁继续与掌控献帝政权的李傕对抗的主动性下降了。这一点不仅适用于朱儁，对于其他关东政治势力而言亦是如此。而朱儁应征，对于推戴朱氏的陶谦来说，应当会有较大触动，继踵朱氏而朝贡献帝当然是一个可能的选项。

望也。'傕、汜等用繇言，厚加答报，由是太祖使命遂得通。"①李傕明知曹操来使并非臣服于己，但为了"副将来之望"，分化关东，遂"厚加答报"，示好于曹氏。

明了董卓死后凉州武人的执政思路及其实际效果，有助于更好地理解他们对关中大族士人的任用。毫无疑问，这些人事动作的意图皆在于利用关中士人与关东群雄沟通的便利性，增强凉州武人掌控的献帝政权对关东局势的影响力。相关记载表明，受到委任的关中士人的确有一定的政治能量，也颇受关东政治势力重视，但总体说来并无太大建树。比如赵岐至河北，"是时袁绍、曹操与公孙瓒争冀州，绍及操闻岐至，皆自将兵数百里奉迎，岐深陈天子恩德，宜罢兵安人之道，又移书公孙瓒，为言利害。绍等各引兵去，皆与岐期会洛阳，奉迎车驾"。②但这只是一时成效，赵岐并未从根本上化解袁绍与公孙瓒的矛盾。马日磾至淮南，袁术"轻侮之，遂夺其节，求去又不听，因欲逼为军帅。日磾深自恨，遂呕血而毙"。③金尚赴任兖州刺史未果，遂驻留袁术处。"术僭号，欲以尚为太尉，不敢显言，私使人讽之，尚无屈意，术亦不敢强也。建安初，尚逃还，为术所害。"④尽管诸人在关东的政治表现平平，但从袁术欲以马日磾为军帅、以金尚为太尉的人事意向观之，关中士人的名望仍然是不容忽视的。

三、司隶校尉军事职能的扩充与关中士人的大量任用

董卓余党持政的前期，重视发挥关中大族所具有的联络关东、凝聚本地的独特政治优势，但后来这一用人取向已不具备延续下去的基本社会条件。

通常来说，政治动荡会导致民众外逃。从相关记载来看，东汉末年关中人出逃的方向因地缘特点而存在内部差异。京兆人最热门的逃亡目的地是荆州。比如杜畿"会天下乱，遂弃官客荆州，建安中乃还"。⑤隗禧因"初平中，三辅乱"，遂"南客荆州"。⑥赵戬亦因"三辅乱"，"客荆州，刘表以为宾客"。而扶风民众更喜奔蜀。比如射坚，"献帝之初，三辅饥乱，坚去官，与弟援南入蜀依刘璋"。⑦法正因"建安初，天下饥荒"，"与同郡孟达俱入蜀依刘璋"。⑧当然，并非所有人都投奔荆益，亦有北行者，如扶风武功人苏则，"世为著姓，兴平中，三辅乱，饥穷，避难北地。客安定，依富室师亮"。⑨纵观这些士人流徙的记载，对于逃亡背景或时间的表述是多样化的，言

---

① 《三国志》卷一三《魏书·钟繇传》，第391页。
② 《后汉书》卷六四《赵岐传》，第2123—2124页。
③ 《后汉书》卷七〇《孔融传》，第2264—2265页。
④ 《三国志》卷七《魏书·吕布传》，第223页。
⑤ 《三国志》卷一六《魏书·杜畿传》，第493页。
⑥ 《三国志》卷一三《魏书》裴注引《魏略》，第422页。
⑦ 《三国志》卷三二《蜀书·先主传》裴注引《典略》及《三辅决录注》，第883、885—886页。
⑧ 《三国志》卷三七《蜀书·法正传》，第957、959页。
⑨ 《三国志》卷一六《魏书·苏则传》，第491页。

背景者有"天下乱""三辅乱",言时间者有"初平中""献帝之初""建安初""兴平中"。尽管存在着众多差异,但都诠释着一个最基本的道理,即战乱势必造成地方人才的流失,乱局越深,人才流失也将越严重。

与此前相比,凉州武人执政后期的政局动荡显然要严重得多,主要原因在于凉州人内部的不断分裂。《三国志·魏书·董卓传》:兴平元年,"侍中马宇与谏议大夫种劭、左中郎将刘范等谋,欲使(马)腾袭长安,己为内应,以诛傕等",事泄,傕党樊稠"击腾,腾败走,还凉州;又攻槐里,宇等皆死"。① 此说将凉州武将马腾视为谋袭长安的次要人物。然而,袁宏《后汉纪》曰:"是时李傕等专乱,马腾等私求不获。腾怒,以益州牧刘焉宗室大臣,遣使招引,欲共诛傕等。"② 马腾攻击李傕的主动性极为明显,他是主动寻找机会,而非被动迎合。作为凉州人内部的第一次分裂,马腾与李傕之间的战事对关中社会的破坏甚大。史载"时三辅民尚数十万户,傕等放兵劫略,攻剽城邑,人民饥困,二年间相啖食略尽"。③ 后来又发生了凉州集团核心人物李傕与郭汜的分裂,《后汉书·董卓传》:"初,帝入关,三辅户口尚数十万,自傕汜相攻,天子东归后,长安城空四十余日,强者四散,羸者相食,二三年间,关中无复人迹。"④

建安元年,曹操挟汉献帝定都于许,开始逐步整顿关中的社会秩序。比如,都许次年,朝廷便"遣谒者仆射裴茂率关西诸将诛傕,夷三族",⑤ 打击流窜于关中的董卓余部。不过,与直接的军事行动相比,重视司隶校尉一职的选任,扩充该职位的军事功能,这样的制度建设对于关中社会的发展具有更为深远的意义。《三国志·魏书·钟繇传》:"时关中诸将马腾、韩遂等,各拥强兵相与争。太祖方有事山东,以关右为忧。乃表繇以侍中守司隶校尉,持节督关中诸军,委之以后事,特使不拘科制。"⑥ 司隶校尉"掌察举百官以下,及京师近郡犯法者","所部郡七",即三河、三辅、弘农。为了使司隶校尉能够更好地行使监察七郡的职能,司隶校尉的属官"皆州自辟除"。其属官当中有一类叫做"郡国从事","每郡国各一人"。另有"典郡书佐","各主一郡文书,以郡吏补,岁满一更"。更为值得关注的是,司隶校尉的职能并不局限于监察执

---

① 《三国志》卷六《魏书·董卓传》,第182页。
② 张烈点校《两汉纪》(下),北京:中华书局,2002年,第528页。
③ 《三国志》卷六《魏书·董卓传》,第182页。
④ 《后汉书》卷七二《董卓传》,第2341页。所谓"啖食略尽""无复人迹"是一种概括性的说法。实际上,即便是在局势极为动荡的时期,仍有民众选择留在故土。比如冯翊人严幹、李义,"会三辅乱,人多流宕,而幹、义不去,与诸知故相浮沉,采樵自活"。又如京兆人鲍出,"兴平中,三辅乱,出与老母兄弟五人家居本县,以饥饿,留其母守舍,相将行采蓬实"。只是后来遭遇老母被"啖人贼"略去的惨剧,迫不得已,遂"客南阳"。事见《三国志》卷一五《魏书》裴注引《魏略》,第553、674页。
⑤ 《三国志》卷六《魏书·董卓传》,第187页。《后汉书·献帝纪》系此事于建安三年(第380页),然据袁宏《后汉纪》:建安二年冬十月,"谒者仆射裴督三辅诸军,讨李傕也"。"三年春正月,破傕,斩之,夷三族"。(第556页)《后汉书》采取了史终言之的写法。讨李傕应始于建安二年。
⑥ 《三国志》卷一三《魏书·钟繇传》,第392页。

法,"其有军事,则置兵曹从事,主兵事"。① 钟繇"持节督关中诸军",应是对司隶校尉原有军事职能的进一步扩充。

得益于制度的保障,关中士人以空前规模被纳入献帝朝廷。如果说此前的司隶校尉主要凭借郡国从事、典郡书佐这两种职官来容纳关中士人,那么,在钟繇被赋予"持节督关中诸军"的权力后,他所任司隶校尉一职便能以其更为突出的军事职能容纳更多的关中士人。《三国志》裴松之注引《魏略》:京兆人贾洪"好学有才,而特精于《春秋左传》。建安初,仕郡,举计掾,应州辟。时州中自参军事以下百余人,唯洪与冯翊严苞文通才学最高。"② 所谓"州中自参军事以下百余人",即是以司隶校尉钟繇为中心汇聚而成的关中士人群体。从相关记载来看,钟繇与这些僚佐之间不仅仅是行政上的上下级关系,二者相处还颇有几分亦师亦友的色彩。比如冯翊人严幹,"从破乱之后,更折节学问,特善《春秋公羊》。司隶钟繇不好《公羊》而好《左氏》,谓《左氏》为太官,而谓《公羊》为卖饼家,故数与幹共辩析长短。繇为人机捷,善持论,而幹讷口,临时屈无以应。繇谓幹曰:'公羊高竟为左丘明服矣。'幹曰:'直故吏为明使君服耳,公羊未肯也。'"③ 钟繇与严幹辩论《春秋》学不同学派之间的优劣,学术争执又能以戏谑的方式化解,足见二人关系之融洽。钟繇与贾洪亦相知颇深。二人同好《左氏》,学术取向的一致性自然便利于彼此的交往,有助于增进相互之间的了解。马超反叛的时候,"超劫洪,将诣华阴,使作露布。洪不获已,为作之。司徒钟繇在东,识其文,曰:'此贾洪作也。'"④ 钟繇对贾洪的独特文风了如指掌,如果二者只是上下级之间例行公事的文书往还,恐不能至此。

尽管钟繇以侍中守司隶校尉的汉官身份笼络了很多关中士人,但建安年间前半期献帝政权对关中地区的实际控制权还是比较虚弱的。由于曹操"方有事山东",无力向关中分兵。征讨李傕的时候,献帝只是派出谒者仆射裴茂为中央政府的代表,实际依靠的力量则是"关西诸将"。所谓"关西诸将",在不同的语境中自有其具体所指。前引"遣谒者仆射裴茂率关西诸将诛傕"的记载,《后汉书·献帝纪》记作"遣谒者裴茂率中郎将段煨讨李傕,夷三族",可见,此处的"关西诸将"以段煨为核心。《三国志·魏书·贾诩传》:"贾诩字文和,武威姑臧人也",而"将军段煨屯华阴,与诩同郡"。⑤ 由此可知,段煨乃凉州人。《三国志》裴松之注引《魏书》亦见"关西诸将":"是时关西诸将,外虽怀附,内未可信",⑥ 因此有人建议朝廷尽量不要触动他们的利益,否则可能引起变乱。而高柔在分析这一形势时说:"今猥遣大兵,西有韩遂、马

---

① 《后汉书》志二七《百官四》,第3613—3614页。
② 《三国志》卷一三《魏书》裴注引《魏略》,第421页。
③ 《三国志》卷一五《魏书》裴注引《魏略》,第675页。
④ 《三国志》卷一三《魏书》裴注引《魏略》,第421页。
⑤ 《三国志》卷一〇《魏书·贾诩传》,第326—327页。
⑥ 《三国志》卷二一《魏书·卫觊传》,第611页。

超,谓为己举,将相扇动作逆。"可见,《魏书》所谓"关西诸将",其核心是指韩遂、马超,同样来自凉州。由段煨、韩遂、马超皆为"关西诸将"核心人物的事实可以感知到,史籍所谓"关西诸将"重在强调核心武将的地域背景。而当表述的重点在于凉州武将的主要活动区域时,史籍有时便将他们纳入"关中诸将"的范畴。《三国志》裴松之注引《典略》:"建安十六年,超与关中诸将侯选、程银、李堪、张横、梁兴、成宜、马玩、杨秋、韩遂等,凡十部,俱反,其众十万,同据河、潼,建列营阵。"① 此处的"关中诸将",并非都是关中人。据《三国志》裴松之注引《魏略》:"时又有程银、侯选、李堪,皆河东人也,兴平之乱,各有众千余家。建安十六年,并与马超合。"② 因此,《典略》所谓"关中诸将"表达的意思是活动于关中地区的武将。而且如同"关西诸将"以马超、韩遂为核心,"关中诸将"当中发挥主导作用者仍是马超、韩遂等凉州武将。

四、制驭雍凉:关中士人对献帝政权的主要历史贡献

从建安十六年关中诸将十部俱反的情形来看,凉州武将在关中地区的割据之势并非他们自身单方面促成的。曹操既然"方有事山东",对程银等先已活动于关中的多支小股武装暂时无暇顾及,那么,主动引入一支能够统摄关中的军事力量,便是一个比较务实的策略。据《三国志》裴松之注引《典略》,马腾于兴平元年攻李傕失利后,返回凉州,渐与韩遂交恶。"建安之初,国家纲纪殆弛,乃使司隶校尉钟繇、凉州牧韦端和解之。征腾还屯槐里,转拜为前将军,假节,封槐里侯。北备胡寇,东备白骑,待士进贤,矜救民命,三辅甚安爱之。"③ 马腾屯军关中,是汉官钟繇及韦端调和凉州人内部矛盾的结果,而之所以积极调停,争取凉州军事力量为汉廷所用,显然是其重要政治目标。但这也就意味着,随着形势的发展,当凉州武将成为曹操霸业的障碍时,双方对关中控制权的争夺在所难免。《三国志·魏书·卫觊传》:

> 时四方大有还民,关中诸将多引为部曲,觊书与荀彧曰:"关中膏腴之地,顷遭荒乱,人民流入荆州者十万余家,闻本土安宁,皆企望思归。而归者无以自业,诸将各竞招怀,以为部曲。郡县贫弱,不能与争,兵家遂强。一旦变动,必有后忧。夫盐,国之大宝也,自乱来散放,宜如旧置使者监卖,以其直益市犁牛。若有归民,以供给之。勤耕积粟,以丰殖关中。远民闻之,必日夜竞还。又使司隶校尉留治关中以为之主,则诸将日削,官民日盛,此强本弱敌之利也。"或以白

---

① 《三国志》卷三六《蜀书·马超传》,第946页。
② 《三国志》卷八《魏书·张鲁传》,第266页。
③ 《三国志》卷三六《蜀书·马超传》,第945页。

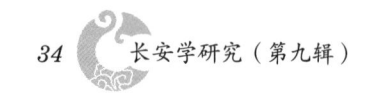

太祖。太祖从之，始遣谒者仆射监盐官，司隶校尉治弘农。关中服从。①

卫觊所谓"郡县贫弱""兵家遂强"，以及"诸将日削""官民日盛"，将"郡县"与"兵家"对立起来，将"官民"与"诸将"对立起来，强调双方是此消彼长的关系，存在不可调和的矛盾。而在还未最终摊牌的阶段，如何在日益激烈的利益纷争中维持双方的合作关系，则考验着汉廷的政治智慧。

事实表明，关中士人为使关中诸将能够继续为汉廷所用发挥了关键作用。建安七年，"袁尚遣高幹、郭援将兵数万人，与匈奴单于寇河东，遣使与马腾、韩遂等连和，腾等阴许之"。②司隶校尉钟繇乃遣冯翊人张既"说将军马腾等，既为言利害，腾等从之。腾遣子超将兵万余人，与繇会击幹、援，大破之，斩援首。幹及单于皆降"。建安十年，并州刺史高幹复叛，"河内张晟众万余人无所属，寇崤、渑间，河东卫固、弘农张琰各起兵以应之。太祖以既为议郎，参繇军事，使西征诸将马腾等，皆引兵会击晟等，破之。斩琰、固首，幹奔荆州"。后来，曹操将征荆州，担心马腾据关中为乱，"复遣既喻腾等，令释部曲求还。腾已许之而更犹豫，既恐为变，乃移诸县促储偫，二千石郊迎。腾不得已，发东"。③张既之所以能够一再说服马腾，《典略》所言马腾驻守关中时期"待士进贤，矜救民命，三辅甚安爱之"的情形应是一个重要因素，张既很可能即是马腾"待士进贤"的重点对象之一。

然而，在司隶校尉协调下进行活动的关中士人归根结底是服务于汉廷的，当关中诸将最终与曹操控制的献帝政权决裂时，关中士人往往站在朝廷一边。建安十六年，马超反叛，张既随即"从太祖破超于华阴，西定关右"。④另有一些人虽然未曾深度参与笼络关中诸将的事务，但他们服从朝命平息叛逆的态度是明确的。比如杜畿，高幹反叛时，杜畿为河东太守，郡人卫固响应高幹作乱，杜畿率吏民坚守不降。如此说来，在平定高幹一事上，杜畿与张既、马腾属同功之人。然而，马腾之子马超反叛时，"弘农、冯翊多举县邑以应之。河东虽与贼接，民无异心"。⑤再如严幹，"为州所请，诏拜议郎，还参州事。会以建策捕高幹，又追录前讨郭援功，封武乡侯，迁弘农太守。及马超反，幹郡近超，民人分散。超破，为汉阳太守"。⑥与张既相类，严幹在钟繇麾下参与了建安七年、十年的两次平叛。马超反叛时，严氏主政的弘农郡虽因"近超"的客观原因而"民人分散"，但作为主官却能够在叛乱平息后改任形势更为复杂的边郡太守，显然意味着他对马超之叛持坚决反对的立场。

---

① 《三国志》卷二一《魏书·卫觊传》，第610—611页。
② 《三国志》卷一三《魏书·钟繇传》裴松之注引司马彪《战略》，第393页。
③ 《三国志》卷一五《魏书·张既传》，第472页。
④ 《三国志》卷一五《魏书·张既传》，第472页。
⑤ 《三国志》卷一六《魏书·杜畿传》，第496页。
⑥ 《三国志》卷一五《魏书》裴注引《魏略》，第674—675页。

关中士人在应对多场叛乱过程中所表现出的能力及态度，使他们深得朝廷信任，马超叛后两任京兆尹的人选便是这种深度信任的体现。依据现有记载，在献帝时期，马超叛乱前的京兆尹可知者有三人，分别是杨彪、司马防、张时。杨彪为弘农人，就东汉的地缘形势而言，由于函谷关在新安县，他可以勉强算作关中人。但杨氏自初平元年随汉献帝入关，历任少府、太常、京兆尹、光禄勋、光禄大夫，至初平三年秋，代淳于嘉为司空，① 其间迁转频繁，京兆尹任期应当很短。并且参照王允以亲信担任左冯翊、右扶风的情形，杨彪任京兆尹，很可能也是王允主导的结果，而非出自董卓本意。司马防籍贯河内，其担任京兆尹应当"在初平二年秋继杨彪之后"。② 张时与杜畿有旧，杜氏"会天下乱，遂弃官客荆州，建安中乃还"。《三国志》裴松之注引《魏略》："畿到乡里，京兆尹张时，河东人也，与畿有旧，署为功曹。"③ 结合建安十年时杜畿始任河东太守的事实，可以推知，张时出任京兆尹的时间必在此年之前。总体来看，马超反叛之前，掌握最高权力者偏好从关中区域之外物色京兆尹人选。但马超叛后的几年间，这个偏好发生了显著变化。先是"以既为京兆尹，招怀流民，兴复县邑，百姓怀之"，④ 后来又以冯翊人杨沛"代张既领京兆尹"。⑤

汉廷不仅以关中人治关中，对于凉州的控制，关中人亦常为得力人选。张既后来担任雍州刺史，"是时不置凉州，自三辅拒西域，皆属雍州"，这就意味着张既是据关中以制凉州。曹丕"即王位，初置凉州"，"以安定太守邹岐为刺史"，但面对叛乱迭起的局面，曹丕认为"非既莫能安凉州"，"乃召邹岐，以既代之"。"既临二州十余年，政惠著闻"。⑥ 扶风苏则"起家为酒泉太守，转安定、武都，所在有威名"，后又担任金城太守，加护羌校尉，⑦ 可以说一生的功绩大多建立于凉州。另有冯翊游楚，"太祖定关中时，汉兴郡缺，太祖以问（张）既，既称楚才兼文武，遂以为汉兴太守。后转陇西"，直到太和二年（228）离任，在两郡任职共计18年。⑧ 关于汉兴郡，《续汉书》刘昭注引《献帝起居注》："中平六年，省扶风都尉置汉安郡，镇雍、渝麋、杜阳、陈仓、汧五县也。"又引《魏略》："曹公分关中置汉兴郡"。⑨ 洪亮吉认为"汉兴疑即汉安改名"，当代学者有赞同此说者。⑩ 若果如此，游楚任汉兴太守，其实亦为关中人治关中。而其后来转任陇西太守，就仕宦路径而言，无非是因循关中士人赴凉州任职的

---

① 《后汉书》卷五四《杨震传》，第1787页。
② 仇鹿鸣：《魏晋之际的政治权力与家族网络》，上海：上海古籍出版社，2012年，第307页。
③ 《三国志》卷一六《魏书·杜畿传》，第494页。
④ 《三国志》卷一五《魏书·张既传》，第472页。
⑤ 《三国志》卷一五《魏书·贾逵传》裴松之注引《魏略》，第473页。
⑥ 《三国志》卷一五《魏书·张既传》，第474、477页。
⑦ 《三国志》卷一六《魏书·苏则传》，第490—491页。
⑧ 《三国志》卷一五《魏书·张既传》裴松之注引《三辅决录注》及《魏略》，第473页。
⑨ 《后汉书》志一九《郡国一》，第3408页。
⑩ 周振鹤、李晓杰、张莉：《中国行政区划通史·秦汉卷》（第二版），上海：复旦大学出版社，2017年，第665页。

常路而已。

五、挽救正统：关中士人对辅政权力的两次干预

就政治名分来说，建安年间关中士人对军政活动的参与皆在"汉"的旗帜下进行。但众所周知，建安年间是汉魏嬗代的关键阶段，曹操作为权力运作的主导者，当他暴露出取代汉朝的政治野心时，一些曾经的合作者便与之分道扬镳，其中关中士人的抗拒尤为激烈。

建安二十三年正月，"汉太医令吉本与少府耿纪、司直韦晃等反，攻许，烧丞相长史王必营，必与颍川典农中郎将严匡讨斩之"。① 关于吉本的籍贯，据《魏略·清介传》，吉茂"世为著姓"，"坐其宗人吉本等起事被收"，"会钟相国证茂、本服第已绝，故得不坐"，而吉茂为"冯翊池阳人"，吉本既与其同宗，自当为冯翊人。② 耿纪其人，据《后汉书·耿弇传》，为东汉开国功臣耿弇家族的后裔，籍贯扶风茂陵。③ 韦晃其人未见于其他记载，但京兆韦氏乃关中旧族，在曹操治下的献帝政权中，便吸纳了太仆韦端及其二子韦康、韦诞。④ 韦晃很可能亦是京兆人，只不过他与韦端这一支已比较疏远。⑤ 除了吉本、耿纪、韦晃，参与政变的还有金祎，《三国志·魏书·武帝纪》裴松之注引《三辅决录》："时有京兆金祎字德祎，自以世为汉臣，自日磾讨莽何罗，忠诚显著，名节累叶。睹汉祚将移，谓可季兴，乃喟然发愤，遂与耿纪、韦晃、吉本、本子邈、邈弟穆等结谋。"⑥ 据此，金祎仍出于关中名门。

当然，面对曹氏代汉的趋势，关东士人当中也不乏坚执不从者，如荀彧，他一厢情愿地期待曹操能够善始善终，将"匡朝宁国"的初心坚持到底，由此与曹操发生矛盾，最终"以忧薨"。⑦ 但更多士人则以一种复杂的心态接受了汉魏嬗代，比如华歆与陈群。华峤《谱叙》："文帝受禅，朝臣三公已下并受爵位；歆以形色忤时，徙为司徒，而不进爵。魏文帝久不怿，以问尚书令陈群曰：'我应天受禅，百辟群后，莫不人人悦喜，形于声色，而相国及公独有不怡者，何也？'群起离席长跪曰：'臣与相国

---

① 《三国志》卷一《魏书·武帝纪》，第50页。
② 《三国志》卷一五《魏书》裴注引，第660—661页。
③ 《后汉书》卷一九《耿弇传》，第718页。
④ 《三国志》卷一〇《魏书·荀彧传》裴松之注引《三辅决录》，第312—313页。《三国志》卷二一《魏书》裴松之注引《文章叙录》，第621页。
⑤ 韦诞在曹魏时期仍能在朝廷任职，并未因韦晃谋反而受株连，因此，韦晃与韦端-韦诞这一支的关系亦如吉本与吉茂的关系相类，二者之间"服第已绝"。
⑥ 《三国志》卷一《魏书·武帝纪》，第50页。
⑦ 《三国志》卷一〇《魏书·荀彧传》，第50页。裴松之注引《魏氏春秋》："太祖馈彧食，发之乃空器也，于是饮药而卒。"《后汉书·荀彧传》与此同。第2290页。

曾臣汉朝，心虽悦喜，义形其色，亦惧陛下实应且憎。'帝大悦，遂重异之。"①陈群自言对曹丕称帝感到"悦喜"，这显然是在遭受君主责问的紧急状态下力求自保的一种话术。实际上，这段文字形象地传达了士人在政权更迭期的生存困境：一方面，华、陈参与了禅让的整个过程，促成并接受了嬗代的事实，但另一方面，他们又"形色忤时""义形其色""独有不怡"，内心里仍不太适应由汉臣到魏臣的身份转变。

与关东士人"以忧薨""义形其色"的反应相比较，关中大族以自身及宗族命运为代价，企图通过政变的方式阻止曹氏代汉，他们对汉魏嬗代的抗拒无疑是更为激烈的。②而这种决绝的态度，势必影响到曹氏对关中大族的认知。在建安二十三年政变发生前，曹操欣赏关中大族，比如对"少有美名"的耿纪，曹操"甚敬异之"。韦端一门父子三人入朝为官，吉本与子、弟皆在献帝左右，金祎及其父金旋，亦为献帝政权所用。③这种家门皆仕的现象，当然需要以主政者的信任为前提。然而，你死我活的夺权行动还是发生了，耿纪临刑时"呼魏王名曰：'恨吾不自生意，竟为群儿所误耳！'"对政变的失败很不甘心，对曹操的痛恨堪称咬牙切齿。遭此情境，曹操对关中大族不可能再有好感。《后汉书·耿弇传》记载，耿纪遭受"夷三族"的严厉惩处，围绕此次政变，"衣冠盛门坐纪罹祸灭者众矣"。④吉茂与吉本实际上"服第已绝"，但仍不加甄别地"被收"，亦可说明曹操对政变处理的严酷性。尽管因政变而"罹祸灭者众矣"，受牵连者很广泛，但毫无疑问，关中大族遭受的打击应是最为严重的。

在大族日渐式微的情况下，一些出身较低的关中士人则展现了相对较好的政治前景。⑤比如张既，任雍、凉二州刺史十多年，承担着安定西边的重任。史载其人"世单家"，纵然"家富"，但仍不免"自惟门寒"。⑥又如李义，"冯翊东县人也。冯翊东县旧无冠族"，故李义出自"单家"。后来担任冯翊上计掾，"为平陵令，迁冗从仆射，遂历显职。逮魏封十郡，请义以为军祭酒，又为魏尚书左仆射。及文帝即位，拜谏议大夫、执金吾卫尉，卒官"。⑦需要注意的是，虽然张既执掌一方，但他发挥的往往是协调辖下诸郡的作用，从制度上来说，并不拥有征镇将军那样的权力，距离政治核心

---

① 《三国志》卷一三《魏书·华歆传》裴松之注引，第403—404页。
② 也有例外情形，比如"世为著姓"的苏则，闻曹丕受禅，"发服悲哭"（《三国志》第492页），其表现与陈群等"曾臣汉朝"的东方士人相类，并不过激。
③ 赤壁战后，刘备"南征四郡"，四郡降者，包括武陵太守金旋。"金旋字符机，京兆人，历位黄门郎、汉阳太守，征拜议郎，迁中郎将，领武陵太守，为备所攻劫死。"《三国志》卷三二《蜀书·先主传》裴注引《三辅决录》，第879、880页。
④ 《后汉书》卷一九《耿弇传》，第718页。
⑤ 已有学者注意到汉魏之际三辅大族地位之升降，比如刘林智指出，当时"相当一批三辅世家名族"在多重因素下"沉沦甚至泯灭"，"但是，值得注意的是，亦有少数三辅本土家族在此时期实现了家族地位的上升"。不过，刘氏认为处于上升态势的代表性家族为冯翊严氏，对家族地位曾经跃升的张既、李义则不大关注。参见刘林智《汉末至三国初期三辅地区的社会变迁》，《中国史研究》2015年第1期。
⑥ 《三国志》卷一五《魏书·张既传》裴松之注引《魏略》，第473页。
⑦ 《三国志》卷一五《魏书》裴注引《魏略》，第674—675页。

还比较远。至于李义，担任军祭酒、尚书左仆射，已颇具进入政治中枢的势头，但曹丕称帝中止了这一进程，李义的仕途终结于九卿之列的常规职位。

游离于政治核心圈的状态，是无法令新兴的关中门第满意的。到了张既、李义的下一代，他们曾经为掌控核心权力而付诸行动。张既之子张缉，"嘉平中，女为皇后，征拜光禄大夫，位特进"。① 张缉之女能够成为当时皇帝曹芳的皇后，应当出自郭太后的旨意。通常来说，由于性别的因素，太后对后宫人选问题具有较大的裁量权。② 郭太后"西平人也，世河右大族。黄初中，本郡反叛，遂没入宫。明帝即位，甚见爱幸"。③ 这样的经历决定着她在魏宫之中的根基、名望有限。她以太后的身份为少帝曹芳纳张缉之女为皇后，如果以河右与关中亲近的地缘形势观之，便颇有借重相对边缘化的关中士人以牵制权臣司马师的意味。只是碍于曹魏防范外戚干政的祖制，张缉"以女征去郡"，因女儿为后而不得不放弃东莞太守一职，回京师"还坐里舍"。身处闲散，张缉自然不可能对司马师形成有效的牵制。史载张缉回京后"悒悒躁扰"，显然，他对自身在政治上的无所作为甚为不满。④ 而中书令李丰的图谋则为他提供了进入政治核心圈的机会。

李丰为李义之子，所任中书令一职固然关键，但在当时司马氏秉权的情况下，此职过于敏感，在行使职权的过程中若不依附司马氏，必遭清算。因此，当李丰被确定为中书令人选时，他心知"此非显选"，但"自以连婚国家，思附至尊，因伏不辞"。⑤ 所谓"连婚国家"，指的是李丰之子李韬"尚齐长公主"。由联姻皇室而"思附至尊"，这是一种比较自然的政治选择。在张缉与曹魏皇权之间，也存在同样的逻辑。由于李丰、张缉的利益皆系于曹魏皇权的振兴，为了维护共同的利益，嘉平六年遂发生双方联合谋夺司马师辅政权力的政治事件。对于该事件的起因，《三国志·魏书·夏后尚传附子玄传》："中书令李丰虽宿为大将军司马景王所亲待，然私心在玄，遂结皇后父光禄大夫张缉，谋欲以玄辅政。丰既内握权柄，子尚公主，又与缉俱冯翊人，故缉信之。"裴松之注引《魏书》曰："中书令李丰与玄及后父光禄大夫张缉阴谋为乱，缉与丰同郡，倾巧人也，以东莞太守召，为后家，亦不得意，故皆同谋。"⑥ 值得关注的是，叙述中或言李丰、张缉"俱冯翊人"，或言二人"同郡"，着意将当事人的籍贯点明，这反映出史家有一个共同认知，即同出关中的乡党之谊在政变密谋过程中也发挥了不

---

① 《三国志》卷一五《魏书·张既传》，第477页。
② 郭太后甚至对废立君主之事亦有一定的发言权，并非完全听命于权臣。比如，权臣司马师欲废曹芳，另立彭城王曹据为帝。郭太后曰："彭城王，我之季叔也，今来立，我当何之！"司马师"乃更召群臣，以皇太后令示之，乃定迎高贵乡公"。事见《三国志·魏书·三少帝纪》，第131页。
③ 《三国志》卷五《魏书·后妃传》，第168页。
④ 《三国志》卷一五《魏书·张既传》裴注引《魏略》，第478页。
⑤ 《三国志》卷九《魏书·夏侯尚传附子玄传》裴注引《魏略》，第301页。
⑥ 《三国志》卷九《魏书·夏侯尚传附子玄传》，第299—300页。

容忽视的作用。由此观之,李丰、张缉筹划以夏侯玄取代司马师辅政,可以如此定性:它是继建安二十三年政变之后,关中士人谋求政治主导权的又一次尝试。然而,此次政变图谋仍以失败告终,随着司马师对参与者"皆夷三族",关中士人的政治影响力趋于消歇。

余 论

回顾汉魏之际关中士人的政治参与,如果说关东士人因失望于汉政而较易接受汉魏嬗代的话,那么,关中士人此前对汉政权的疏离,则包含着对汉王朝重新振作的希冀,他们并没有因为失望而彻底否定东汉政权。由于建安年间关中士人的政治参与以重振汉朝为宗旨,当汉朝的存续受到威胁时,围绕在献帝身边的关中士人便逆势而为,企图挽狂澜于既倒。在此次反曹事件中,参与其中的关中旧族金、韦、耿在家世方面多有"世为汉臣"的特征,而这种家世特点的形成无疑与西汉定都关中的历史密不可分。因此,他们与曹操的对立,依然残留着汉王朝版图内东西方对立的色彩。但需要注意的是,此时东西方的对抗存在着一个共同的政治文化主旨,那就是对献帝皇统的维护。反曹一方自不必说,曹操虽然事实上正在为汉家掘墓,但其政治论述必定是以自身对献帝皇权的充分代表性为核心内容的。这一点与秦统一之际的东西对立大不相同,因为那个时候周天子早被废黜,东西双方以力为雄,对斗争正义性的论述不以维护某一共主为核心内容。就双方争执皆以献帝皇统为名义而言,东汉末年的东西对立显然有一个共同的前提性认知,那就是正统问题的极度重要性。只不过具体处理这一问题的方式存在差异而已,有的坚持万世一系,有的崇尚异姓转接。

至于李丰、张缉反对司马氏专权,与建安末年关中士人的反曹事件相比,二者之间同中有异。相同的一面在于两次斗争皆以维护现世皇统为名,只不过具体的皇统指向由汉家转变为曹魏,而不同的一面则在于此次事件看不到很明显的东西方区域对立的色彩。李、张二人并非关中旧族,两家皆出身"单家",他们不具备因"世为汉臣"之类的区域特色而合谋的基本条件。相反地,我们可以在斗争双方的身上看到更多的共性。有学者指出,司马师兄弟与其他曹魏贵戚子弟拥有一个共同的身份,即"曹魏功臣的第二代",他们在本质上"有着相当的一致性","拥有相似的社会基础与文化背景","正是由于这种同质性的存在,司马氏与其政敌的斗争在一定程度上可以视为曹魏原有政治网络分裂的产物"。[①] 如前所述,李义、张既都是在曹操时代加入献帝政权,且亲身经历了汉魏嬗代,这一点与司马懿并无二致。李丰、张缉、司马师分别作为三人之子,当然都是无可置疑的"曹魏功臣的第二代"。就实际关系而言,李丰素为

---

① 仇鹿鸣:《魏晋之际的政治权力与家族网络》,第161、170页。

司马师 "亲待"，张缉有机会与司马师共议，且被司马师当众称赞智慧胜于东吴名臣诸葛恪。① 可见二人与司马师具备一定的私交，且同处于曹魏政权内部由功臣第二代主导的政治网络当中。他们与司马师矛盾的由来，据《三国志》所言，同乡之谊固然不能全盘否认，但并非关键因素，联姻皇室所引起的极为现实的利益考量才是根本原因所在。

双方的对立围绕皇统这一政治文化主题而展开，对立的双方同处于由功臣第二代组成的政治网络中，这两个现象表明，汉魏之际的关中士人与关东士人虽然仍有现实冲突，但就文化背景、社会背景而言，双方已经趋于同质，秦汉国家东西方之间原有的因自诩文化或武力的优势而造成的文化隔阂至此已基本消解。

The Political Participation of Guanzhong Celebrities during The Han-Wei Transitional Period

Cui Jianhua

School of History and Civilization, Shaanxi Normal University

Abstract: During the Han-Wei transitional period, celebrities from Guanzhong were involved in a series of political affairs. In the stage of cooperating between Liangzhou Group and Bingzhou Group, in order to maintain cooperation, Dong Zhuo tacitly allowed Wang Yun to promote a few Guanzhong celebrities. Li Que came to power after the death of Dong Zhuo, and in this period he attached great importance to Guanzhong celebrities for reconciliation with political powers in Guandong. After Cao Cao controlled Emperor Xian of Han, Zhong You was appointed to the *Sili Xiaowei* or the censor to supervise the armies in Guanzhong. The strengthened military functions of the *Sili Xiaowei* enabled many Guanzhong celebrities to join Emperor Xian's regime through serving in the office of *Sili Xiaowei*, and the regime of Emperor Xian often controlled over Guanzhong and Liangzhou by appointing Guanzhong celebrities. In the late years of Emperor Xian's reign, the traditional Guanzhong families with loyalty to the Han Dynasty were purged due to their opposition to Cao Cao. Meanwhile, The new powerful Guanzhong celebrities who came from so-called "single family", or non-aristocratic families, achieved good political prospects for their contributions to the founding of Cao-Wei regime. In the Wei Dynasty, their next generations were severe punished because of their attempts to deprive the Sima family of the political power, so that the political

---

① 《三国志》卷一五《魏书·张既传》裴注引《魏略》，第478页。

participation of the Guanzhong families slumped. However, in terms of integration of regional culture, there was an obvious historical and cultural discrimination in the traditional Guanzhong families' dissatisfaction with Cao Cao in the late years of Emperor Xian. Comparatively speaking, in the Wei Dynasty, both sides of the political struggle were the second generation of the officials who greatly contributed to founding the Cao's regime. The increased homogeneity of political identities between the two sides reflects the deepening of regional integration between the Guandong and Guanzhong during the Han-Wei transitional period.

Key words: Guanzhong Celebrity; Han-Wei Transitional Period; Liangzhou Group; Traditional Guanzhong Families; Integration of Regional Culture

唐折冲府卫属州属补考

冯 雷

（泰山学院 历史学院；安徽大学 历史学院）

摘 要：已见著录的部分唐折冲府卫属、州属不详，前贤虽然做了增补，但至今仍有一些卫属、州属不明。唐人墓志保存了大量唐折冲府卫属、州属的资料，今据以补卫25，补州3。

关键词：唐折冲府；卫属；州属；唐人墓志

府兵制度，"创于西魏，增于周隋，而大备于唐"。[①] 唐代府兵的基层组织为折冲府，"其府多因其地，各自为名……分置于诸州，而名隶诸卫及东宫卫率"。[②] 卫属、州属对于唐折冲府的研究至关重要，而已见著录的部分唐折冲府卫属、州属不详，前贤虽然做了增补，[③] 但至今仍有一些卫属、州属不明。"墓志作为地下出土新材料，为我们了解相关历史时期的方方面面提供了许多重要的细节。"[④] 唐人墓志就保存了大量唐折冲府卫属、州属的资料，其可据以补"唐折冲府卫属州属不明"者，今则择其补陈如下。

[①] 罗振玉撰：《唐折冲府考补》，二十五史刊行委员会编集：《二十五史补编》，上海：开明书店，1937年，第7631页。谨按："罗振玉《唐折冲府考补》"，以下简称"罗氏《考补》"。

[②] 杜佑撰，王文锦等点校：《通典》卷二九《职官十一·折冲府》，北京：中华书局，1988年，第810页。

[③] （1）王其祎：《唐折冲府考补拾遗三条》，《中国历史地理论丛》1992年第4期，第104页。（2）周晓薇、王其祎：《唐折冲府考校补拾遗》，《中国历史地理论丛》1995年第3期，第129—138页。（3）周晓薇：《唐折冲府考校补拾遗三续》，《中国历史地理论丛》2001年第3期，第61—66页。（4）张沛编著：《唐折冲府汇考》，西安：三秦出版社，2003年。（5）客洪刚：《唐折冲府补考》，《中国历史地理论丛》2008年第4期，第144—147页。（6）刘志华：《隋兵府、唐折冲府补遗》，《档案》2014年第8期，第50—52页。（7）戴均禄：《隋唐军府新考》，《唐山学院学报》2015年第2期，第54—55页。（8）王彬、张沛：《大唐西市博物馆藏唐代墓志中的折冲府考》，《咸阳师范学院学报》2015年第5期，第74—80页。（9）刘志华：《隋兵府、唐折冲府补遗——以〈大唐西市博物馆藏墓志〉为例》，《档案》2015年第10期，第44页。

[④] 徐时仪：《〈五代墓志汇考〉序》，周阿根著：《五代墓志汇考》，合肥：黄山书社，2011年，"徐《序》"第1页。

一、卫属补考

神和府（左卫）

永徽二年（651）《杨威墓志》云志主："起家左千牛，又除左卫神和府折冲都尉。"① 按：神和府，《新唐书·地理志》② 无，劳经原、劳格《唐折冲府考》③ 据《宝刻类编》卷二《名臣十三之一》"神和府折冲都尉王陀碑　宋元本撰　正书　调露元年"补之。谷霁光《唐折冲府考校补》④ 据开元十五年（727）《于士恭墓志》"开元十五年十月乙酉，权祔于京兆神和原"判断"此府应属京兆府"。其州属已定，卫属未知。今据此志，知其为左卫属府。

显国府（左卫）

万岁通天二年（697）《董希令墓志》云志主"父彻，唐左卫显国府统军"。⑤ 按：显国府，《新志》无，刘志华《隋兵府、唐折冲府补遗》⑥ 据垂拱四年（688）《蔡墨墓志》"垂拱二年，转岐州显国府折冲都尉"补之。其州属已明，卫属未知，今则确知其属左卫。

雍北府（左卫）

景龙三年（709）《杨思齐墓志》云志主之子杨待封为"前左卫雍北府左果毅都尉"⑦。按：雍北府，《新志》关内道凤翔府属府。其州属已定，卫属未明。今据《杨思齐墓志》方得确知雍北府隶属左卫。

清胜府（左卫）

开元二年（714）《药言墓志》首题"□唐故明威将军左卫汾州清胜府折冲都尉上柱□药君之墓志并序"。⑧ 按：清胜府，《新志》河东道汾州属府。其州属已定，卫属未详。据此志可知，清胜府隶属左卫。

正平府（右卫）

景龙二年（708）《王仲玄墓志》云志主"光宅元年十一月十一日制除右鹰扬卫翊府右郎将，寻充阳曲道副总管，赐袍带杂䌽等。路出忻、代，时逢寇贼。彼众我寡，

---

① 赵文成、赵君平主编：《秦晋豫新出墓志蒐佚续编》第1册，北京：国家图书馆出版社，2015年，第252页。
② 《新唐书·地理志》，北京：中华书局，1975年。谨按："《新唐书·地理志》"，以下简称"《新志》"。
③ 劳经原、劳格撰：《唐折冲府考》，二十五史刊行委员会编集：《二十五史补编》，上海：开明书店，1937年，第7628页。谨按："劳经原、劳格《唐折冲府考》"，以下简称"劳氏《府考》"。
④ 谷霁光撰：《唐折冲府考校补》，二十五史刊行委员会编集：《二十五史补编》，上海：开明书店，1937年，第7645页。谨按："谷霁光《唐折冲府考校补》"，以下简称"谷氏《校补》"。
⑤ 北京图书馆金石组：《北京图书馆藏中国历代石刻拓片汇编》第18册，郑州：中州古籍出版社，1989年，第114页。
⑥ 刘志华：《隋兵府、唐折冲府补遗》，《档案》2014年第8期，第50页。
⑦ 赵君平、赵文成编：《秦晋豫新出墓志蒐佚》第2册，北京：国家图书馆出版社，2012年，第397页。
⑧ 康兰英主编：《榆林碑石》，西安：三秦出版社，2003年，第42页。

制胜须务于先声。大总管淳于处平轻敌败亡,回溪复闻于垂翅,坐此免职。寻而贬授右卫正平府折冲都尉,瓜、肃等州检校兵马"。① 按:正平府,《新志》河东道绛州属府。其州属已明,卫属待定。据此可知,正平府隶属右卫。

柏林府(**右卫**)

景龙二年(708)《王仲玄墓志》云志主"又于齐、济、淄、青等八州简募,往幽州讨孙万斩。加明威将军,除右卫柏林府折冲都尉,仍留长上"。② 按:柏林府,《新志》河南道河南府属府。其州属已明,卫属未知,今据此志知属右卫。

匡仁府(**右卫**)

开元二十四年(736)《窦怀墓志》云志主嗣子窦鹤为"右卫京兆府匡仁府别将"。③ 按:匡仁府,《新志》无,李方《唐折冲府增考》④据开元二十四年(736)《尹大简墓志》"除游击将军、京兆府匡仁府左果毅"补之。其州属明确,卫属待定。据此志可知其属右卫。

阳樊府(**右卫**)

开元二十七年(739)《王友鸾墓志》首题"唐故右卫阳樊府右果毅都尉王府君墓志铭"。⑤ 按:阳樊府,《新志》河南道河南府属府。其州属明确,卫属未知。今据此志,可知其隶属右卫。

罗含府(**右卫**)

天宝九载(750)《王思庄墓志》云志主嗣子王光乘为"右卫罗含府别将"。⑥ 按:罗含府,《新志》山南道江陵府属府。其州属已定,卫属未明,今据此志知属右卫。

大乡府(**左骁卫**)

天宝九载(750)《王思庄墓志》云志主次子王光诠为"左骁卫大乡府别将"。⑦ 按:大乡府,《新志》河东道绛州属府。其州属明晰,卫属未知。今据《王思庄墓志》,方得确知大乡府隶属左骁卫。

大斌府(**左骁卫**)

贞元三年(787)《郑君墓志》首题"大唐故左骁卫绥州大斌府别将同正员荥阳郡郑府君墓志铭并序"。⑧ 按:大斌府,《新志》关内道绥州属府。其州属已定,卫属待

---

① 毛阳光主编:《洛阳流散唐代墓志汇编续集》上册,北京:国家图书馆出版社,2018年,第126页。
② 毛阳光主编:《洛阳流散唐代墓志汇编续集》上册,第126页。
③ 吴钢主编:《全唐文补遗·千唐志斋新藏专辑》,西安:三秦出版社,2006年,第173页。
④ 李方:《唐折冲府增考》,中华书局编辑部编:《文史》第36辑,北京:中华书局,1992年,第200页。谨按:"李方《唐折冲府增考》",以下简称"李氏《增考》"。
⑤ 毛阳光、余扶危主编:《洛阳流散唐代墓志汇编》上册,北京:国家图书馆出版社,2013年,第286页。
⑥ 赵力光等编著:《西安碑林博物馆新藏墓志汇编》中册,北京:线装书局,2007年,第470页。
⑦ 赵力光等编著:《西安碑林博物馆新藏墓志汇编》中册,第470页。
⑧ 赵力光主编:《西安碑林博物馆新藏墓志续编》下册,西安:陕西师范大学出版总社有限公司,2014年,第393页。

定，今则知其为左骁卫属府。

万吉府（左骁卫）

元和六年（811）《崔驾仙墓志》首题"唐故守左骁卫绥州万吉府左果毅都尉赐绯鱼袋上柱国崔君墓志铭并序"。① 按：万吉府，《新志》关内道绥州属府。其州属明晰，卫属待考，今则确知其属左骁卫。

上党府（右骁卫）

大中三年（849）《范惠昂墓志》首题"唐故守右骁卫潞州上党府折冲都尉员□置同正员赐紫金鱼袋范府君墓志铭并序"。② 按：上党府，《新志》无，罗氏《考补》③据《唐卫州新乡县令王希晏墓志》"父相，潞州上党府折冲"补之。其州属明确，卫属不详，今则确知其属右骁卫。

杏城府（骁卫）

中和二年（882）《李衡墓志》云志主曾祖"贞元五年十月七日兼守〔左或右〕骁卫④坊州杏城府折冲都尉"。⑤ 按：杏城府，《新志》关内道坊州属府。其州属明确，卫属不明。据此志可知，杏城府隶〔左或右〕骁卫。

龙原府（右武威卫）

垂拱四年（688）《李仁泰墓志》云志主"〔永隆〕二年，除右武威卫龙原府果毅都尉"。⑥ 按：龙原府，《新志》无，劳氏《府考》⑦据天宝十三载（754）《刘元尚墓志》"以天宝十三载十有一月二十九日窆于龙原府夫人旧茔"补之，劳氏"疑此府属京兆府"，谷氏《校补》⑧以为是。其州属已基本确定，卫属未详。据此志可知，其属右武威卫。

祐川府（右武卫）

景龙二年（708）《王仲玄墓志》云志主"起家右武卫祐川府左果毅都尉、上柱国"。⑨ 按：祐川府，《新志》陇右道岷州属府。其州属已明，卫属待考。今据此志，知其为右武卫属府。

常吉府（右武卫）

开元三年（715）《张思墓志》云志主为"唐游骑将军、右武卫常吉府折冲都尉意

---

① 张永华、赵文成、赵君平编：《秦晋豫新出墓志蒐佚三编》第3册，北京：国家图书馆出版社，2020年，第865页。
② 北京大学图书馆金石组等编：《北京大学图书馆藏历代墓志拓片目录》上册，上海：上海古籍出版社，2013年，第703页。
③ 罗振玉撰：《唐折冲府考补》，第7636页。
④ 谨按：唐代"骁卫"分左右，故"骁卫"前应阙"左"或"右"字。
⑤ 张永华、赵文成、赵君平编：《秦晋豫新出墓志蒐佚三编》第4册，第1137页。
⑥ 赵力光主编：《西安碑林博物馆新藏墓志续编》上册，第194页。
⑦ 劳经原、劳格撰：《唐折冲府考》，第7627页。
⑧ 谷霁光撰：《唐折冲府考校补》，第7646页。
⑨ 毛阳光主编：《洛阳流散唐代墓志汇编续集》上册，第126页。

满之子"。① 按：常吉府，《新志》陇右道宕州属府。其州属明晰，卫属待定，据此志可知其属右武卫。

仁德府（**右威卫**）

永隆二年（681）《张彦墓志》首题"唐故右威卫晋州仁德府上轻车都尉右果毅张府君墓志铭"。② 按：仁德府，《新志》河东道晋州属府。其州属已明，卫属待考。今据此墓志，可确知仁德府隶于右威卫。

平皋府（**右威卫**）

天宝九载（750）《李献忠墓志》云志主之子李承俊为"翊麾校尉、右威卫河内郡平皋府别将"。③ 按：平皋府，《新志》无，刘思怡《唐折冲府新考》④据元和二年（807）《宫自劝墓志》"父讳诠，黄怀州平皋府折冲都尉"补之。其州属明确，卫属未详，今则知其为右威卫属府。

梁川府（**右豹韬卫**）

天宝六载（747）《王承宗墓志》云志主"父逸，宁远将军、右豹韬卫梁川府折冲"。⑤ 按：梁川府，《新志》河南道汝州属府。其州属已定，卫属未名，今据此志知属右豹韬卫。

善化府（**左领军卫**）

大中十二年（858）《卫冀墓志》云志主次子"曰简存，亦名存敬。武举射中，受宣节校尉、守左领军卫京兆府善化府别将"。⑥ 按：善化府，《新志》无，劳氏《府考》⑦据《金石录》卷四《目录四》"第七百二十七 唐善化府折冲张君墓志 正书，无书、撰人姓名。永隆二年二月"补之，据《长安志》卷一八"县八蒲城善化乡"条"善化乡管孝仁里"推测"此府疑属京兆府"。今据《卫冀墓志》不仅可以确定此府州属为京兆府，而且可以确认其卫属为左领军卫。

吉安府（**左玉钤卫**）

垂拱四年（688）《李仁泰墓志》云志主"永隆二年应诏武举，擢任左玉钤卫吉安府果毅都尉、游击将军"。⑧ 按：吉安府，《新志》关内道同州属府。其州属已明，卫属不详。据此墓志，可知吉安府属左玉钤卫。

---

① 赵力光主编：《西安碑林博物馆新藏墓志续编》上册，第239页。
② 毛阳光、余扶危主编：《洛阳流散唐代墓志汇编》上册，第62页。
③ 张乃翥辑：《龙门区系石刻文萃》，北京：国家图书馆出版社，2011年，第509页。
④ 刘思怡：《唐折冲府新考》，《中国历史地理论丛》2007年第3期，第158页。
⑤ 张永华、赵文成、赵君平编：《秦晋豫新出墓志蒐佚三编》第3册，第646页。
⑥ 张永华、赵文成、赵君平编：《秦晋豫新出墓志蒐佚三编》第4册，第1070页。
⑦ 劳经原、劳格撰：《唐折冲府考》，第7628页。
⑧ 赵力光主编：《西安碑林博物馆新藏墓志续编》上册，第194页。

带方府（**左武侯**）

永徽三年（652）《杨和墓志》云志主长子杨姝"贞观十三年，诏授宁远将军、左武侯带方府果毅"。① 按：带方府，《新志》无，李氏《增考》据开元二十二年（734）《张积善墓志》"父，昌州带方府果毅仁伦之子也"补之。其州属已定，卫属未名，今则知其为左武侯属府。

承云府（**右金吾卫**）

开元十五年（727）《窦九皋墓志》首题"唐故游击将军守右金吾卫河南府承云府折冲都尉上柱国前摄左威卫郎将墨离军副使借鱼袋窦公墓志铭并序"。② 按：承云府，《新志》河南道河南府属府。其州属明晰，卫属不详。据此志可知，其属右金吾卫。

郑邑府（**左卫率**）

龙朔元年（661）《韩忠墓志》云志主"〔贞观〕十七年，擢左卫率郑邑府折冲"。③ 按：郑邑府，《新志》关内道华州属府。其州属已定，卫属未知，今据此志知属左卫率。

二、州属补考

广济府（**京兆府**）

总章三年（670）《史崇礼墓志》云志主"麟德二年，敕授左典戎卫广济府果毅都尉。……以总章二年四月廿二日遘疾卒于雍州泾阳县广济里广济府之官舍，春秋卅一"。④ 按：广济府，《新志》无，劳氏《府考》⑤ 据《旧唐书·职官志三》"凡新勋翊府及广济等五府属焉"补之，然未详所隶府州。今据此志，可知其为京兆属府。

高思府（**京兆府**）

天宝七载（748）《阳承训墓志》首题"唐故宁远将军守左卫京兆府高思府折冲都尉上柱国阳公墓志铭并序"。⑥ 按：高思府，《新志》无，周晓薇、王其祎《唐折冲府考校补拾遗》⑦ 据开元三年（715）《武氏墓志》首题"大唐左卫高思府果毅都尉长上谯国公夫人武氏墓志"补之，此志并未交代高思府之州属，故周氏《拾遗》将其列入

---

① 辽宁省文物考古研究所、日本奈良文化财研究所编著：《朝阳隋唐墓葬发现与研究》，北京：科学出版社，2012年，第190页。
② 毛阳光、余扶危主编：《洛阳流散唐代墓志汇编续集》上册，第210页。
③ 胡戟编：《珍稀墓志百品》，西安：陕西师范大学出版总社有限公司，2016年，第62页。
④ 汤燕：《新出唐史善丘、史崇礼父子墓志及突厥早期世系》，荣新江主编：《唐研究》第19卷，北京：北京大学出版社，2013年，第572页。
⑤ 劳经原、劳格撰：《唐折冲府考》，第7625页。
⑥ 胡戟编：《珍稀墓志百品》，第140页。
⑦ 周晓薇、王其祎：《唐折冲府考校补拾遗》，第136页。谨按："周晓薇、王其祎《唐折冲府考校补拾遗》"，以下简称"周氏《拾遗》"。

"未知隶何府州诸府"中。今据《阳承训墓志》，可知其隶属京兆府。

东河府（同州）

大中七年（853）《史仲莒墓志》云志主次院侄史庠为"前右骁卫同州东河府别将"。① 按：东河府，客洪刚《唐折冲府补考》②据乾封元年（666）《刘孝节墓志》"〔贞观〕十三年，拜游击将军、守右骁卫东河府左果毅都尉"补之，但州属未知。今据此志，知其为同州属府。

Supplementary Research on the Historical Relationship Between Zhechong Fu, and Troops on the Basis of *Wei* and *Zhou*

Feng Lei

School of History of Taishan University; School of History of Anhui University

Abstract: Relevant materials of the troops stationed on the basis of *Wei*(military units) and *zhou* (prefectures), are important in the study of Zhechong Fu, but the records available are unclear about the affiliation of the troops. Although the previous scholars have done some supplementary work, there are still obscurity, which are vital to the research of Zhechong Fu in the Tang Dynasty. As the most contemporary reliable material for studying the Zhechong Fu, the Tang epitaphs contain a great deal of relevant materials about Zhechong Fu and the troops of *Wei* and *zhou*. Basing on the Tang epitaphs, the author added 25 new explanations of *Wei*-based troops and 3 *Zhou*-based troops as some supplementary materials, aiming at explaining the related issues involved.

Key words: Zhechong Fu in the Tang Dynasty; *Wei*; *Zhou*;Tang Epitaphs

---

① 胡戟编：《珍稀墓志百品》，第204页。
② 客洪刚：《唐折冲府补考》，《中国历史地理论丛》2008年第4期，第143页。

荀爽定位与董卓执政时期的汉末历史

权家玉 王忆东

（陕西师范大学　历史文化学院；厦门大学　历史系）

摘　要： 荀爽作为东汉后期的重要名士，其形象在《后汉书》与《后汉纪》二书中存在明显的抵牾，究其原因，主要在于他的仕途经历完全处于董卓执政期间。重新审视荀爽"被迫"出仕的经历，可以为了解董卓与名士关系的展开提供窗口。在连篇累牍抵制董卓的描述中，洛阳的汉室公卿逃亡者盖寡，受诛杀者亦仅寥寥数人，相反名士的大规模出仕成为这一时期的主要特点。梳理史料可知董卓入京后的举措，一定程度上获得了公卿及名士的合作，但迁都之举促使政权离开了名士活动的中心地区，由此导致舆论阵地的丧失，或许成为最终二者分途的决定性因素。此后历史的发展，基本沿着关东联军体系展开，于是董卓的形象从关东联军的敌人一跃成为汉贼。这样一段动乱的历史，在此后记述中，关东联军与董卓，被塑造为正义与邪恶的对立。享有声望的汉室公卿，在这一过程中开始出现形象的挽救，入关乃出于"裹挟"，出仕又源于"被迫"，在王允谋刺董卓的既成事实上，构建出公卿纷纷谋董的空前盛况，以这种方式展现其"脱董"的态度，从而达到在董卓的巨舟翻覆之后，名士却纷纷上岸的目的。

关键词： 汉末；荀爽；董卓；名士

历史进入到东汉末年，也开启了一个急剧变化和极度多元的时代，西晋无疑是东汉历史记述的奠基时期，这个说法也许比较突兀，但东汉历史的基本体系无疑是在两晋形成。[①]记录的滞后性伴随着政局的频繁变动，夹杂了较多后世的态度，这固然不

---

* 本文为国家社科基金西部项目"汉魏六朝政权与士人社会"阶段性成果，项目编号：22XZS016。

① 据周天游考证，建立在《东观汉记》基础上的十二家后汉书，除谢承书成于三国时期孙吴外，两晋成书就有薛莹、司马彪、华峤、谢沈、张莹、袁山松、张璠七家之多。详参《八家后汉书辑注》前言，上海：上海古籍出版社，2020年，第1页。西晋以后诸如东晋袁宏、刘宋范晔、刘义庆、梁萧子显的撰写自不免受西晋诸书的影响，（转下页）

会影响先行的人物在历史中的行为，但记录者或有能力干预记录的人，在此过程中意志的表达，却导致后世所看到的历史与真实之间出现偏差。流传至今的历史文本，总是或多或少地掺杂着不同时期古人希望我们看到的样子，这些人为塑造的内容是怎样产生的，又带有怎样的目的，同样是历史研究的重要内容。

以汉末荀爽为例，史料的记录即出现了明显的形象抵牾，袁宏与范晔在各自书中展现的荀爽，形象几近相反，这也体现二人对其定位的差别。当同一人以两种面貌展现在历史中时，这至少体现了史家态度的不一致，同时也为反思这段历史提供了窗口。荀爽的仕途与董卓有着紧密联系，他与董卓关系的展开，究竟如史料记载的虚与委蛇，抑或如蔡邕一般鼎立襄助，由此似乎又必然引起对董卓入洛后历史的重新探讨。有关荀爽以及董卓时期历史的研究，一直以来几乎没有超出《后汉书》记述的边界，虽然此后学者多有对这段历史的质疑，但因史料的匮乏，终究为重新探讨增加了难度。目前少量对董卓进京的集中研究，为重新审视东汉后期历史提供了基础，① 而荀爽的事迹与定位，或可成为重新审视这段历史的突破口。

荀爽的政治生涯虽然短暂，却恰处于董卓入京及迁都这段波诡云谲的时期，如何在董卓的负面历史定位下，保留他的名士形象，这本身或许即给历史记录者提出了难题，同时为何会出现董卓被钉在历史的耻辱柱上，随董卓西迁的大量汉室公卿却仍然以名士身份享受敬仰？荀爽的经历及此后名望的流传，也是东汉后期历史的一个缩影，在众多虚构的记录中探寻荀爽可能的真实面貌，同时梳理虚构形象产生的原因及轨迹，对于了解这一时期纷繁复杂的历史都极具意义。

一、荀爽出仕诸事质疑

荀爽作为东汉后期重要名士，《后汉书》对其一生有相对完整的记述，作为颍川名士荀淑之子，"荀氏八龙，慈明无双"。② 更体现在八兄弟中的鹤立鸡群。然而结合其

（接上页）章宗源即称"蔚宗撰史，实本华峤"，详参《隋书经籍志考证》卷一《史部·正史》，章宗源著，王颂蔚批校，黄寿成点校，北京：中华书局，2021年，第10页。延伸至今，东汉史研究的依据主要依赖范晔《后汉书》及袁宏《后汉纪》，二书即成书于西晋之后，其修史基础自不可避免地建立在西晋诸书的基础上，西晋一朝的态度烙印自不可避免地被传承下来。

① 方诗铭认为进京后的董卓展现了他的政治才能，同时提出士人在一定程度上存在于董卓的合作，详参《董卓对东汉政权的控制及其失败》，《史林》1992年第2期。陈勇则承认董卓对东汉政权的操控，存在进步意义，同时客观的看待讨董联军与董卓势力，事实上是东汉舞台下关东与关西势力的角逐。参见《董卓进京述论》，《中国史研究》1995年第4期。单鹏与李文才则集中从地域势力的角度，对董卓进行分析其兴起与失败的原因，参见《从地域角度看董卓兴起与失败的原因》，《陕西师范大学继续教育学报》2005年第3期。此后范鹏伟又从董卓关西风气及董卓入京后所建立的权力结构不为关东势力接受而至失败，参见《论董卓集团的兴亡及其控制下的东汉局势》，《中国中古史集刊》第三辑，北京：商务印书馆，2017年。B.J.曼斯维尔特提出了有关董卓的历史文献，存在加工的成分，极度抒发关东联军的正义之举，导致对董卓存在全面否定的现象，详见《剑桥中国秦汉史》，北京：中国社会科学出版社，1992年，第325—326页。这为继续探讨董卓乃东汉历史打开了新的视角。

② 《后汉书》卷六二《荀爽传》，北京：中华书局，1965年。

生平事迹，与文献中对他毫无保留的赞誉之间似又存在诸多问题，尤其在《后汉纪》中袁宏对他近乎全面的贬斥，使他在当时政治空间与社会空间中的形象有了重新探讨的余地。①

范晔在记述荀爽时，近乎全面认可的态度在行文中得到充分展露。观其前半生经历，"征命不应"与大多名士相同，其居于乡里从事治学而非讲授稍稍有异。此后太常赵典举至孝并拜官郎中，策试时呈上长篇对策文后扬长而去，党锢期间隐于海上，后辗转汉滨十余年以著述为业，袁逢举有道不应，后为袁逢服丧三年，何进当朝欲征而事败。②他的前半生中，袁逢对其名望的提升无疑起到重要作用。此后他一生的仕途经历，基本处在董卓当朝期间，最后死于董卓事败前夕。"爽自被征命及登台司，九十五日，因从迁都长安。"③从出仕到位登台辅，如此短暂的时间，在整个东汉一朝史无前例。顺遂的仕途决定了他无法摆脱与董卓之间的牵绊，也预示着他将无法避开历史的聚光灯。虽有位登台辅之荣，却有扈从董卓之实，这样一个身处历史正负两极漩涡中的人，最终如何正面形象存世，或许这本身就是史家要面对的难题。范晔的总结如下：

> 荀爽、郑玄、申屠蟠俱以儒行为处士，累征并谢病不诣。及董卓当朝，复备礼召之。蟠、玄竟不屈以全其高。爽已黄发矣，独至焉，未十旬而取卿相。意者疑其乖趣舍，余窃商其情，以为出处君子之大致也，平运则弘道以求志，陵夷则濡迹以匡时。荀公之急急自励，其濡迹乎？不然，何为违贞吉而履虎尾焉？观其逊言迁都之议，以救杨、黄之祸。及后潜图董氏，几振国命，所谓"大直若屈"，道固逶迤也。④

范晔所涉及的话题有三：应董卓之征、迁都之议及图董之谋。在针对这三点进行辩护后，范晔最终以"大直若曲"为荀爽定论。这段评论背后透露出在撰写荀爽传时，范晔所处时代对他的评判，既然在替荀爽辩解，可知南朝时期对荀爽的普遍认知与此出入，"意者疑其乖趣舍"正是对时人评价的概括。范晔的辩护出发点是"平运则弘道以求志，陵夷则濡迹以匡时"。同时认为他的取舍既不足以"濡迹"，又有"匡时"之功，从而使他被迫的"濡迹"出仕与讨董"匡时"紧密联系形成了因果关系。事实上恰透

---

① 尤尔根·哈贝马斯提出两个与此相似的概念：公共空间与政治公共领域，参氏著《在自然主义与宗教之间》，郁喆隽译，上海：上海人民出版社，2020年，第3—18页。为避免陷入概念纠纷，这里借用并稍作修改。因指意区别较大，这里对提出的政治空间稍作界定，政治空间主要指代政权意志及政治价值的执行空间。

② 有关何进征荀爽一事，《后汉纪》卷二五《孝灵皇帝纪》中记载，荀爽与郑玄、陈纪、申屠蟠、韩融、张楷等俱征，皆不就。而在后文何进为说服申屠蟠应征，命其同郡黄忠与其称："今颍川荀爽奥病在道，北［海］（郡）郑玄北面受署。"似荀爽与郑玄皆应征，与范书记载有异。袁宏撰，张烈点校，北京：中华书局，2020年，第490页。

③《后汉书》卷六二《荀爽传》。

④《后汉书》卷六二《荀爽传》。

露出荀爽事迹在汉士一贯抗直的标杆下呈现出"曲"的特点，亦即他在行为上存在诸多背离名士道德的事迹。如何在其"曲"的表面下疏导出"直"的本质，或许正是范晔在该传中努力要实现的目标。

应董卓征命是首要面对的问题，在申屠蟠、郑玄等人同样被征而不应命的情况下，荀爽独自上路，两个相反的举动，当其中之一为时人赞誉，则另一举动如何避免被唾弃，荀爽应征的场景因而被突出。"献帝即立，董卓辅政，复征之。爽欲遁命，吏持之急，不得去，因复就拜平原相。"① "被迫"成为荀爽面对物议的辩白，至于这是否符合历史原貌，史料的缺失已然失去了讨论的空间。与此相对应的另一个名士也出现了相似的记载：

中平六年，灵帝崩，董卓为司空，闻邕名高，辟之。称疾不就。卓大怒，詈曰："我力能族人，蔡邕遂偃蹇者，不旋踵矣。"又切敕州郡举邕诣府，邕不得已，到，署祭酒，甚见敬重。②

同样作为东汉名士，蔡邕在面对董卓征辟时遇到荀爽相同的情况，仕途的顺遂又与之如出一辙。相似的经历在陈纪身上也有体现："董卓入洛阳，乃使就家拜五官中郎将，不得以，到京师，迁侍中。"③ 在合作的事实背后，"不得已"成为他们共同的苦衷。相较于汉末的名士地位，蔡邕的声望远较荀爽为高，在董卓帐下仕途的升迁状况却有不及，目前对于蔡邕的态度，基本认可其与董卓主观合作的事实，则荀爽的"被迫"似亦由此产生质疑的空间。

面对强权，个体因无力反抗而选择屈从，似乎在任何时代都可以获得多数人的谅解。探讨荀爽的应征主动抑或被动，申屠蟠与郑玄再次进入视线。

中平五年，（申屠蟠）复与爽、玄及颍川韩融、陈纪等十四人并博士征，不至。明年，董卓废立，蟠及爽、融、纪等复俱公车征，唯蟠不到。众人咸劝之，蟠笑而不应。居无几，爽等为卓所胁迫，西都长安，京师扰乱。及大驾西迁，公卿多遇兵饥，室家流散，融等仅以身脱。唯蟠处乱末，终全高志。年七十四，终于家。④

申屠蟠在与韩融、陈纪同时被征且后二者皆应征的情况下，断然不应，其所承受的压力较之荀爽自有过之，却无为吏胁迫的描述。郑玄被征情况与荀爽及申屠蟠似有不同，本传载："董卓迁都长安，公卿举玄为赵相，道断不至。"⑤ 较之二人似稍晚，客观原因

---

① 《后汉书》卷六二《荀爽传》。
② 《后汉书》卷六〇《蔡邕传》。
③ 《后汉书》卷六二《陈纪传》。
④ 《后汉书》卷五三下《申屠蟠传》。
⑤ 《后汉书》卷三五《郑玄传》。

造成了他未能应命，范晔却在《荀爽传》中表达为主观的抗命。申屠蟠的不应征、郑玄的"道断不至"，当这两人的事迹与荀爽并列，似乎"吏持之急，不得去"的说法已很难令人信服。

董卓征士，岌岌于邀名，纵士不至，已获崇士之名，这也是东汉地方官辟士与不应征的惯常套路，由此而恼羞成怒者有之，但至诛杀未免言过其实，事实上董卓主政后并未因征士而诛杀一人。对此王夫之有过评判：

> 卓之始执国柄，亟于名而借贤者以动天下，盖汲汲焉。除公卿子弟为郎，以代宦官，吊祭陈、窦，复党人爵位，征申屠蟠，推进黄琬、杨彪、荀爽为三公，分任韩馥、刘岱、孔伷、张邈为州郡，力返桓、灵宦竖之政，窃誉以动天下。蔡邕首被征，岂其礼辞不就而遽欲族之哉？故以知卓之未必有此言也。且使卓而言此矣，亦其粗犷不择、一时戁发之词，而亦何足惧哉！申屠蟠不至，晏然而以寿终矣。①

王氏从社会背景及董卓的心态入手，对蔡邕被迫出仕提出质疑，进而对洛阳时期董卓执政的整体特点进行分析，从逻辑上否定了这一时期名士被迫出仕的记载。事实上董卓洛阳执政期间，确为东汉名士在政治上达到的最高光时期，大量名士于此时出仕，东汉朝堂的格局由此出现了很大的变化。

前揭范晔在为荀爽辩护时指出"意者疑其乖趣舍"，亦即刘宋时期时论尚存非议荀爽的说法，然而随着史料的散佚，至今多已不存，袁宏的见解成为目前可依据的仅存材料。编年体史书在体例上的差异，分散于各处的有关荀爽的记录，态度似与范晔有着本质区别。在荀爽出仕的记载中，袁宏做出如下描述：

> 献帝初，董卓荐爽为平原相，未到官，征为光禄勋，至府三日，迁司空。当是之时，忠正者慷慨，而怀道者深嘿。爽既解祸于董卓之朝，又旬日之间位极人臣，君子以此讥之。②

在对荀爽出仕及升迁过程罗列后，结合这一时期政治背景及社会态度，对其抉择做出全面否定，故有"君子以此讥之"。袁宏所谓"忠正者"与"怀道者"对时局的态度，正是评价荀爽"乖趣舍"的出发点。征董卓入洛之前，东汉朝局尚平稳，而荀爽征命不就，却于董卓控制洛阳以后出仕，至少在袁宏看来是匪夷所思的。既然荀爽由此而遭到讥讽，则此后的他在董卓掌控的汉室朝堂表现有如何呢，在迁都事件中或可窥见一斑。

---

① （清）王夫之：《读通鉴论》卷八《灵帝一七》，北京：中华书局2013年，第238页。
② （东晋）袁宏撰，张烈点校：《后汉纪》卷二六《孝献皇帝纪》，北京：中华书局，2020年，第506页。

发生在初平元年（190）的迁都之议，在有关汉末的文献记录中，近乎成为"忠正"之士与董卓的正面碰撞，荀爽不仅参与此次讨论，且扮演重要角色。

> 明年，关东兵起，董卓惧，欲迁都以违其难。乃大会公卿议曰："高祖都关中十有一世，光武宫洛阳，于今亦十世矣。案《石包谶》，宜徙都长安，以应天人之意。"百官无敢言者。……彪曰："天下动之至易，安之甚难，惟明公虑焉。"卓作色曰："公欲沮国计邪？"太尉黄琬曰："此国之大事，杨公之言得无可思？"卓不答。司空荀爽见卓意壮，恐害彪等，因从容言曰："相国岂乐此邪？山东兵起，非一日可禁，故当迁以图之，此秦、汉之埶也。"卓意小解。爽私谓彪曰："诸君坚争不止，祸必有归，故吾不为也。"议罢，卓使司隶校尉宣播以灾异奏免琬、彪等，诣阙谢，即拜光禄大夫。①

董卓有关迁都之议的记载，有限材料反映除荀爽外几无一人支持。相同的事迹《后汉纪》亦有记述：

> 司空荀爽曰："相国岂乐迁都邪？今山东兵起，非可一日禁也，而关西尚静，故当迁之，以图秦、汉之势也。坚争不止，祸必有所归，吾不为也。"卓使有司奏免二公。②

对于讨论场景及荀爽言论的描述与范书基本一致，太尉黄琬与司徒杨彪反对迁都的态度明确，焦点在于司空荀爽的言论，从内容而言，范晔将"坚争不止，祸必有所归，吾不为也"数语，置于荀爽私下对杨彪的言论似更为允恰，但二人对于荀爽态度的判断截然相反。袁宏笔下荀爽成为迁都争论场景下董卓意见的力挺者，范晔则持议荀爽发言的动机在于解董卓之怒，以救黄琬、杨彪。当历史事实确定，其背后隐含的动机往往为史家留下很大的解释空间，袁宏与范晔在相同的事实面前，得出近乎相反的结论，而自杨彪、黄琬以灾异被奏免而言，范晔的解释稍显牵强。

身为东汉名士，本身就是社会道德的担当者，符合一般社会价值的取向为基本要求。当事迹与社会名望出现抵牾时，历史对他的定位难免出现相左的意见，依据名望，则必然需要对其事迹进行必要解释；依据事迹，则又引起对名望的质疑。集中在荀爽身上的矛盾，在袁宏与范晔的记述中即体现二人出发点的不同。范晔以名望为据，对其事迹的多所回护终难周全，反不及袁宏依据事迹出发，对其名望提出质疑。这在《后汉书·李膺传》记载的有关荀爽的另一件事上体现的更为突出：

---

① 《后汉书》卷五四《杨彪传》。
② 《后汉纪》卷二六《孝献皇帝纪》，第503—504页。

及陈蕃免太尉，朝野属意于膺，荀爽恐其名高致祸，欲令屈节以全乱世，为书贻曰："……虽匮人望，内合私愿。想甚欣然，不为恨也。愿怡神无事，偃息衡门，任其飞沉，与时抑扬。"①

陈蕃免官，东汉名士在朝堂上仅存的领袖即为李膺，结合此前对自身的定位以及社会舆论对他的期待，李膺在此时并无退缩的可能。恰如第一次党锢时，贾彪的举动，"延熹九年，党事起，太尉陈蕃争之不能得，朝廷寒心，莫敢复言。彪谓同志曰：'吾不西行，大祸不解。'"②东汉名士强调的群体担当与社会担当在此获得生动体现。事实上李膺此后的举动也基本践行了他的社会责任：

李膺振拔污险之中，蕴义生风，以鼓动流俗，激素行以耻威权，立廉尚以振贵势，使天下之士奋迅感慨，波荡而从之，幽深牢破室族而不顾，至于子伏其死而母欢其义。壮矣哉！子曰："道之将废也与？命也！"③

且不论李膺在党锢过程中的忼慨激荡，范晔在书写这段评论时，血脉贲张的情绪已表现得淋漓尽致，李膺不惜身死，坚守着读书人的"道"，这也是范氏情绪激动的原因，然而同样是他，在对待同一时期另一种完全相反的态度居然亦给予了极大的认可，其背后的原因又在哪里？

东汉名士对"节"的坚守与狂热较历朝难望项背，荀爽劝说李膺"屈节以全乱世"，进而提出"愿怡神无事，偃息衡门，任其飞沉，与时抑扬"。圆滑的处世态度，已与汉士"亢直"之风存在很大的偏离。较之二人当时的社会地位与政治地位，均落差极大，以荀爽身份私信李膺，教导其处世之道，从李膺角度而论，恐已不免生出极大反感，再者其所提倡又与汉士节操完全背离，很难想象李膺仍能保持对他的好感。范晔录此信内容于此，最终仅能从远见卓识的角度回护，恰如其辩护陈寔赴张让父葬礼。④陶渊明《集圣贤群辅录》(一名《四八目》)引《北海耆旧传》在："(公沙)孚与荀爽共约，出不得事权贵。而爽当董卓时脱巾未百日，位至司空。后相见，以爽违约，割席而坐。"⑤割席断义的典故以管宁与华歆而闻名，后者出于《世说新语》，⑥刘义庆集

---

① 《后汉书》卷六七《党锢列传·李膺传》。
② 《后汉书》卷六七《党锢列传·贾彪传》。
③ 《后汉书》卷六七《党锢列传·李膺传》。
④ 《后汉书》卷六二《陈寔传》载："时中常侍张让权倾天下。让父死，归葬颍川，虽一郡毕至，而名士无往者，让甚耻之，寔乃独吊焉。及后复诛党人，让感寔，故多所全宥。"
⑤ (东晋)陶渊明著、袁行霈笺注：《陶渊明集笺注》，北京：中华书局，2003年，第592页。《四八目》为北齐仆射阳休之编，窜入《陶渊明集》的伪书，非陶渊明所著，今已基本成为共识。
⑥ 《世说新语笺疏》卷上之上《德行第一》记载："管宁、华歆共园中锄菜，见地有片金，管挥锄与瓦石不异，华捉而掷去之。又尝同席读书，有乘轩冕过门者，宁读如故，歆废书出看。宁割席分坐曰：'子非吾友也。'"(南朝)刘义庆著，余嘉锡笺疏，周祖谟、余淑宜、周士琦整理，北京：中华书局，2015年，第14页。

门客编书，多立足于前世文献，以《北海耆旧传》成书时间，存在借用管宁华歆典故的可能。两则故事均表现出对持身的坚守与对对方的唾弃，无疑这里荀爽被置于华歆对等的地位。

荀爽即坦然立于董卓之朝，又享处士之名，较之颍川后期名士如陈寔与张让父葬礼、荀彧娶中常侍唐衡女，①均能享誉天下，这在名士风气激荡的东汉末年极为反常。范书与袁书的出入恰为东晋南朝时期两种史观的反映，但这事实上都与东汉时代存在一定的距离，经过魏晋的洗礼，很难想象江左以后恢复的仍为东汉名士的价值。

二、讨董与脱董浪潮

汉末历史中的董卓，似已完全失去重新定位的空间，他究竟是怎么样一个人，历来史书已有定论，抛开那些对他种种残暴行为的生动描述，作为一个从底层走上政坛顶峰的人，对于他的所有描述中，其政治理性稍稍有迹可循。

西北边将出身的他，在平羌战场上，成就虽不及皇甫规、张奂、段颎，但亦不乏功勋，且存在后世记述有意隐去的可能。据本传描述，"性粗猛有谋"，年少时入羌中交接豪帅，诱使归附，可见他并非简单一介武夫。在因军功获得赏赐时称："为者则己，有者则士。"尽分与部下将吏，类似的描述与他入洛阳的种种行为大相径庭。西北平羌战场崛起的武将，在东汉朝堂存在一个共性——富于战功而贫于名望，孤立于朝缺乏党援。张奂稽留京师在第二次党锢时为曹节所用，成为诛杀党人的屠刀，其背后的原因或亦在此。

> （建宁元年）时窦太后临朝，大将军窦武与太傅陈蕃谋诛宦官，事泄，中常侍曹节等于中作乱，以奂新征，不知本谋，矫制使奂与少府周靖率五营士围武。武自杀，蕃因见害。奂迁少府，又拜大司农，以功封侯。奂深病为节所卖，上书固让，封还印绶，卒不肯当。②

事情发生在张奂西北平羌归来，这一点与袁书记载一致。③张奂在此事后次年上书为窦武、李膺平反，前后行为的转折，范袁二书记载均突出其甫至京师，对朝中局势不明，事实上这一说法是不能成立的。

> （中平元年）其冬，北地先零羌及枹罕河关群盗反叛，遂共立湟中义从胡北

---

① 见《三国志》卷一〇《荀彧传》裴注引《典略》。
② 《后汉书》卷六五《张奂传》。
③ 袁宏虽认可其初至京师，但对于他的行为亦载"义士以此非奂"。《后汉纪》卷二三《孝灵皇帝纪》，第447页。

宫伯玉、李文侯为将军，杀护羌校尉冷征。伯玉等乃劫致金城人边章、韩遂，使专任军政，共杀金城太守陈懿，攻烧州郡。明年春，将数万骑入寇三辅，侵逼园陵，托诛宦官为名。①

西北羌乱尚以诛宦官为口号，这固然为东汉名士的舆论影响有关，长期驰骋在西北战场上的张奂，对洛阳局势完全无知很难想象。本传记载其年少游学三辅，习《欧阳尚书》，删《牟氏章句》，可知其在经学领域修养颇深。出仕梁冀幕府，在其被诛时又遭牵连，除皇甫规外，举朝无人替其周旋，在他身上展现的是西北士人在东汉朝堂的立身艰难。

"凉州三明"皇甫规、张奂、段颎先后入朝，从皇甫规的阿附党人，到张奂先附宦官而改易，最终段颎对宦官的坚定支持，②战功起家的西北边将，朝堂立身艰难可见一斑，以党锢初起时皇甫规事迹为例：

> 规为人多意算……及党事大起，天下名贤多见染逮，规虽为名将，素誉不高。自以西州豪桀，耻不得豫，乃先自上言："臣前荐故大司农张奂，是附党也。又臣昔论输左校时，太学生张凤等上书讼臣，是为党人所附也。臣宜坐之。"朝廷知而不问，时人以为规贤。③

皇甫规不应梁冀之辟，在朝谦退，范书记录对其人定位称精于算计，对其自证党人的行为，解读为投机名望之举，虽时人以为贤，但行文不无嘲讽之意。三人相继入京，之间联系紧密，皇甫规的行为及遭遇自然成为张奂的前车之鉴，其诛杀窦武、陈蕃后，次年上书为二人翻案，如此转折，期间受到的舆论压力可知。段颎倒向宦官而仕途通达，但最终不免下狱而死，"凉州三明"用亲身经历向董卓撰写了一部西北武将在东汉洛阳居官艰难的教科书。

董卓入京后与三位先行者相比，优势在于掌控了朝局，随后的事迹体现他基本按照皇甫规的举措行事。废立之举固然在于立威，亦仅仅与卢植、袁绍等数人之间产生冲突，此后即着手为窦武、陈蕃翻案。"卓乃与司徒黄琬、司空杨彪，俱带鈇锧诣阙上书，追理陈蕃、窦武及诸党人，以从人望。于是悉复蕃等爵位，擢用子孙。"④举动已近乎窦武为第一次党锢翻案事迹，动机自然为赢得士人的认可，此后全力倚重名士，对权力结构的调整力度，近乎东汉一朝所无。

---

① 《后汉书》卷七二《董卓传》。
② 《后汉书》卷六五《段颎传》载："颎曲意宦官，故得保其富贵，遂党中常侍王甫，枉诛中常侍郑飒、董腾等，增封四千户，并前万四千户。"
③ 《后汉书》卷六五《皇甫规传》。
④ 《后汉书》卷七二《董卓传》。

> 卓素闻天下同疾阉官诛杀忠良，及其在事，虽行无道，而犹忍性矫情，擢用群士。乃任吏部尚书汉阳周珌、侍中汝南伍琼、尚书郑公业、长史何颙等。以处士荀爽为司空。其染党锢者陈纪、韩融之徒，皆为列卿。幽滞之士，多所显拔。以尚书韩馥为冀州刺史，侍中刘岱为兖州刺史，陈留孔伷为豫州刺史，颍川张咨为南阳太守。卓所亲爱，并不处显职，但将校而已。①

列名士于公卿之位，处"亲爱"于不显之职，董卓推己待人的态度，虽窦武亦有所不及。或许正如白居易诗："周公恐惧流言后，王莽谦恭未篡时。向使当初身便死，一生真伪复谁知。"②未来的不可预知性，决定了历史的参与者无法根据此后的走势做出抉择。黄琬、荀爽、郑泰、周珌、伍琼、何颙、③陈纪、韩融等人采取了合作，韩馥、刘岱、孔伷、张咨接受了其地方官的任命，袁绍虽称不与同心，然犹受其勃海太守之任，董卓对地方行政系统的调整，近乎一手构建了此后的关东讨董联盟的主体。

名士在东汉的政治态度，一直似存在误解的倾向，主要表现在对于前后执政外戚的评价。最为突出者莫过于梁冀，陈蕃上书称："前梁氏五侯，毒遍海内，天启圣意，收而戮之，天下之议，冀当小平。"④观之本传，近乎积众恶于一身，其中最著者莫过于杀李固、杜乔，这成其为天下共疾的支点。⑤本传种种罪行，在其子的一条记载中透露了态度。"(梁)不疑好经书，善待士，冀阴疾之，因中常侍白帝，转为光禄勋。"⑥其子因"善待士"而遭嫉恨。相较于《梁冀传》通篇流恶的状况，同为外戚主政，史家对邓骘的态度则趋于温和：

> 时遭元二之灾，人士荒饥，死者相望，盗贼群起，四夷侵畔。骘等崇节俭，罢力役，推进天下贤士何熙、祋讽、羊浸、李郃、陶敦等列于朝廷，辟杨震、朱宠、陈禅置之幕府，故天下复安。⑦

指出连续大灾之后，"天下复安"的原因在于推进贤士，对其永初元年兄弟四人封侯事

---

① 《后汉书》卷七二《董卓传》。《后汉纪》卷二五《孝灵皇帝纪下》载："卓虽无道，而外以礼贤为名，黄琬、荀爽之举，从民望也。又任侍中周珌、城门校尉伍琼，沙汰秽恶，显拔幽滞。"
② 《全唐诗》卷四三八《白居易·放言五首》。
③ 《后汉书》卷六七《党锢列传·何颙传》载："及董卓秉政，逼颙以为长史，托疾不就，乃与司空荀爽、司徒王允等共谋卓。"然卷六二《荀爽传》载其谋诛董卓时称何颙为"卓长史"，可知其接受任命。
④ 《后汉书》卷六六《陈蕃传》。据《后汉书》卷三四《梁冀传》载："冀一门前后七封侯，三皇后，六贵人，二大将军，夫人、女食邑称君者七人，尚公主者三人，其余卿、将、尹、校五十七人。"
⑤ 《后汉书》卷三四《梁冀传》载："而枉害李固及前太尉杜乔，海内嗟惧，语在《李固传》。"
⑥ 《后汉书》卷三四《梁冀传》。
⑦ 《后汉书》卷一六《邓骘传》。其中涉及"元二之灾"，李贤注称应为"元元"，然洪迈经过大量论证后否定了这一说法，指出应为"永初元年、二年"，详参《容斋随笔》卷五《元二之灾》，北京：中华书局，2005年，第68—69页。

则亟称其谦逊不受,终对其一门六侯采取回避态度。① 梁冀相类的罪恶,似邓氏亦有之,杜根的惨剧可见一斑,② 李慈铭即指出《安帝纪论》与《和熹邓后纪论》盛称其德又书专权的矛盾之处,③ 范晔的矛盾在于不能前后统一,可知所采史源态度的不同,然在《邓骘传》中则通篇赞誉。

《后汉书》最具代表的莫过于《窦武传》,于汉末党锢名士体系中高居"三君"之一,这也决定了范晔对他的态度。"在位多辟名士,清身疾恶,礼赂不通,妻子衣食裁充足而已。"④ 窦武与邓骘不同,其形象在《后汉书》中较为统一,可知范晔撰史时基础材料的争议较小,然第二次党锢发起时的一段记载颇值得注意:

> 蕃时年七十余,闻难作,将官属诸生八十余人,并拔刃突入承明门,攘臂呼曰:"大将军忠以卫国,黄门反逆,何云窦氏不道邪?"王甫时出,与蕃相迕,适闻其言,而让蕃曰:"先帝新弃天下,山陵未成,窦武何功,兄弟父子,一门三侯?又多取掖庭宫人,作乐饮宴,旬月之间,赀财亿计。大臣若此,是为道邪?公为栋梁,枉桡阿党,复焉求贼!"⑤

作为名士领袖的陈蕃,对窦武的执政近乎无保留的支持,然而王甫的言论又似并非空穴来风,最突出者莫过于"一门三侯"的指责。"帝既立,论定策功,更封武为闻喜侯;子机渭阳侯,拜侍中;兄子绍鄠侯,迁步兵校尉;绍弟靖西乡侯,为侍中,监羽林左骑。"⑥ 事实上窦氏一门四侯,至于秽乱宫廷,奢靡无度,这些向来为士人指责专权外戚的言语,出自黄门令王甫之口,若谓之尽为污蔑,则如何确定歌颂窦武之词及书梁冀、董卓流恶之语尽出信史?⑦

名士在名节、亢直等标签性评价的背后,存在较为极端的党同伐异倾向。笔法的倾向性决定了人物形象,王甫描述的窦武,行迹已不输梁冀,而为名士推戴,与之相比,董卓入京后的作为,进有推进名士之举,退无亲党专权之恶,若无此后形势的转

---

① 《后汉书》卷一六《邓骘传》载安帝最终清算邓氏时,"遂废西平侯广宗、叶侯广德、西华侯忠、阳安侯珍、都乡侯德皆为庶人"。此前当年加封邓骘上蔡侯,故邓氏在覆灭时一门六侯。
② 《后汉书》卷五七《杜根传》载:"时和熹邓后临朝,权在外戚。根以安帝年长,宜亲政事,乃与同时郎上书直谏。太后大怒,收执根等,令盛以缣囊,于殿上扑杀之。执法者以根知名,私语行事人使不加力,既而载出城外,根得苏。太后使人检视,根遂诈死,三日,目中生蛆,因得逃窜,为宜城山中酒家保。"
③ 李慈铭撰,由云龙辑:《越缦堂读书记》,北京:中华书局,2006年,第185页。
④ 《后汉书》卷六九《窦武传》。
⑤ 《后汉书》卷六六《陈蕃传》。
⑥ 《后汉书》卷六九《窦武传》。
⑦ 《三国志》卷六《董卓传》载:"卓性残忍不仁,遂以严刑胁众,睚眦之隙必报,人不自保。尝遣军到阳城,时适二月社,民各在其社下,悉就断其男子头,驾其车牛,载其妇女、财物,以所断头系车辕轴,连轸而还洛,云攻贼大获,称万岁。入开阳城门,焚烧其头,以妇女与甲兵为婢妾,至于奸乱宫人、公主,其凶逆如此。"相关事迹《后汉书》卷七二《董卓传》记载类似,此类带有极强主观色彩的描述,目的性明确,然而有关洛阳发坟及奸乱官人事迹,司马彪《续汉书》置于献帝迁都出发之后,似更合理。详参《三国志》卷六《董卓传》裴注引《续汉书》。

变,恐亦不乏窦武复生的定位。其所启用诸多名士"被迫"之举,恐不免此后追溯之嫌。至于蔡邕在董卓死后的表现,基本可以判断其与董卓合作的态度。

> 蔡邕在王允坐,闻卓死,有叹惜之音。允责邕曰:"卓,国之大贼,杀主残臣,天地所不佑,人神所同疾。君为王臣,世受汉恩,国主危难,曾不倒戈,卓受天诛,而更嗟痛乎?"便使收付廷尉。邕谢允曰:"虽以不忠,犹识大义,古今安危,耳所厌闻,口所常玩,岂当背国而向卓也?狂瞽之词,谬出患入,愿黥首为刑以继汉史。"公卿惜邕才,咸共谏允。①

蔡邕的死,最终不过"公卿惜邕才"而已,并未否认其作为董卓党羽的身份。关东起兵之初,董卓曾派遣使臣与袁绍修好。"卓乃遣大鸿胪韩融、少府阴循、执金吾胡母班、匠作大将吴循、越骑校尉王瓌譬解绍等诸军。绍使王匡杀班、瓌、吴循等……惟韩融以名德免。"②韩融本为董卓启用,此时充当其使,即不言其被迫,可知其党与董卓之实。事实上胡母班亦为汉末重要名士,《三国志·袁绍传》裴注引《汉末名士录》载:"班字季皮,太山人,少与山阳度尚、东平张邈等八人并轻财赴义,振济人士,世谓之八厨。"③党锢之祸引发的名士互相标榜、为之称号,最终构成上至三君下至八厨的三十五人组合,④关东起兵本以义师自居,观之此次董卓所遣诸人,均为九卿等级职位,得脱董卓牢笼,他们却并未倒戈,以胡母班为例,仍极为尽责,这在他与王匡的信中得到体现:

> 自古以来,未有下土诸侯举兵向京师者。《刘向传》曰"掷鼠忌器",器犹忌之,况卓今处宫阙之内,以天子为藩屏,幼主在宫,如何可讨?仆与太傅马公、太仆赵岐、少府阴脩俱受诏命。关东诸郡,虽实嫉卓,犹以衔奉王命,不敢玷辱。而足下独囚仆于狱,欲以衅鼓,此悖暴无道之甚者也。仆与董卓有何亲戚,义岂同恶?而足下张虎狼之口,吐长蛇之毒,恚卓迁怒,何甚酷哉!死,人之所难,然耻为狂夫所害。若亡者有灵,当诉足下于皇天。夫婚姻者祸福之机,今日著矣。曩为一体,今为血仇。亡人子二人,则君之甥,身没之后,慎勿令临仆尸骸也。⑤

书信的内容体现以下内容:首先"幼主在宫,如何可讨?"指出关东联军的不义之举;

---

① 《三国志》卷六《董卓传》裴注引谢承《后汉书》。
② 《后汉书》卷七四《袁绍传》,第2376页。
③ 《三国志·魏书》卷六《袁绍传》,第192页。
④ 范晔在《后汉书》卷六七《党锢列传序》中称:"自是正直废放,邪枉炽结,海内希风之流,遂共相标榜,指天下名士,为之称号。上曰'三君',次曰'八俊',次曰'八顾',次曰'八及',次曰'八厨',犹古之'八元''八凯'也。"
⑤ 《三国志·魏书》卷六《袁绍传》裴松之注引谢承《后汉书》,第193页。

其次，划清与董卓的界限，突出自己此行为汉室而来。总体而言，他仍然在践行董卓赋予他此行的任务。

然而仅有的文献展现出士人对董卓最突出的态度，集中体现在密谋诛董事件中。根据《后汉书》《后汉纪》《三国志》及《资治通鉴》的相关记载，东汉百官涉及密谋讨董参与者有：王允、何颙、黄琬、郑太、杨瓒、士孙瑞、吕布、荀爽、荀攸、种辑、伍琼等，① 史料之间多有抵牾，但基本可以确定波及如此多人的讨董密谋，都出于初平元年迁都长安以后。对于伍琼的介入，司马光认为"《魏志》云：'攸与何颙、伍琼同谋。'按颙、琼死已久，恐误"。② 王允密谋作为最终获得执行的组织，成为这一系列密谋记录的依托，然伍琼死于董卓迁都之前，《三国志·荀攸传》的记载颇值得怀疑。涉及此事的人员，王允、士孙瑞、吕布、杨瓒为最后发动政变的直接参与者，自毋庸置疑，其余诸人中，何颙与郑泰为两个重要的支点，以郑泰而言，诸处记载大同小异。伍琼事迹颇值玩味，前期与周毖俱为董卓信重。

> 初，卓用伍琼、周毖之议，选天下名士，馥等既出，皆举兵图卓。卓以琼、毖卖己，心怒之。及议西迁，琼、毖固谏，卓大怒曰："君言当拔用善士，卓从二君计，不敢违天下心，诸君到官，举兵相图，卓何相负？"遂斩琼、毖。彪、琬恐惧，诣卓谢曰："因小人恋旧，非欲沮国事也，请以不及为受罪。"卓不胜当时之忿，既杀琼、毖，旋亦悔之，故表彪、琬为光禄大夫。③

东汉荐举人物本有追责之制，伍琼、周毖举荐诸人，不旋踵而联兵讨董，在袁绍逃亡时，劝止董卓，而袁绍终为联军领袖，依东汉之制，二人罪亦当死。周毖最终未能涉及谋董之议，对伍琼的定位，实有倒果为因之嫌，其所举荐者走上讨董道路，不足以判断伍琼的态度。"初，卓信任尚书周毖、城门校尉伍琼等，用其所举韩馥、刘岱、孔伷、〔张咨〕、张邈等出宰州郡。"④ 对周毖、伍琼的信任，近乎言听计从，亦不至于完全出自董卓的一厢情愿。"公业（郑泰）等与侍中伍琼、卓长史何颙共说卓，以袁绍

---

① 《后汉书》卷六一《黄琬传》载黄琬、王允；卷六二《荀爽传》载：荀爽、王允、何颙密谋；卷六六《王允传》载王允、黄琬、郑泰密谋，勾连杨瓒、士孙瑞、吕布；卷六七《何颙传》载荀爽、王允、何颙密谋；卷七〇《郑太传》载郑太、何颙、荀攸；卷七二《董卓传》王允、吕布、士孙瑞密谋；卷七五《吕布传》载王允、士孙瑞密谋，勾连吕布；《三国志》卷六《董卓传》载王允、士孙瑞、吕布；卷一〇《荀攸传》载荀攸、郑泰、何颙、种辑、伍琼；卷一六《郑浑传》载郑泰、荀攸；《后汉纪》卷二七《孝献皇帝纪》载荀攸、郑泰、何颙、种辑，而在执行事件中称王允、士孙瑞、吕布。《资治通鉴》卷六〇汉献帝初平三年条载王允、黄琬、士孙瑞、杨瓒密谋，勾连吕布。第1933页。在涉及荀攸参与的密谋中记录荀攸、郑泰、种辑，第1935页。
② 《资治通鉴》卷六〇汉献帝初平三年条《考异》，第1935页。按，本传记载何颙在迁都长安以后死于狱中，并无确切死亡时间，相较于诸人谋刺董卓相去不远，伍琼确死于迁都之前。
③ 《后汉纪》卷二六《孝献皇帝纪》，第504页。《三国志》卷六《董卓传》不载伍琼、周毖反对西迁事。
④ 《三国志》卷六《董卓传》。

为勃海太守，以发山东之谋。"① 似山东联军的形成正为洛阳公卿一手促成。伍琼连番为董卓画策得与谋董之列，周毖与其事迹近同而不得参与，当有更深层的原因。被裹挟至长安的汉室公卿，此前除山东兵起被杀的伍琼、周毖，废立时与卢植产生矛盾，迁都之议与黄琬、杨彪意见不合之外，余者与董卓之间的关系一直暧昧。

  对东汉后期历史的记述，董卓的形象几近定型，伍琼的惨死，及其在洛阳附近纵兵的暴行近乎罄竹难书，然而东汉公卿密谋讨董行为的展开，却基本都在迁都长安以后，怎样的原因促使他们行为的滞后？王允等人刺杀董卓，作为无可争议的事实，以此事为中心，汉士公卿营建起一场起自初平元年（190）终于初平三年旷日持久的谋董盛会。在洛阳，董卓起初兵力薄弱，此后虽兼并禁军及丁原的武装，面对关东联军，仍然第一时间决定迁都，可知仍不算雄厚，公卿朝臣在董卓外有强敌、内部虚弱时不曾密谋，却于迁都以后，在董卓近乎完全掌控的长安密谋发难？

  关东诸侯联军在讨伐董卓一事中，虽号称兵容强盛，但进取心较弱，有限记录可知，董卓西迁过程中真正追讨者仅曹操与孙坚两支武装，② 曹操在追击中全军覆没，孙坚亦在破洛阳以后毅然脱离联盟、领军南下，此后关中受到的军事压力相对较小。于此时王允乃暗结诸人刺杀董卓，单纯以乃心社稷、诛杀汉贼而言，在发生时间上的滞后性，终欠合理。在刺杀行动的前一年，关东诸侯酝酿另立新帝事宜上的讨论，或许才是推动刺杀行为的主要动力。

  （初平）二年，冀州刺史韩馥、勃海太守袁绍及山东诸将议，以朝廷幼冲，逼于董卓，远隔关塞，不知存否，以（刘）虞宗室长者，欲立为主。乃遣故乐浪太守张岐等赍议，上虞尊号。③

此事最终夭折，谋划者各处记载基本一致，即韩馥与袁绍，然而司马光在《资治通鉴》中于此事则称"关东诸将议"，④ 似这是一次群体行动，反对者仅曹操一人，最终以刘虞拒绝而作罢。汉末的历史因为此后的成功者为曹操，导致诸侯割据时期所有曹操反对的主张都被视为错误的路径。

  袁绍另立皇帝的建议如果得以实施，最终在汉末局势中会产生怎样的效应？历史

---

① 《后汉书》卷七〇《郑太传》。
② 《三国志》卷一《武帝纪》载："太祖到酸枣，诸军兵十余万，日置酒高会，不图进取。"卷四六《孙破虏传》裴注引《吴录》曰："是时，关东郡人，务相兼并，以自强大。袁绍遣会稽周㬂，为豫州刺史，来袭取州。坚慨然叹曰：'同举义兵，将救社稷，逆贼垂破，而各若此，吾当谁与戮力乎？'言发涕下。"裴松之亦称"孙坚于兴义之中最有忠烈之称"，关东军队涣散可见一斑。
③ 《后汉书》卷七三《刘虞传》。此事《后汉纪》卷二六《孝献皇帝纪》载："韩馥、袁绍自称大将军，遣使推大司马刘虞为帝，不听；复劝虞承制封拜，又不听，然犹与绍连结。"第 506 页。袁宏置此事于初平二年春正月。《三国志》卷一《武帝纪》载："袁绍与韩馥谋立幽州牧刘虞为帝，太祖拒之。"又载："二年，春，绍、馥遂立虞为帝，虞终不敢当。"似初平元年另立刘虞为帝之谋既已酝酿。
④ 《资治通鉴》卷六〇汉献帝初平二年条，第 1918 页。

虽然没有假设，但假设的那条路径即使未能实施，在局势的发展中却也可能因为预判而留下其连带效应的身影。如以司马光的判断为准，立刘虞为帝为关东诸侯的近乎一致的意见，会造成怎样的效应？此事经过在《通鉴》中有完整记载：

> 关东诸将议：以朝廷幼冲，迫于董卓，远隔关塞，不知存否，幽州牧刘虞，宗室贤俊，欲共立为主。曹操曰："吾等所以举兵而远近莫不响应者，以义动故也。今幼主微弱，制于奸臣，非有昌邑亡国之衅，而一旦改易，天下其孰安之！诸君北面，我自西向。"韩馥、袁绍以书与袁术曰："帝非孝灵子，欲依绛、灌诛废少主、迎立代王故事，奉大司马虞为帝。"术阴有不臣之心，不利国家有长君，乃外托公义以拒之。绍复与术书曰："今西名有幼君，无血脉之属，公卿以下皆媚事卓，安可复信！但当使兵往屯关要，皆自蹙死；东立圣君，太平可冀，如何有疑！又室家见戮，不念子胥，可复北面乎？"①

这段文字为司马光综合王沈《魏书》及韦昭《吴书》而成。②曹操言论本于北方史源，而袁绍与袁术书信往来则本于孙吴国史，以江东孙氏与袁术间的关系，孙吴国史对此事的记载应来源于袁术一方，这或许也是司马光未采《后汉书》及《三国志》而另辟蹊径的出发点。

值得注意的是，首先，袁绍质疑了汉献帝血脉正统；其次，认为汉室公卿皆党与董卓。事实上董卓入洛时日短暂，虽百般结好名士，终为关东势力所弃，政治资本薄弱，西迁以后，丧失关东这块汉末名士舆论的主体阵地，于董卓无损。对汉献帝身世的质疑加之另立皇帝，西北势力所掌控的政治资本即随之丧失。离开黄河南北的名士空间，东汉朝堂的公卿亦将因之失去名望土壤，更被冠以"媚事董卓"之名，即失名望，又失去合法性依托，这是东汉公卿们无法接受的事实。

> 及董卓迁都关中，允悉收敛兰台、石室图书秘纬要者以从。既至长安，皆分别条上。又集汉朝旧事所当施用者，一皆奏之。经籍具存，允有力焉。时董卓尚留洛阳，朝政大小，悉委之于允。允矫情屈意，每相承附，卓亦推心，不生乖疑，故得扶持王室于危乱之中，臣主内外，莫不倚恃焉。③

观之王允处境，实与刘邦入关中时萧何地位近似，其最终为董卓信重，亦与荀爽、蔡邕不异。袁绍所指出的公卿媚事董卓并非无据，观之此前迁都之议的争执，意见的不同，亦不足以体现杨彪与黄琬反对董卓的态度，则在关东诸侯塑造的语境下，东汉公

---

① 《资治通鉴》卷六〇汉献帝初平二年条，第1918页。
② 详参《三国志》卷一《武帝纪》裴注及卷六《袁术传》裴注。
③ 《后汉书》卷六六《王允传》。

卿如何洗清自身党与董卓，进而树立"被迫"形象，已经成为他们必须面对的问题。在讨论迁都时，朱儁的建议颇值得注意："国家西迁，必孤天下之望，以成山东之衅，臣不见其可也。"① 政权西迁脱离文化高地，必然导致合法性下降，作为顶层名士的东汉公卿，在声望上亦必然受到影响。

初平元年至二年韩馥与袁绍乃至关东诸侯所酝酿的事件，虽然最终并未执行，但其中所反映的态度已非袁绍、韩馥等寥寥数人而已，东汉名士在舆论上的长期努力，事实上已经在根本上动摇了桓、灵时期政权的形象，朝堂的西迁，以洛阳、颍川、汝南、陈留等地为中心的名士社会尽为关东势力掌控，② 播越的汉献帝政权已成为董卓政治工具，这在关东势力范围内已是不争事实。这在此后献帝东归后遭受的待遇可知。

> 是以州郡各拥兵自为，莫有至者。百官穷困，朝不及夕，尚书已下，自出采樵，或饿死墙壁间，[或]为吏兵所杀。③

曾经的天下共主，及高居庙堂的汉室公卿，曾是担负起天下名士的期待，享受众星拱月般的荣耀，在经历了为董卓裹挟播越关中之后，返回洛阳处于如此惨淡的境地，且不论袁绍、袁术在面对献帝使臣命其迎驾时的反应。这固然与关东诸侯分化以后形成各自为战的割据势力有关，但汉室合法性及曾为天下名士代表的公卿们尊严的丧失，才应该是主要的原因，数年前的西迁行为既已决定了今日之果。

董卓固为西北人，东出的失败不过豪赌未赢而已，毕竟掌控了东汉朝堂，相对于其此前西北边将的身份终不能算输，但对于汉室公卿而言，却面临名位俱失的危险。董卓势力再次东出，重建汉室权威的可能性已然渺茫，如何挽回自身的颜面，实现自救，事实上已经是文武百官必须考量的问题。且自可考的王允刺杀行动而论，《后汉书·王允传》描述的经过，初平元年王允、黄琬及郑泰连谋，"乃上护羌校尉杨瓒行左将军事，执金吾士孙瑞为南阳太守，并将兵出武关道，以讨袁术为名，实欲分路征卓，而后拔天子还洛阳。卓疑而留之，允乃引内瑞为仆射，瓒为尚书"。④ 二年王允受董卓温侯之封，三年潜结吕布发动政变，对于几乎未掌握兵力的汉室公卿而言，政变的成功与否取决于其突然性，时间过长即会增加泄露的风险，前后三年的酝酿匪夷所思。谋划的起始时间近乎与关东另立皇帝倡议同时，深值玩味。大胆推测关中诸臣谋刺董卓的行为，应处于关东倡议另立新帝之后，甚至正是因为关东的想法引发长安的汉室

---

① 《后汉书》卷七一《朱儁传》。
② 日本学者冈村繁经过大量材料考辨，最终得出后汉时期的人物品评风潮，"就地域方面而言，陈留、汝南、颍川三郡及其出身者为该风潮之中心"。详参氏著《汉魏六朝的思想和文学》，陆晓光译，上海：上海古籍出版社，2009年，第97页。
③ 《后汉纪》卷二九《孝献皇帝纪》，第553页。
④ 《后汉书》卷六六《王允传》。

公卿与董卓关系的分化，促成了初平三年刺杀董卓的行动。

董卓入洛后对朝局的全面调整，事实上一定程度获得了名士及公卿的认可与合作，最终走向决裂甚至诱发刺杀行为，与其说是谋划已久的举措，更像是关中的东汉公卿在面对关东联军的政治压力与舆论压力下的自救行为。董卓已然被死死地挂在历史的绞刑架上，汉献帝也有失去天下共主的危险，汉室公卿的光环完全失去了色彩，附逆标签已然在望，脱董的需求最终促成了刺董的过激行为。刺董行为在此后的文献体系中又成为脱董的标签，这也直接导致了刺董这一行为的全面扩大，乃至于成为脱董的共同话语。

三、荀爽谋董与脱董运动的再认识

目前所存东汉末年文献，恰为东汉官修史书的空白区，体系的构建基本完成于魏晋时期，尤以西晋为最。东汉政权在汉献帝时期西迁东返这段时间的历史，在记述上存在很大的追述痕迹，基本文献体系形成的特点，决定了在此过程中掺杂后世观念的情况不可避免。

在如火如荼的谋董运动中，似乎荀爽也不甘人后，在诸多互相独立的谋划组织中，他同样介入其中。

> 爽见董卓忍暴滋甚，必危社稷，其所辟举皆取才略之士，将共图之，亦与司徒王允及卓长史何颙等为内谋。会病薨，年六十三。①

中平六年（189）十二月戊戌荀爽出任司空，②以其出仕九十五日登三公之位，则初出仕在十月甲子。③次年即初平元年正月议迁都，二月丁亥即执行，三月乙巳汉献帝抵达长安，荀爽死于五月。在其出仕的八个月生涯中，六十三岁老人跟随汉献帝自洛阳迁往长安，一个月的颠沛流离，期间辛苦可知，抵达长安后两个月即去世，颇疑与其西迁过程艰辛有关。他向董卓举荐大量"才略之士"以备未来颠覆董卓之用，进而又参与王允等人诛董卓的密谋，时间的不足显而易见。整个统治机构的转移，诸多事宜的安置决定了长安最初阶段的汉献帝政权，处于一个极为忙碌的时期。抵达长安后，王允很快即获得董卓的倚重，纵王允确有谋董之心，荀爽此时与之合谋，终嫌草率，这固然不符合一个六十三岁的老人该有的精明，更与其早期"与时抑扬"、随波逐流的圆滑不符，二人关系的展开应极为谨慎，这就决定了需要较长的周期。自各方面条件

---

① 《后汉书》卷六二《荀爽传》。
② 参《后汉书》卷九《献帝纪》。
③ 据陈垣《廿二史朔闰表》，出任司空的时间当在闰十二月。

而言，这是一场不可能存在的谋划。

回到刺杀董卓的谋划过程，体系存在不断扩大的迹象。一场由王允、吕布、士孙瑞、杨瓒发动的政变，《王允传》中参与谋划的郑泰、黄琬，在执行时并未留下身影，黄琬死于李傕等人破长安城之后，本有条件参与诛杀董卓。郑泰的逃亡殊为怪异，似他同时参与了相互独立的两个谋刺董卓行为，一方为王允、黄琬、郑泰，另一方为荀攸、郑泰、何颙、种辑、伍琼，以此为线索，何颙亦同样参加了两个孤立的谋划组织，另一方为荀爽、王允、何颙，有限的材料展现的是郑泰参与的谋划泄露，郑泰不得不于初平二年逃亡，王允、黄琬未受牵连，荀攸、何颙因而入狱，似荀攸介入的谋划败露，然而参与该谋划的种辑却未受任何牵连。事实上何颙又介入第三场谋划中，参与者为荀爽、王允、何颙。"及董卓秉政，逼颙以为长史，托疾不就，乃与司空荀爽、司徒王允等共谋卓。会爽薨，颙以它事为卓所系，忧愤而卒。"① 似何颙的入狱与谋刺董卓无关，则何以荀攸独由此入狱？荀攸在入狱后的表现耐人寻味。"事垂就而觉，收颙、攸系狱，颙忧惧自杀，攸言语饮食自若，会卓死，得免。"② 荀攸谋诛董卓事泄，入狱后的处变不惊，不禁令人叹服其对事件发展极具前瞻性的预判能力，这种算无遗策的描述，固然对人物形象起到很大的烘托作用，但也直接影响了材料本身的可信度。赵翼在评价《三国志》中《荀彧传》及《郭嘉传》中对诸多此类材料辨证后，指出其存在与《左传》相似的穿凿附会情况，认为"固文人好奇，撰造以动人听也"。③《三国志·荀攸传》中有关谋诛董卓的记述，存在很强的借何颙以成荀攸之名的动机，最终在入狱后的描述中，又实现了荀攸形象越何颙以提升的目的，故可知荀攸谋董事迹造作之迹极为明显。

汉室公卿之间展开的谋董组织画面存在很大的问题，在董卓几乎完全掌控的长安，谋杀事件最大的劣势在于实力单薄，然而存在如此多的谋董组织，且人员多有交叉，又能各行其是，不禁令人赞叹参与者的保密意识，为何他们没有拧成一股力量？荀爽、荀攸叔侄二人均有谋董之心，却隶属不同组织，何颙亦分别参与这两个组织，却并未因二人的亲属关系而串联合二为一？死于迁都之前的伍琼得以介入谋董组织，而事迹与之近同的周毖却被斥逐在外？④

谋董成为一种现象，其体系的塑造过程存在明确的两个支点，一为执行了诛杀董卓事件的王允、吕布、杨瓒、士孙瑞等人因无名望被弃；一为死于董卓执政期间的汉室公卿，或名望颇高者。

---

① 《后汉书》卷六七《党锢列传·何颙传》，卷七〇《郑太传》载："乃与何颙、荀攸共谋杀卓。事泄，颙等被执，公业脱身自武关走，东归袁术。"在何颙入狱原因上有差异。
② 《三国志》卷一〇《荀攸传》。裴注称："《魏书》云攸使人说卓得免，与此不同。"
③ 赵翼著，王树民校证：《廿二史札记校证》卷六《荀彧郭嘉二传附会处》，北京：中华书局，1984年，第131页。
④ 方诗铭认为周毖是始终忠于董卓的，参《董卓对东汉政权的控制及其失败》一文。

前揭迁都之议的讨论，在成书于西晋的华峤《汉书》及司马彪《续汉书》亦有涉及，①对讨论的场景同样进行了详细描述，华峤、司马彪、袁宏、范晔各书内容近似，不同点在于成书于西晋的二书在迁都讨论中均无荀爽言论的记载。袁、范二书后出，在内容上与华峤、司马彪书应各有所承，却均增加了相去无多的荀爽言论，可以确定的是荀爽在这场讨论中支持迁都。事实上在魏晋以后的视野中，谋董固然是脱董的重要表现，迁都之议也逐步成为脱董的表演平台。这在朱儁身上表现突出。

> 及关东兵盛，卓惧，数请公卿会议，徙都长安，儁辄止之。卓虽恶儁异己，然贪其名重，乃表迁太仆，以为己副。使者拜，儁辞不肯受。因曰："国家西迁，必孤天下之望，以成山东之衅，臣不见其可也。"使者诘曰："召君受拜而君拒之，不问徙事而君陈之，其故何也？"儁曰："副相国，非臣所堪也；迁都计，非事所急也。辞所不堪，言所非急，臣之宜也。"使者曰："迁都之事，不闻其计，就有未露，何所承受？"儁曰："相国董卓具为臣说，所以知耳。"②

这段材料对于情境描写极尽生动，起因在于董卓遣使者拜朱儁为太仆，后者既拒绝拜官而急于就迁都问题表达建议，所产生的矛盾朱儁最终并未能够解答。作为内部消息的迁都意见，只在董卓及公卿之间交流，朱儁时官居城门校尉、河南尹，不在可以获得消息及介入讨论的范围之内，其反对迁都的迫切态度，在此得到深入的体现。与此同时，陈纪似乎也表达了意见。

> （陈）纪曰："天下有道，守在四夷。宜修德政，以怀不附。迁移至尊，诚计之末者。愚以公宜事委公卿，专精外任。其有违命，则威之以武……若欲徙万乘以自安，将有累卵之危，峥嵘之险也。"卓意甚忤，而敬纪名行，无所复言。时议欲以为司徒，纪见祸乱方作，不复辨严，即时之郡。"③

奇怪的是杨彪、黄琬居三公之重因反对迁都而各被免官，陈纪名望固不及二者，却为董卓所容，既未受迁怒且在杨彪遭免之后仍欲使其接任司徒。

东汉后期历史在迁都之后，即转向关东体系，王夫之在评论蔡邕"被迫"出仕一事上认为："此殆惜邕之才，为之辞以文其过，非果然也。"④明确指出了记载存在曲笔，这也为我们重新审视这一段历史及深处历史漩涡中的名士，提供了一个有意思的

---

① 二书对此事的记载均见于《三国志》卷六《董卓传》裴注。
② 《后汉书》卷七一《朱儁传》。
③ 《后汉书》卷六二《陈纪传》，第2068页。
④ 《读通鉴论》卷八《灵帝一七》，第238页。

视角。"这个动乱时期所流传下来的材料都是出于有偏见之手",[1] 当一切尘埃落定,董卓成为无法翻身的汉贼,曾跟随董卓一起西迁的汉室公卿,面对寥寥可数的几次脱董机会,自然争先恐后。成书于西晋的华峤《汉书》与司马彪《续汉书》,对荀爽在迁都一事上的隐晦并非事出无因。

> 华表令(陈寿)兼中书郎。而寿《魏志》有失(荀)勖意,勖不欲其处内,表为长广太守。[2]

荀勖与陈寿的矛盾自应与荀爽无关,但这里却透露荀氏家族在西晋有能力介入史书编写。华峤与司马彪二书恰成书于该时代,未收录荀爽言论,存在为荀氏干预的可能,这或许可以解释,袁宏书承司马彪,范晔书承华峤,均增此内容。以《后汉书》亟欲维护荀爽形象,由收录此语可知范晔不可回避此言论的真实性,最终仍不得不曲笔,将其塑造为挽救杨震与黄琬,然二人由此被免三公,范晔之论不攻自破。

自董卓入洛至献帝东归,汉室公卿及诸多名士从最初的合作到最终的背离,展现在范晔《后汉书》中的形象,从最初的虚与委蛇与不得已,到运筹已久的最后一击。柯文提出对于同一历史事件的三种视角时指出,事件在成为历史时存在被历史学家重塑的过程,[3] 东汉末年的历史,伴随着董卓历史定位的变化,同样面临着这样的问题。

> 董卓之入洛阳,诩以太尉掾为平津都尉,迁讨虏校尉。卓婿中郎将牛辅屯陕,诩在辅军。卓败,辅又死,众恐惧,校尉李傕、郭汜、张济等欲解散,间行归乡里。诩曰:"闻长安中议欲尽诛凉州人,而诸君弃众单行,即一亭长能束君矣。不如率众而西,所在收兵,以攻长安,为董公报仇,幸而事济,奉国家以征天下,若不济,走未后也。"众以为然。傕乃西攻长安。[4]

由此引发关中大乱,裴松之称:"当是时,元恶既枭,天地始开,致使历阶重结,大梗殷流,邦国遭殄悴之哀,黎民婴周余之酷,岂不由贾诩片言乎?诩之罪也,一何大哉!"裴松之笔下的"元恶",恰为贾诩及诸多凉州人的精神寄托。《三国志》中贾诩的言论为袁宏继承,[5] 这里透露控制长安的势力在诛杀董卓后,掀起对凉州人的仇恨应

---

[1] B.J. 曼斯维尔特著,张书生译:《剑桥中国秦汉史》,第 325 页。
[2] 常璩著,任乃强校注:《华阳国志校补图注》卷一一《后贤志》,上海:上海古籍出版社,1987 年,634 页。《晋书》卷八二《陈寿传》载:"张华将举寿为中书郎,荀勖忌华而疾寿,遂讽吏部迁寿为长广太守。"
[3] 柯文著,杜继东译:《历史三调:作为事件、经历和神话的义和团》,北京:社会科学文献出版社,2015 年,第 3—16 页。
[4] 《三国志》卷一〇《贾诩传》,这段材料近乎完全为袁宏收入《后汉纪》卷二七《孝献皇帝纪》,其增"所在收兵,攻至长安,众十余万"。第 518 页。
[5] 《后汉纪》卷二七《孝献皇帝纪》,第 518 页。

为实情，由对董卓的敌视，引起对整个西北地域的排斥，或可解释贾诩言论最终为历史保留的原因，周毖同样为董卓所诛，未能参与此后的谋董运动或亦由此因。①

历史的参与者，无法预知未来对历史的定位，具体到汉魏之间，频繁的局势变动，让预测更加艰难，投身政治一展抱负，如何使自己免于附逆？或许这些并不在参与者的顾虑当中，他们的选择乃至形象，更大层面上取决于后人的态度与需求。《世说新语》记载汉魏禅代时陈群、华歆对汉室的同情，②或许正如李慈铭判断，出自子弟门生，③这也透露出魏晋时期对汉魏间历史存在重构的过程。据此而论，赵翼提出的附会现象，其原因李慈铭给予了解答。董卓执政期间的东汉，出仕诸人如荀爽、陈纪、何颙、蔡邕等通过"不得已"乃至"被迫"的描述，表达了他们的不与同心。在关东反董浪潮中，播越关中的汉室公卿，在舆论的压力下出现分化，这或许正是王允谋董卓的动力。伴随着董卓"汉贼"乃至天下公敌身份的确立，在董卓死后，通过谋董实现脱董的目的，最终营造出长安汉室公卿谋划诛杀董卓的盛会。子弟门生成功为他们的先祖、师傅修改了错误的答卷，政治的污点既被洗涤，名望的塑造回到原本的轨道继续前行。"荀氏八龙，慈明无双。"荀爽死后在名望的坦途中再攀新高，诸如此类的描述尚有"贾氏三虎，伟节最怒"，以及"卞氏六龙，玄仁无双"。④如此相似的格式及对仗，从史源上已很难寻找到关联的痕迹，但互相参照应可推测。

> 夫郡国之记，谱谍之书，务欲矜其州里，夸其氏族。读之者安可不练其得失，明其真伪者乎？至如江东"五俊"，始自《会稽典录》，颍川"八龙"，出于《荀氏家传》，而修晋、汉史者，皆征彼虚誉，定为实录。苟不别加研核，何以详其是非？⑤

在史书尚且遭到干预的情况下，谱牒之书多出于本族，其塑造幅度自然更大，最终这又成为史书撰写的文献来源，汉魏历史在多重作用下不断变形，最终呈现出今天的模样。

"当材料是来自有关系的人士时，它自然就吹嘘他的优良的品质和完美的谋划；当它来自敌人方面时，它就反复描述对方的残暴、愚蠢和卑劣无耻。"⑥董卓初入洛，未

---

① 《三国志》卷一○《贾诩传》载贾诩为武威姑臧人，卷六《董卓传》裴注引《英雄记》称周毖为武威人，即二人皆为凉州人。

② 《世说新语》卷中之上《方正第五》第3条记载："魏文帝受禅，陈群有戚容。帝问曰：'朕应天受命，卿何以不乐？'群曰：'臣与华歆，服膺先朝，今虽欣圣化，犹义形于色。'"第309页。

③ 李慈铭著，王利器纂辑：《越缦堂读书简端记》，天津：天津人民出版社，1980年，第239页。

④ 分别见于《后汉书》卷六七《贾彪传》及《晋书》卷七○《卞壸传》。

⑤ （唐）刘知幾著，（清）浦起龙通释，王煦华整理：《史通通释》卷五《内篇·采撰第十五》，上海：上海古籍出版社，2009年，第108页。

⑥ B.J.曼斯维尔特著，张书生译：《剑桥中国秦汉史》，第325页。

必即如今天看到的形象，公卿及诸多名士的合作，也预示着这段历史变形的幅度。亟书董卓军队的残暴，关东联军的情况又如何呢？曹操对此有过描述："自遭荒乱，率乏粮谷，诸军并起，无终岁之计，饥则寇略，饱则弃余，瓦解流离，无敌自破者不可胜数。"① 联军"寇略"的情况，是否也伴随着残暴的举动，虽无记载自可推知。汉室的播越，此后历史完全在关东奠定的格局下演进，促使董卓汉贼乃至天下之贼形象的确立。历史的残缺，为此后修缮时态度的表达留下了空间，当谋董成为脱董的旗帜，这场由王允等数人发起的政变，最终成长为关中的盛会。

结　　论

荀爽在汉末的出仕经历，是这个时代大量士人活动的剪影，透过他形象转变的过程，展现的是魏晋通过自身价值观再造汉末历史的现象。文献中的事件一定程度上既非其本貌，其所携带的价值观也存在质疑的空间，这或许为史家期待的东汉，抑或是其希望后世看到的东汉。

东汉末年自迁都到献帝东归定都许昌，政局的多变决定了这一段历史的记录与流传面临极大的难度，这就为后世在补充该段历史时留下了操作空间。同样是外戚专权，窦宪、梁冀为千夫所指，邓骘、窦武却留下了积极一面，差异的核心在于他们对待名士的态度，东汉士人在名节与社稷关怀下暴露了政治态度上党同伐异的特点。董卓主政时期对名士的全面倚重与示好，诸多事迹证明他赢得了部分士人合作。迁都埋下双方决裂的伏笔，失去关东名士活动的核心区域，决定了汉室公卿走下了众望所归的舆论高地，崇高的名望失去了依托而造成这一切的原因自然归咎于董卓。同时袁绍等人另立新帝的谋划，及董卓汉贼形象的确定，使长安的政权即失去了鼎辅的荣耀，汉献帝的合法性遭到调整，与董卓的合作存在被钉在历史耻辱柱上的风险，谋董行为或许正是在这种不利形势下汉室公卿的自救行为。当谋董成为脱董的标签，这场由王允、吕布等人发动的政变，最终被营造成为一场谋董盛会，此后历史演进中，在关东尚能留下一脉香火的公卿，最终都获得了盛会的入场券，扭转了形象。

荀爽作为一个汉末名士，他的经历及态度的转变，正是这一时代历史虚相生成的剪影。董卓入京，对于历史参与者而言，不论是投机、被迫还是虚与委蛇，都是在东汉舞台上态度的表达，董卓至少并未展露出称帝之心，则这种态度的表达不过是权力争夺中的向背而已，最终当他被定位为汉贼，甚至天下公敌，不过是史书继承了关东态度而已，当这一态度成为衡量整个时代的圭臬，最终促成了对董卓扈从者们事迹的追述与改写，目的自然在于挽救他们的形象。董卓是否代表着另一个窦武的诞生，历

---

① 《三国志》卷一《武帝纪》裴注引王沈《魏书》。

史的参与者无法预知未来，历史记录的滞后性及可操作性，让历史在盖棺后留下了定论空间。

Xun Shuang's Image and the History of Dong Zhuo's Administration in the Late Han Dynasty

Quan Jiayu[1]   Wang Yidong[2]

[1]School of History and Civilization of Shaanxi Normal University

[2]Wang Yidong: Department of History of Xiamen University

Abstract: As an important scholar in the late Eastern Han Dynasty, Xun Shuang's image has obvious contradictions in *Book of he Eastern Han Dynasty*(《后汉书》) and *Annals of the Eastern Han Dynasty*(《后汉纪》). This contradiction was mainly caused by the fact that his official career was completely during the reign of Dong Zhuo. In the endless descriptions of resisting Dong Zhuo in the two history books, few of the celebrities in Luoyang were executed or forced to escape. On the contrary, the large-scale celebrities taking official posts became the main feature of this period. After reviewing historical materials, it can be seen that Dong Zhuo's policies after entering Luoyang to some extent gained the support of the officials and celebrities. But the relocation of the capital city made the regime leave the activities center of the celebrities, resulting in the loss of public opinion, which perhaps becomes the decisive factor in the ultimate separation of the two records. The history afterwards basically followed the activities of Guandong United Army, and Dong Zhuo's image changed from an enemy of the Guandong United Army to a rebel of the Han Dynasty. In the subsequent accounts of this turbulent history, the Guandong United Army and Dong Zhuo were portrayed as the opposition between justice and evil. During this process, the highly respected officials and celebrities of the Han Dynasty began to save their image by claiming that they took official posts and moved to the east of Hangu Pass due to "coercion", in order to demonstrate their opposite attitude against Dong Zhuo, thus achieving the goal of saving their own reputations.

Key words: later Han Dynasty; Xun Shuang; Dong Zhuo; celebrities

出土文献研究

珪组相辉　文华不绝：新出隋《刘大臻墓志》研读

周晓薇

（陕西师范大学　历史文化学院）

摘　要： 新出《刘大臻墓志》，文献价值颇丰，可资研讨其生平及家族事迹，并与史书相证颇有发微之处。刘臻三代皆以博涉经史而载入史传，在当朝享有隆望。刘臻卒后更由太子杨勇为之撰写墓志铭文，且诏令一代文豪姚察为之撰写墓志序文，显示出刘臻作为文学世家在社会上的文化影响力。刘臻从梁朝进入北周、隋朝，在政府组织的文教事务中发挥了作用。他与太子杨勇因文学而有深交，并在研治《汉书》音训方面卓有成就，被史家誉为"《汉》圣"，正契合了隋代《汉书》学的兴盛背景，蕴含着隋王朝统一南北之后，构建正统政治意识形态的意图。然而墓志并未将刘臻的这一学术特长写进他的生平，其中的隐讳也是本文探讨的一个重要问题。

关键词： 隋代；刘大臻墓志；《汉书》学；太子杨勇

近读新出隋开皇十七年（597）《大隋故仪同三司饶阳县开国伯刘府君（大臻）墓志》（以下简称《刘大臻墓志》），[①] 缘其文献价值甚高，又与史书本传相证后颇有可发微之处，因据以梳理而探讨之。刘大臻即刘臻，《隋书》《北史》本传皆作刘臻（本文行文亦均作刘臻）。刘臻是一位从梁朝进入北周、隋朝的博学文士，参与过政府组织的多项文教事务。曾任东宫学士，深得太子杨勇偏爱，并在研治《汉书》方面卓有成就，因有"《汉》圣"之誉。又缘墓志更是由时任秘书丞的大文学家姚察"奉令制序"，铭文则为"圣制铭"，足以证见刘臻以一介文士而能得此殊荣，亦适可反映出隋朝政府降

---

* 本文系2020年全国高等院校古籍整理工作委员会直接资助项目"新见隋代墓志铭疏证续集"（项目编号：2051）与2021年国家社会科学基金一般项目"新出隋代墓志铭蒐补与研究"（编号：21BZS008）阶段成果。

① 刘文：《陕西新见隋朝墓志》，西安：三秦出版社，2018年，第50—52页。又，本文所引志文皆出于此，不另一一注出。

情文艺、厚赏诸儒的国策。①

本文旨在利用新见《刘大臻墓志》与史书本传及相关史事互证，以此梳理其家族人物并研讨刘臻的生平行事。②刘臻继承家学而精于《汉书》音注研究，正契合了隋代《汉书》学的兴盛背景，这一学术功业实际体现着隋王朝统一南北之后而强力构建正统政治意识形态的意图。然而墓志并未将刘臻的这一学术业绩写进他的生平，其隐讳不言的原因也是本文试图探讨的疑问。

一、刘臻家族郡望及其世系传承

刘臻家族出自沛国相县刘氏，数代传承成为颇有学术声誉的文化世家。墓志云"君讳大臻，字宣挚，沛国相县人"，"其先在秦作刘，既著其氏；夷项定汉，始昌其族。宅楚尊王之国，家沛推恩之侯。降及三嘏棣华，一时誉望"，可知刘姓在秦已有，汉时昌盛。沛国相县一支为楚元王的后代，有着显赫的郡望，自古姓刘氏者多喜附攀。《元和姓纂》对沛国相县刘氏的叙述，亦是从楚元王交少子棘汤侯刘调写起的。③沛国，后汉古地名。《魏书·地形志中》徐州沛郡小注曰："故秦泗水郡，汉高帝更名，后汉为国，后改。"领县三：萧、沛、相。相县小注曰："二汉、晋属。有阙城、相城、相山庙、罗山。"④则沛国为后汉旧称，后改为沛郡。相县亦汉晋以来称谓。又据《隋书·地理志下》彭城郡萧县小注曰："旧置沛郡，后齐废为承高县。开皇六年改为龙城，十八年改为临沛，大业初改曰萧。有相山。"⑤则知沛郡相县在隋为彭城郡萧县。

（一）八世祖刘惔

刘臻的"八世祖晋丹阳尹惔"，《晋书》有传。其云刘惔"祖宏，字终嘏，光禄勋。宏兄粹，字纯嘏，侍中。宏弟潢，字冲嘏，吏部尚书。并有名中朝，时人语曰：'洛中雅雅有三嘏。'"⑥此即墓志所称"降及三嘏棣华，一时誉望"之典出。刘惔父耽任晋陵太守，"亦知名"。刘惔少时与母任氏寓居京口，而因年少"清远，有标奇"，深得王导器重。"及惔年德转升，论者遂比之荀粲"。尚明帝女卢陵公主，又因文章学问

---

① 参详周晓薇、王其祎：《流寓周隋的南朝士人交往图卷——新出隋开皇八年〈朱幹墓志〉笺证》，《陕西师范大学学报》2014 年第 4 期，第 91 页。

② 王光照利用正史及相关文献，撰有《"〈汉〉圣"刘臻与隋代〈汉书〉学》一文（载《汉淮论坛》1998 年第 1 期），重点探讨"其一为南北朝学术移于家族及刘臻家学与时消息而有变化之情况；其二为刘臻与隋代《汉书》学与隋王朝正统意识形态的构建"。梳理考述了沛国相刘氏家学渊源及其家族跻身文化士流阶层的状况，颇具研究意义和参考价值。

③ 然《姓纂》对其族晋代以来人物的叙述往往有脱误，岑仲勉已对此做了校订，指出刘惔作刘琰，刘惔父刘耽误作刘弘，而刘弘又实为刘惔之祖。（唐）林宝撰，岑仲勉校：《元和姓纂（附四校记）》卷五"刘氏"，北京：中华书局，1994 年，第 1 册 677—678 页。

④ 《魏书》卷一〇六《地形志中》，北京：中华书局，1974 年，第 2539 页。

⑤ 《隋书》卷三一《地理志下》，北京：中华书局，1973 年，第 870 页。

⑥ 《晋书》卷七五《刘惔传》，北京：中华书局，1974 年，第 1990 页。

称美，与简文帝（初作相时）关系甚密。累迁丹阳尹，为政清整。亦与王羲之、孙绰等雅相友善，"为名流所敬重"。"尤好《老》《庄》，任自然趣。"① 故墓志称其"道风胜气，□实英声"，亦非谬赞。《隋书·经籍志四》集部载"晋散骑常侍《王愆期集》七卷"，小注云"丹阳尹《刘惔集》二卷，录一卷……亡"，② 则知刘惔曾著有文集流行于世。刘惔学兼礼、玄，逞乎清谈，与皇族联姻，得名流器重，并因此而跻身上层名士。而且"这是沛国相刘氏作为文化世家而垂及刘臻的一个重要的阶段。而其学兼礼、玄的治学范围，不仅与当时文化士族礼玄双修的风尚契合，更对其家族门业的面貌留有影响"。③

（二）祖父刘瓛

墓志云刘臻"王父齐步兵校尉瓛"。刘瓛，《南齐书》《南史》有传，两传略同。《南齐书》本传云刘瓛祖弘之，任给事中，父惠，任治书御史。刘瓛"少笃学，博能五经，聚徒教授，常有数十人"，且"素无宦情"，"不习仕进"，朝廷曾屡次征召，皆因"母老阙养"而不拜。曾做过彭城郡丞，后又因武陵王晔任会稽太守，皇帝欲请刘瓛为武陵王讲学，遂"除会稽郡丞，学徒从之者转来"。④ 而墓志云其任"齐步兵校尉"者，据本传知"永明初，竟陵王子良请为征北司徒记室"，刘瓛不但没有接受，还投书给张融、王思远，表明自己"生平素抱"、不愿从宦而"固辞荣级"的情志。随后又"除步兵校尉，并不拜"，⑤ 可知刘瓛既未拜任征北司徒记室，也未拜任步兵校尉。本传又云"瓛姿状纤小，儒学冠于当时，京师士子贵游莫不下席受业。性谦率通美，不以高名自居"。"所著文集，皆是《礼》义，行于世"。⑥ 且传末史臣亦曰"刘瓛承马、郑之后，一时学徒以为师范"。⑦ 此适可诠释墓志称其"学贯礼经，德全师表"之内涵。又据《隋书·经籍志》著录其撰有《周易乾坤义》一卷、《周易四德例》一卷，⑧《南史》本传还记其曾讲授过《月令》。此又说明"刘瓛学通礼、易以承门业，复缘世风移变而拓学于阴阳律历和史部，并侧重音义训诂以变先世治学理路；其拓展与变易沛国相刘氏门业的情况，将对刘显、刘臻父子发生更为直接的影响"。⑨

又，墓志云"梁氏之世，追谥简先生。使尚书令沈约制碑，述其名迹"。刘瓛本

---

① 《晋书》卷七五《刘惔传》，第1990—1992页。
② 《隋书》卷三五《经籍志四》，第1066页。
③ 王光照：《"〈汉〉圣"刘臻与隋代的〈汉书〉学》，第80页。
④ 《南齐书》卷三九《刘瓛传》，北京：中华书局，1972年，第677—678页。亦可参见《南史》卷五〇《刘瓛传》，北京：中华书局，1975年，第1235—1238页。
⑤ 《南齐书》卷三九《刘瓛传》，第678—679页。
⑥ 《南齐书》卷三九《刘瓛传》，第679—680页。
⑦ 《南齐书》卷三九"史臣曰"，第687页。
⑧ 《隋书》卷三二《经籍志一》，第911页。
⑨ 王光照：《"〈汉〉圣"刘臻与隋代的〈汉书〉学》，第80页。

传亦云"今上天监元年，下诏为瓛立碑，谥曰贞简先生"，①本传与墓志所载大致相合，唯刘瓛谥号墓志为"简"，本传为"贞简"。而墓志所说"梁氏之世"，本传则具体到"今上天监元年"，指明是梁武帝天监元年的事情。又本传仅云武帝"下诏为瓛立碑"，而墓志则明确是梁武帝下诏请尚书令沈约为刘瓛撰写碑文。沈约，《梁书》《南史》有传，称其"笃志好学，昼夜不倦"，"遂博通群籍，能属文"。"所著《晋书》百一十卷，《宋书》百卷，《齐纪》二十卷，《高祖纪》十四卷，《迩言》十卷，《谥例》十卷，《宋文章志》三十卷，《文集》一百卷，皆行于世。"②武帝命沈约这样一位文史大家来为刘瓛撰写碑文，则刘瓛的儒学地位之崇隆也就不言而喻了。

（三）父刘显

刘显字嗣芳，其生父为刘𩇕，他原本是刘瓛族子，《梁书》《南史》有传。《南史》本传载："族伯瓛儒学有重名，卒无嗣，齐武帝诏显为后，时年八岁。"③《梁书》本传又云刘显"幼而聪敏"，"博涉多通"，能够"韫椟艺文，研精覃奥"，为任昉、沈约等"名流推赏"。④墓志则称其"学擅纷纶，思称沉郁，穷班、刘之艺略，殚荀、挚之区条"，虽然显得空泛虚美，但与本传相互印证，则亦名至实归。

据《梁书》本传知刘显解褐任中军临川王行参军，又任法曹、记室参军。任太子少傅、尚书仪曹侍郎，兼中书通事舍人。出为秣陵令，又除骠骑鄱阳王记室，兼中书舍人，累迁步兵校尉、中书侍郎，舍人如故。又迁尚书左丞，除国子博士。出为宣远岳阳王长史，行府国事，未拜，迁梁云麾邵陵王长史、寻阳太守。大同九年，王迁镇郢州，除平西谘议参军，加戎昭将军。⑤而墓志仅载其任梁云麾邵陵王长史、寻阳太守，盖取其位显之职衔而略述之。邵陵王乃萧纶，《梁书·武帝纪二》天监十三年"秋七月乙亥，立皇子纶为邵陵郡王"。⑥墓志又云"梁简文为其墓铭曰：吕葬书坟，杨归玄冢。斯则林宗无愧，伯喈得展其辞"。而检之史书，有关梁简文帝萧纲为刘显撰写墓志铭文之事，《梁书》与《南史》刘显本传记载颇详，其云是与刘显"连职禁中，递相师友"的刘之遴，"略撰其事行"，启奏皇太子为之墓铭，而时为皇太子者正是梁武帝之子简文帝。刘臻墓志仅节录了两句铭文，全文载在《梁书》刘显本传，凡四十四句。⑦又"吕葬书坟"的"葬"字，本传作"掩"。"斯则林宗无愧，伯喈得展其辞"乃用蔡邕为郭林宗撰写的碑文云"吾为碑铭多矣，皆有惭德，唯郭有道无愧色耳"典故，

---

① 《南齐书》卷三九《刘瓛传》，第680页。
② 《梁书》卷一三《沈约传》，北京：中华书局，1973年，第233、243页。
③ 《南史》卷五〇《刘显传》，第1239页。
④ 《梁书》卷四〇《刘显传》，第570—571页。
⑤ 参见《梁书》卷四〇《刘显传》，第570—571页。
⑥ 《梁书》卷二《武帝纪二》，第54页。
⑦ 《梁书》卷四〇《刘显传》，第571页。

此又可窥刘显为梁简文帝所推重之一斑。

《南史》刘显本传载"五兵尚书傅昭掌著作，撰国史，显自兼廷尉正，被引为佐"，① 很可能是刘显学重史部，熟悉经籍，方能跟随傅昭参与撰写国史的工作。刘显撰《汉书音》两卷，②《颜氏家训·书证十七》曰："沛国刘显，博览经籍，偏精班《汉》，梁代谓之《汉》圣。显子臻，不坠家业。"③ 史家也将其誉为梁代"明《汉书》"的名家。④ 因此有学者认为："刘显治《汉书》名世并以正音训为长，《汉书》多古字古训，汉末即有服虔、应劭二家音义。刘显重音训治《汉》，当有归趋汉儒实学疏经的追求。"⑤

（四）刘臻兄弟及其子嗣

据《梁书·刘显传》记载显有三子，"荞，莅（《南史》卷五〇《刘显传》作恁），臻。臻早著名"，⑥ 可知刘臻排行三，其长兄曰刘荞，次兄曰刘莅。

墓志记刘臻"世子通汉、第二子通国、第三子通德、第四子通隐"，史皆无载。据唐乾封二年（667）《刘敬同墓志》，⑦ 知敬同为刘臻第四子刘通隐之子。通隐曾任"隋平原王侍读、记室参军"。隋平原王为太子杨勇之子杨裕。刘敬同"义宁初，以投义之勋，授轻车都尉"，可知其在恭帝杨侑时（617—618年）任此职。敬同入唐后在武德元年"以太学明经射策高第"，贞观中官至吉州司马，"寻加秩二等，式旌殊绩"。有子刘野尚为豫王文学、刘野王为相州参军。

二、刘臻事略

刘臻，《隋书》《北史》本传略同。墓志与本传互证，尚有可补其事迹之处。

（一）风采英拔的幼年

墓志云"君幼而仪表秀异，风采英拔，既膺积善，不坠先贤。父友通人南阳刘之遴每觐君，流连嗟赏，以为高明通理，复见此儿。斯盖班彪善交，识班固之弱岁；傅祗良友，知傅宣之幼年。以古况今，足为连类"。刘之遴，《梁书》《南史》皆有传。刘

---

① 《南史》卷五〇《刘显传》，第1240页。
② 《隋书》卷三三《经籍志二》，第953页。
③ （北齐）颜之推撰、王利器集解：《颜氏家训集解》卷六《书证第十七》，上海：上海古籍出版社，1980年，第405页。
④ 《隋书》卷三三《经籍志二》曰："梁时，明《汉书》有刘显、韦棱，陈时有姚察，隋代有包恺、萧该，并为名家。"第957页。
⑤ 王光照：《"〈汉〉圣"刘臻与隋代的〈汉书〉学》，第81页。
⑥ 《梁书》卷四〇《刘显传》，第572页。
⑦ 刘文、杜镇：《陕西新见唐朝墓志》，西安：三秦出版社，2022年，第64页。

之遴与刘显关系极为密切,前述刘显去世时,刘之遴为刘显撰写事行,以示悼念,《梁书》刘之遴本传亦云:"之遴好属文,多学古体,与河东裴子野、沛国刘显常共讨论书籍,因为交好。"① 正因为在学问上刘之遴为"通人",因而刘臻得到他的"流连嗟赏",恰可说明刘臻幼年在学业上的"高明通理"。当然,在此一时期,文人好友之间相互提契后进,亦是一种传承文化的时尚。②

(二)解巾从宦任职梁朝王府

墓志云"年十八举本州秀才,扬于王庭,褎然举首,在乎金马,复闻盈尺。起家梁邵陵王行参军,盛府策名,解巾从宦,声高簪珮,名重曳珠。属梁氏遘屯,西浮违难,湘东王承制,引为相国祭酒。根矩受署,行齐见辟,纵容东阁,实会虚心"。邵陵王即萧纶,湘东王即萧绎。《隋书》本传云"臻年十八,举秀才,为邵陵王东阁祭酒"。③ 比较志、传记载,传略而志详,且略有不同。志载刘臻是先任邵陵王行参军,又任湘东王萧绎相国祭酒。

墓志云"寻迁尚书三公郎",三公郎即三公郎中,职掌刑狱。"俄以本官兼内书舍人",内书舍人即中书舍人,隋代避讳文帝父太祖杨忠嫌名而改"中"为"内"。《隋书》刘臻本传即云其"元帝时,迁中书舍人"。④ 墓志云"及梁岳阳王继为梁嗣,累授内书郎、太子仆、内庶子"。梁岳阳王即萧詧。此谓梁元帝被杀后,立萧詧为梁主,居江陵,成为魏朝附庸。内书郎即中书侍郎,即《隋书》本传所云"江陵陷没,复归萧詧(察),以为中书侍郎"。⑤ 太子仆,《隋书·百官志上》载梁制有仆一人,品秩为十班。⑥《唐六典》卷二七《家令率更仆寺》"太子仆寺条"小注:"梁太子仆视黄门,陈因之。"⑦ 再检《门下省》"黄门侍郎"条小注:"梁氏增秩二千石,品第五,后班第十,与侍中同掌侍从左右,儐相威仪,尽规献纳,纠正违阙,监合尝御药,封玺书。"⑧ 内庶子,即太子中庶子。梁太子"中庶子设四人,功高者一人为祭酒。行则负玺,前后部护驾"。品秩为十一班。⑨

(三)北周任职与"虎门学士"

北周灭西魏之后,刘臻由南方迁徙长安。墓志云"周保定初,晋荡公召掌记室。

---

① 《梁书》卷四〇《刘之遴传》,第574页。
② 参详周晓薇、王其祎:《流寓周隋的南朝士人交往图卷——新出隋开皇八年〈朱幹墓志〉笺证》;《礼遇与怀柔:江南士人流寓隋朝的文教事功——以新出隋大业十三年〈包恺墓志〉为中心》,《陕西师范大学学报》2017年第2期。
③ 《隋书》卷七六《刘臻传》,第1731页。
④ 《隋书》卷七六《刘臻传》,第1731页。
⑤ 《隋书》卷七六《刘臻传》,第1731页。
⑥ 《隋书》卷二六《百官志上》,第726、730页。
⑦ (唐)李林甫等撰、陈仲夫点校:《唐六典》卷二七,北京:中华书局,1992年,第701页。
⑧ (唐)李林甫等撰、陈仲夫点校:《唐六典》卷二七,第243页。
⑨ 《隋书》卷二六《百官志上》,第727、730页。

累授帅都督、治内史上士"。晋荡公即宇文护。召掌记室,如本传所云即"周冢宰宇文护辟为中外府记室,军书羽檄,多成其手"。① 墓志云"随千乘公崔穆聘于齐氏,皇华出境,时才将命,君以如珪之望,相式玉之礼。使还转治大都督"。检《周书·崔彦穆传》,云大统四年(538),彦穆"兼行右民郎中、颍川邑中正,赐爵千乘县侯"。又于世宗年间,"转民部中大夫,进爵为公。天和三年,复为使主,聘于齐"。② 其公爵、史事与志载相符,则崔穆即史传之崔彦穆。而刘臻跟随崔彦穆出使北齐,则在北周天和三年(568)十一月。③

墓志云"时柱国卫王直出管汉南,即加旌命以光朝府"。卫王即卫刺王宇文直,为周文帝之子。《周书》本传略云"卫刺王直,字豆罗突。魏恭帝三年,封秦郡公,邑一千户。武成初,出镇蒲州,拜大将军,进卫国公,邑万户"。至"建德三年,进爵为王"。④ 墓志云"入为虎门学士,虎门坟素所积,雠校俟才,惟寂之扬,乃升其阁,不休之贾,方上其观,君之埒美,季孟其闲。寻迁大都督,封定州饶阳县开国子,食邑四百户,出为雍州蓝田令"。检诸史书,"虎门学士"一词唯见于《通志·艺文略》。⑤ 恰有新出隋开皇十四年(594)《明克让墓志》云克让"又为虎门学士,即麟趾之变名",⑥ 适可明了虎门学士即麟趾学士。⑦ 而《隋书》《北史》刘臻本传皆谓之任"露门学士",却失载其任虎门学士。根据《周书》卷五《武帝纪上》载,天和二年秋七月"甲辰,立露门学,置生七十二人",⑧ 则刘臻任露门学士当在天和二年七月之后。而刘臻墓志又失载其任露门学士之事,故传、志适可互补。本传又云"授大都督,封饶阳县子,历蓝田令、畿伯下大夫",⑨ 亦与墓志略同。而"畿伯下大夫"一职,墓志所记稍为详尽,其云"大象初,淮南新附,宜有安集。诏兼畿伯大夫,远于宣劳,衔八使之命,假三大之司,秉斯龙节,实光凤举。寻迁稍伯下大夫,职贵优闲,是膺图议,任归望实,即赋登高"。"淮南新附,宜有安集",当指《周书》所载大象二年春正月"乙卯,诏江左[右]诸州新附民,给复二十年,初税入市者,人一钱"之事。⑩

---

① 《隋书》卷七六《刘臻传》,第 1731 页。
② 《周书》卷三六《崔彦穆传》,北京:中华书局,1971 年,第 640—641 页。
③ 《周书》卷五《武帝纪上》,第 76 页。
④ 《周书》卷一三《卫刺王直传》,第 202 页。
⑤ 惟宋郑樵撰《通志二十略·艺文略第六》"小说"类记有"《琼林》,七卷。周虎门学士阴颢撰",王树民点校,北京:中华书局,1995 年,下册第 1656 页。
⑥ 刘文:《陕西新见隋朝墓志》,第 43 页。
⑦ 麟趾学立于周明帝时期。据《周书》卷三〇《于翼传》记载可证:"世宗雅爱文(士)[史],立麟趾学,在朝有艺业者,不限贵贱,皆预听焉。乃至萧撝、王褒等与卑鄙之徒同为学士。翼言于帝曰:'萧撝,梁之宗子;王褒,梁之公卿。今与趋走同侪,恐非尚贤贵爵之义。'帝纳之,诏翼定其班次,于是有等差矣。"第 523—524 页。
⑧ 《周书》卷五《武帝纪上》,第 74 页。
⑨ 《隋书》卷七六《刘臻传》,第 1731 页。
⑩ 《周书》卷七《宣帝纪》,第 122 页。

（四）隋任东宫学士与太子杨勇的文学情谊

隋取代北周之后，刘臻借助文化世家及耽悦经史的名望而进入新朝。墓志云"皇运光启，特诏授君使持节、仪同三司，进爵为伯，如先邑户。开皇二年，王师南伐，兼行军吏部，虽曰从骠，无累清真"。本传云"高祖受禅，进位仪同三司。左仆射高颎之伐陈也，以臻随军，典文翰，进爵为伯"。① 两相比对，事状基本一致，且可知"王师南伐"，指高颎带领王师灭陈。则刘臻兼任"行军吏部"的职责，即为"典文翰"的工作。惟"进爵为伯"在时间上稍异，一在伐陈之前，一在伐陈之后。

墓志云"军还入为东宫学士，本官如故"。与本传载"皇太子勇引为学士"略相一致。关于刘臻与太子勇的关系，本传用"甚亵狎之"来形容，② 颇有佞臣私党之贬意。而墓志则用较多文字叙述其"雅好文章，留心篇什，缘情体物，言志展诗，独振新声，皆流绝唱，笔之余力，非徒百上，故能媚兹储德，隆此恩遇"，由此揭示了刘臻之所以与太子关系亲密，主要是因为他的文章诗歌才华而得到了杨勇的赏识与敬慕，也因此刘臻能够奉陪杨勇"清夜之游，屡随雕辇；神飚之作，亟陪采翰"，并在探讨诗藻华章和文学创作中，二人成为忘年知音。此亦正如《隋书·刘行本传》所云："时沛国刘臻、平原明克让、魏郡陆爽并以文学为太子所亲。"③

（五）葬地义善乡

墓志云"以开皇十六年三月遘疾弥留，至于大渐"，"以其月廿五日奄捐馆舍，春秋七十三"。其馆舍据本传知在大兴县城南。"洒以十七年岁在丁巳二月戊寅朔十九日丙申，永窆雍州大兴县义善乡小陵原"，葬地所在的义善乡为迄今所见隋代新乡名，且此乡名唐代万年县亦有承继，如唐贞观十二年（638）《赵隆墓志》云："粤以贞观十二年岁次戊戌正月辛巳朔廿六日丙午窆于义善乡少陵原。"④ 显庆五年（660）《刘贵墓志》云"合葬于义善乡洪原之宇"，⑤ 贞元十八年（802）《独孤申叔墓志》云葬于"万年县凤栖原义善乡"。⑥ "凤栖原"在唐长安城外廓城外东南方位，东北、西南走向，东南距少陵原约三十里，当今曲江遗址东南畔至长安韦曲一段。"义善乡"在唐长安城外廓城明德门与启夏门以南一带（唐之圜丘在此），据宋敏求《长安志》知万年县有"义善

---

① 《隋书》卷七六《刘臻传》，第1731页。
② 《隋书》卷七六《刘臻传》，第1731页。
③ 《隋书》卷六二《刘行本传》，第1478页。《北史》卷七〇《刘行本传》同。当然，史传对此亦有一些微词，如《隋书》卷四七《柳肃传》载："大业中，帝与段达语及庶人罪恶之状，达云：'柳肃在官，大见疏斥。'帝问其故。答曰：'学士刘臻，尝进章仇太翼于宫中，为巫蛊事。肃知而谏曰：殿下帝之冢子，位当储贰，诚在不孝，无患见疑。刘臻书生，鼓摇唇舌，适足以相诬误。愿陛下勿纳之。'庶人不怿，他日谓臻曰：'汝何漏泄，使柳肃知之，令面折我！'自是后言皆不用。"（北京：中华书局，1973年，第1274页）是谓刘臻在杨勇府时也曾"鼓摇唇舌"，"为巫蛊事"，"诬误"太子之政。
④ 西安市长安区博物馆《长安新出墓志》，北京：文物出版社，2011年，第38页。
⑤ 赵力光：《西安碑林博物馆新藏墓志汇编》，北京：线装书局，2007年，上册第102页。
⑥ 赵力光：《西安碑林博物馆新藏墓志汇编》，中册第602页。

寺，在县南十五里。贞观十九年建"，① 义善寺或缘义善乡而得名，其大致范围当今西安南郊长延堡地区到长安县韦曲之间。

（六）刘臻夫人夏侯氏家族人物

在墓志铭文之后，复又有几行文字记叙了刘臻妻夏侯氏家族人物信息："夫人夏侯氏，祖详，梁侍中、尚书左仆射、左光禄大夫、开府仪同三司、丰城公。"夏侯详，《梁书》卷一〇、《南史》卷五五皆有传，志载其职任与本传相符。墓志又记夏侯氏父"夔，梁侍中、安北将军、保城桓侯"。夏侯夔，见《南史·夏侯详传》附传。夏侯夔为夏侯详第二子，墓志载其封爵与本传相合。本传云其曾任北司州刺史、兼督司州。封保城县侯。中大通六年，为豫州刺史，加督。卒于州，谥曰桓。② 然本传未见载其任梁侍中、安北将军等职务。

三、"《汉》圣"美誉与墓志之失载

史传与墓志对于刘臻事迹确有互补之处，尤其是墓志撰写在当时，因而补充了不少颇有价值的资料。然而令人费解的是，墓志竟阙载了史传记述刘臻生平中两件重要的事迹。诚然，史传与墓志在记叙人物生平时的取材会存在诸多差异，然而刘臻"参预缔构"的文化建设活动，以及最能代表他家学渊源的治《汉书》专长，则理应是他盖棺论定时的绝好材料，可偏偏在刘臻的墓志中，竟少了以下这样的重要信息。

一是牛弘与姚察、刘臻等人修订国家音乐之事，见载于《隋书·音乐志下》：

> 牛弘遂因郑译之旧，又请依古五声六律，旋相为宫。雅乐每宫但一调，唯迎气奏五调，谓之五音。缦乐用七调，祭祀施用。各依声律尊卑为次。高祖犹忆妥言，注弘奏下，不许作旋宫之乐，但作黄钟一宫而已。于是牛弘及秘书丞姚察、通直散骑常侍许善心、仪同三司刘臻、通直郎虞世基等，更共详议。③

最后的修乐方案得到隋高祖的许可，即"隋代雅乐，唯奏黄钟一宫，郊庙飨用一调，迎气用五调。旧工更尽，其余声律，皆不复通"。④ 这在《音乐志》上反复提及，说明作为雅乐大事而被国家典章详细记述，再加上志文撰者姚察也亲自参加了这项工作，不可能轻易忘记。然而，墓志终未提及，未详何故？

---

① （宋）宋敏求撰，辛德勇、郎洁点校：《长安志》卷一一"万年县"，西安：三秦出版社，2013年，第372页。
② 《南史》卷五五《夏侯详传》，第1361—1362页。
③ 《隋书》卷一五《音乐志下》，第351页。
④ 《隋书》卷一五《音乐志下》，第354页。

二是本传云刘臻"精于两《汉书》,时人称为《汉》圣"。①墓志对此竟只字未提,令人费解。树立正统而溯源汉朝,正是《汉书》学兴盛于隋代的背景。《汉书》的旨趣是宣扬汉德,润色鸿业,自然会被以正统自居的历代官方所肯定与推广,故自魏晋以后,《汉书》已然成为垂范后世的一门专深的显学,隋代一统天下,体现正统思想的《汉书》学,自然更需要深入人心。②同时亦可见证大一统时代对于此种代表正统文化风尚的沿袭,正有效推进了隋代回归汉魏正统、重构国家秩序的文化建设进程,也是对隋代知识分子"参预缔构"国策和引领学术活动方向的鼓励与支持。③然而,墓志虽称刘臻"少而敦阅,志笃坟史",但也只是笼统谈到刘臻自幼对史书下过功夫。而本传称刘臻精通《汉书》,不坠家业,自然与沛国刘氏家学渊源有关。诸如其祖刘瓛学通《礼》《易》,又精通阴阳律历与史学;其父刘显博览经籍,精于《汉书》,梁代谓之"《汉》圣",可见刘臻已是家族中的第二位"《汉》圣",④这也正符合汉魏南北朝以来"业盛专门"的家族文化传统。⑤而刘臻在隋朝进入太子杨勇东宫任学士,其时的东宫亦不啻为雅聚南北著名学者开展文史活动的中心,⑥故无疑使其精研《汉书》家学,能够借助东宫所组成的文化圈而发扬光大。譬如为刘臻写墓志序文的姚察,《陈书》有传,他出身于陈朝文学世家,才华俊逸。入隋得到文帝重用,一直活跃在隋朝的文化建设事业中,主持过"改易衣冠,删正朝式"等诸多国典朝章事务。⑦而且他也对《汉书》用力极深,撰有《汉书训纂》三十卷、《汉书集解》一卷、《定汉书疑》二卷,⑧可知他在《汉书》的义训传注方面颇有建树。既然如此,奉令为刘臻撰写墓志的姚察,他对刘臻在《汉书》方面的成就一定是了然于心的,但为什么偏偏不在墓志中提及刘臻研治《汉书》的相关事迹?无独有偶,《隋书·包恺传》称包恺与萧该为隋代研治《汉书》的"宗匠",而在新出大业十三年(617)《包恺墓志》中,⑨也对太子杨勇命包恺等撰《汉书音》的情况只字未提,⑩这可能是因为太子杨勇在开皇二十年被废黜,故

---

① 《隋书》卷七六《刘臻传》,第1731页。《北史》卷八三本传同。
② 《隋书》卷七五《包恺传》"于时《汉书》学者,以萧包二人为宗匠。聚徒教授,著录者数千人"。第1716页。参详肖瑞峰、石树芳:《"汉书学"的历史流程及其特征》,《清华大学学报(哲学社会科学版)》2013年第4期,第105—110页。
③ 参详周晓薇、王其祎:《礼遇与怀柔:江南士人流寓隋朝的文教事功——以新出隋大业十三年包恺墓志为中心》。
④ 刘臻亦教授《汉书》,《隋书》卷五六《杨汪传》云:"长更折节勤学,专精《左氏传》,通三《礼》。……其后问《礼》于沈重,受《汉书》于刘臻,二人推许之曰:'吾弗如也。'由是知名。"第1393页。
⑤ 参详王光照:《〈汉〉圣刘臻与隋代的〈汉书〉学》,第83—84页。
⑥ 《隋书》卷四五《文四子·杨勇传》称勇"颇好学,解属词赋,性宽仁和厚,率意任情,无矫饰之行。引明克让、姚察、陆开明等为之宾友",第1230页。
⑦ 《陈书》卷二七《姚察传》,北京:中华书局,1973年,第352页。《南史》卷六九本传略同。
⑧ 《隋书》卷三三《经籍志》,第954页。
⑨ 墓志图文载在刘文《陕西新见隋朝墓志》,第14页。研究参详周晓薇、王其祎:《礼遇与怀柔:江南士人流寓隋朝的文教事功——以新出隋大业十三年〈包恺墓志〉为中心》,第130—143页。
⑩ 《隋书》卷三三《经籍志二》著录该书,小注云"废太子勇命包恺等撰",第953页。《旧唐书》卷四六《经籍志上》载"《汉书》二卷夏侯泳撰。又十二卷包恺撰"。《新唐书》卷五八《艺文志二》载"包恺《汉书音》十二卷"。

不得不在大业年间考虑到政治避讳的因素而掩隐去这一史实。因为《包恺墓志》撰写在大业十三年，而太子杨勇早已在开皇二十年被废黜，此时的避讳似完全讲得通。然则《刘臻墓志》写在开皇十七年，杨勇此时正是皇太子，墓志的撰写似乎不应该因为与杨勇的关系而隐讳刘臻治《汉书》的事迹，何况墓志中还重墨渲染了刘臻与杨勇在文学上的深厚交谊。

然而根据《隋书》杨勇本传，分析开皇十七年前后杨勇在皇廷的境况，似乎也可以解释姚察着意隐讳刘臻治《汉书》的原因。其云："勇多内宠，昭训云氏，尤称嬖幸，礼匹于嫡，勇妃元氏无宠，尝遇心疾，二日而薨。献皇后意有他故，甚责望勇。自是云昭训专擅内政，后弥不平，颇遣人伺察，求勇罪过。"①可知，由于杨勇内宠昭训云氏，引起独孤皇后不满。加之皇太子妃元氏暴卒，更引起皇后对杨勇品行的猜忌，于是暗中派人监视杨勇，以搜罗他的行事过失。而这一切又被"晋王（杨广）知之，弥自矫饰，姬妾但备员数，唯共萧妃居处。皇后由是薄勇，愈称晋王德行。其后晋王来朝，车马侍从，皆为俭素，敬接朝臣，礼极卑屈，声名籍甚，冠于诸王"。②可见晋王得知皇后责怨杨勇，就竭力表现得与杨勇不同，不但与皇后拉亲近，甚或挑拨杨勇对自己安危很有威胁。③并且"始构夺宗之计"，与张衡定策，联络杨约、杨素等人再探测皇后意图，"素既知意，因盛言太子不才。皇后遂遗素金，始有废立之意"。④既然皇太子妃元氏的去世是杨勇失宠的开始，而元氏卒于开皇十一年春正月丙午，⑤则在其年之后，皇上就时常听到近旁权臣列数杨勇的种种过失，耳侧又常常有皇后对杨勇的指责谮毁，加之"上亦每事唯后言是用"，⑥因此，在开皇十七年姚察为刘臻撰写墓志时，皇帝开始逐渐对杨勇不加信任不再宠爱当已为朝臣所尽知。而刘臻是皇太子杨勇"引为东宫学士"的，因而刘臻虽然如史书所言有着"《汉》圣"的名声，但因与太子东宫关系密切，尤其是此时正在皇上有意废太子的前夕，⑦可能也就为姚察讳莫如深而不便提及了。

还有一点也需注意，即墓志题为"圣制铭"，依字面意思应是隋文帝为刘臻墓志写了铭文，然则志文又有"故能媚兹储德，隆此恩遇"，"副后悼元瑜之长逝，情笃魏储；

---

① 《隋书》卷四五《杨勇传》，第1231页。
② 《隋书》卷四五《杨勇传》，第1231页。
③ 杨广给献皇后哭诉曰："臣性识愚下，常守平生昆弟之意，不知何罪，失爱东宫，恒畜盛怒，欲加屠陷。每恐谗谮生于投杼，鸩毒遇于杯勺，是用勤忧积念，惧履危亡。"《隋书》卷四五《杨勇传》，第1231页。
④ 《隋书》卷四五《杨勇传》，第1231页。《隋书》卷三六《文献独孤皇后传》亦载："废立太子立晋王广，皆后之谋也。"第1109页。
⑤ 《隋书》卷二《高祖纪下》："十一年春正月丙午'皇太子妃元氏薨，上举哀于文思殿'。第36页。
⑥ 《隋书》卷三六《文献独孤皇后传》，第1109页。另《隋书》卷三六《宣华夫人传》云：初"上寝疾于仁寿宫也，夫人与皇太子共侍疾。平旦出更衣，为太子所逼，夫人拒之得免，归于上所。上怪其神色有异，问其故。夫人泫然曰：'太子无礼。'上恚曰：'畜生何足付大事，独孤诚误我！'意谓献皇后也。"第1110页。
⑦ 《隋书》卷四六《苏孝慈传》："开皇十八年，将废太子，惮其在东宫，出为淅州刺史。太子以孝慈去，甚不平，形于言色。"第1259页。

怆世将之云亡,事深晋两。所以纡兹丽藻,铭此玄扃"云云,此"副后"之所指以刘臻与杨勇为文学密友而论理当是"太子"之谓,故"圣制铭"的撰写者无疑应是太子杨勇,那么"圣制铭"的"圣"字就似有僭越之嫌。再联系到志文与铭文若是皆因避太子之嫌而隐讳不书刘臻的治《汉书》成就,则"圣制铭"的出现就更其矛盾而颇令人疑惑难解矣。又或姚察奉令撰写的序文也要呈上审览,所以同样为避嫌太子而没有提及刘臻在治学《汉书》方面的业绩。总之,究竟是史传记述有误?还是墓志的失载确实是出于避嫌太子府组织的研治《汉书》的学术活动及刘臻与太子的"裹狎"关系?这一疑点还需再做探讨。

结　语

刘臻出身于"门风优美"的士族之家,"而优美之门风实基于学业之因袭。故士族家世相传之学业乃与当时之政治社会有极重要之影响"。① 刘臻以上三代,皆以博涉经史而载入史传,并在当朝享有隆望,刘臻卒后更是荣光地由皇太子亲笔为之撰写墓志铭文,且诏令一代文豪姚察为之撰写墓志序文,正显示出其文学世家在社会上的文化影响力。又如毛汉光先生所特别强调的那样:"士族子弟在这时虽然出任官吏,并没有脱离其社会性,这与纯官僚有极大的差别。"② 也正由于刘臻与纯官僚在思想与言行法则上的不同,史传称刘臻"无吏干,又性恍惚,耽悦经史,终日覃思,至于世事,多所遗忘",③ 还列举出几件令人好笑的事例来说明。事实上这正是士家子弟的特质表现,他们所重视的唯有经籍文史学业的修养,而不是一意追求官职与仕途的显达。也正因此,他们才能在学术上作出成就而享誉朝野。

刘臻的父祖辈学通礼、易以继承门业,并开拓家学而对阴阳律历和史书有所建树,尤其是对《汉书》的探究,侧重音义训诂的治学理路,因此,刘臻亦以重音训作为治《汉书》的着眼点,以此契合回归汉儒实学疏经的追求。而刘臻的这一治学方法,更反映了有隋一代治《汉书》的基本趋向与特色,诸如包恺、萧该等一批学术代表人物亦大都如此。

弘扬《汉书》之学,又对于隋朝树立正统而溯源汉朝,重构国家秩序的文化建设进程有着重要的意义。若刘臻在隋代确实享有"《汉》圣"之誉,反而因为他与太子杨勇的亲密关系而在墓志铭中被避而不书,则着实令人喟叹。

2023 年 12 月于西安城南潏水北畔隋斋

---

① 陈寅恪:《唐代政治史述论稿》中篇《政治革命与党派分野》,上海:上海古籍出版社,1997 年,第 71 页。
② 毛汉光:《中国中古社会史论》第四篇《中古士族性质之演变》,上海:上海书店出版社,2002 年,第 87 页。
③ 《隋书》卷七六《刘臻传》,第 1731 页。

Interpretation of the Newly Published *Liu Dazhen's Epitaph* in the Sui Dynasty

Zhou Xiaowei

School of History and Civilization, Shaanxi Normal University

Abstract: The newly published epitaph of Liu Dazhen is of great value in literature, which provides records of his life and family stories and can be verified mutually with the history books. The three generations of Liu Zhen were all recorded in the history books for and their great reputation and achievement in Confucian learning and history. After Liu Zhen's death, Prince Yang Yong of the Sui Dynasty wrote the epitaph for him, and ordered Yao Cha the literary giant of his time to write a preface to the epitaph, which showed Liu Zhen's cultural influence. Liu Zhen had played a role in the state-organized cultural and educational affairs since the Northern Zhou Dynasty. He had an intimate relationship with Yang Yong in literacy, and made great achievements in the *shengxun* studies, or phonetic exegetic studies of *Han Shu*, so that he was praised as "Han Sheng", or "Master of *Han Shu*" by historians, which coincided with the prosperity of *Han Shu* studies in the Sui Dynasty, and reflected the intention of constructing orthodox political ideology after the unification of the country in the Sui Dynasty. However, the epitaph does not include Liu Zhen's academic specialty in his life, and the concealing is also an important issue in this paper.

Key words: the Sui Dynasty; The epitaph of Liu Dazhen; study of *Han Shu*; Prince Yang Yong

唐《赵慎微墓志》考*

吴炯炯　王乐达

（兰州大学　敦煌学研究所）

摘　要：经过考证，可将新出唐《赵慎微墓志》志主赵慎微比定为《元和姓纂》"诸郡赵氏"条中之"湖州刺史赵奋微，阳翟人"。岑仲勉在《元和姓纂四校记》一书中将"湖州刺史赵奋微"比定为南宋谈钥《嘉泰吴兴志》中之"赵谨徽，长寿二年自洪州都督授"。限于资料，至今无人对此提出异议。今幸有赵慎微墓志之出土，通过对墓志内容的仔细考察可知，两者并非同一人，亦可了解赵慎微其人之家族世系、仕宦履历等内容。也是主要利用新出唐人墓志对前人校正《元和姓纂》成果的一种修订，并在前人研究成果基础上对《元和姓纂》重新进行校理的一次有益尝试。

关键词：《赵慎微墓志》；赵慎微；《元和姓纂》；赵氏；《元和姓纂四校记》

一

近日读书，检得裴灌所撰开元五年（717）八月二十三日《唐赵慎微墓志铭》，据墓志拓片图版可知，是志右上部稍有残泐，但于志主家族世系、仕宦履历之记载基本完整，可与传世文献相互发明，为下文讨论方便，现迻录志文如下：

□□□□□□□□□□□诸军事守湖州刺史上柱国天水赵府君墓志铭并序
（前缺）开国男河东裴灌文　　河东裴绍书
□□慎微，字□□，□□□水人也。其先出自伯益，得幸于周穆王，赐封于赵，因命□□。后赵王□□□□□国人哀之，共立迁兄嘉为王。及降秦，以

---

* 本文为教育部人文社会科学研究规划基金项目"《元和姓纂》汇辑笺证"（22JYA770019）成果。

其子主西戎，洎□□率众归汉，家于□西，故代居天水矣。迈德惟永，光启其业。大夫之印，则无以□□；□空之第，扫以待瑶。休烈殊勋，著于典册，讨源征古，可略而言。曾祖珽，随汉□□□。祖素王，随行台司勋郎中。父延年，皇进士出身，授荆州江陵、雍州鄠县万□□□、太府主簿、洛州司仓参军，累迁泽州司马。衣冠礼乐，载袭通贤。文行忠信，□□□德。君即司马公第二子也。幼挺多闻，博涉为裕。明诗悦礼，重道崇儒。舞象□□，□有生知之量；倚马之用，非无契神之感。动必视履，言乃存诚。乡党称仁，友□归美。览周盘之咏，怀禄及亲；见毛义之心，匪择而仕。弱年以进士擢第，授许州叶县尉。陟遐自迩，且赞十终之秩；筮仕安卑，宁减三台之望。满岁，改授太常寺太祝。属有制明杨，旁求俊杰。遂膺举尔之辟，乃居襄然之首。迁洛州合宫县尉。理剧有声，执宪斯允。初拜右台监察御史，俄授左台监察御史。权豪敛手，中外惮威。绳纠非法，是称干蛊。府庭坐啸，尤伫名贤。改授洛州司法参军事。寻迁仓部员外郎。握兰有誉，起草驰声。未收待漏之勤，俄就长沙之屈。以公事出为潭州司马，又转桂州长史。分陕雄辅，半刺务殷。匪曰至公，孰允斯寄。有制征拜陕州长史。俄迁均州刺史、济州刺史，从班例也。夷落难安，蛮乡易扰。永言绥抚，实赖仁明，乃授使持节桂州都督兼桂永等卅二州诸军事、经略大使。公镇静多方，维恩必洽。俗有来苏之咏，时无猾夏之忧。南纪以宁，公之力也。奏课居最，朝廷嘉之。乃授正议大夫，使持节湖州诸军事、守湖州刺史，加勋上柱国，以旌善也。按节云荒，途□桂岭，孤舟水宿，路入苍江；建隼崇威，化行吴会。巢篤表莘，痛结泉门。以开元三年八月九日终于私第，春秋六十四。虽终焉已矣，大运有归。顾生死而可齐，恨贤愚之共贯。呜呼哀哉！□人故南阳郡夫人颍川韩氏，内则垂训，用光宜尔之道；中馈聿修，克广家人□义。婉顺成德，亲族所钦。而降年不永，先秋早谢。以唐隆元年九月三日终于桂府官舍，春秋卌六。以开元五年岁次丁巳八月戊辰朔廿三日庚寅迁葬于伊阙县东北廿里高原，礼也。嗣子前易州参军宣猷、前邢州参军宣正等，终天永慕，长怀罔极之恩；远日增悲，更起攀援之恨。询于匠石，用纪徽猷。吾无愧词，乃为铭曰：

赫赫宗周，命晋称长。英英乃祖，从亡受赏。大夫资始，□军载□。□土星分，庶齐天壤。其一。

盛德之后，厥嗣克昌。迨公继业，亦世弥光。匪惟□郡，抑□为郎。作镇边服，乃总戎章。其二。

颍川令族，开邑居尊。礼缛中馈，庆洽高□。□明载穆，宠命斯存。其道光矣，奄化何言。其三。

日休将裕，天丧斯文。龟谋袭吉，凤印□分。旌麾启路，箫鼓将闻。偏伤古木，永对孤坟。其四。①

赵慎微墓誌拓片

二

《玉篇·目部》云："眘，食刃切，古文慎。"②据此可知"慎"乃"眘"之后起字，

---

① 原石现藏河南偃师张海书法艺术馆，拓片图版及录文见张海艺术馆编：《张海书法艺术馆馆藏石刻选》二六，第114—115页；毛阳光：《洛阳流散唐代墓志汇编续集》〇七九，北京：国家图书馆出版社，2018年，第160—161页。拓片图版又见张永华等：《秦晋豫新出墓志蒐佚三编》三四四，北京：国家图书馆出版社，2020年，第499页。

② （南朝梁）顾野王：《大广益会玉篇》，北京：中华书局，1987年，第22页。又参见胡吉宣：《玉篇校释》卷四，上海：上海古籍出版社，1989年，第851页。

二者为异体字关系，古时常混同不分。故此志志主赵慎微，当即《元和姓纂》卷七"诸郡赵氏"所载之"湖州刺史赵昚微，阳翟人"。①据墓志所载，志主赵慎微卒于开元三年（715）八月九日，享年六十四岁，可推知其生当唐高宗永徽三年（652）。

清人劳格、赵钺在《唐尚书省郎官石柱题名考》中将曾任仓部员外郎赵昚微比定为《姓纂》所载之湖州刺史赵昚微，又认为与南宋人谈钥《嘉泰吴兴志》②中所记长寿二年（693）自洪州都督改任湖州刺史之赵谨徽为同一人：

> 赵昚微　《元和姓纂》三十小：湖州刺史赵昚微，阳翟人。《吴兴志》：赵谨徽，长寿二年，自洪州都督授。《统记》云：景云二年，自泉州刺史授，迁太子宾客，到任。③

近人岑仲勉在《元和姓纂（附四校记）》一书中，沿用劳、赵之说，其考证云：

> 《吴兴谈志》一四："赵谨徽，长寿二年自洪州都督授。《统记》云景云二年自泉州刺史授，迁太子宾客，到任。"按《谈志》，元和前别无姓赵之人，谨、昚为连绵字，微、徽形相类，当即一人，唯未知孰是耳。④

当代学者陶敏在《元和姓纂新校证》中亦全引岑校之说，别无所得，校云：

> 《嘉泰吴兴志》一四："赵谨徽，长寿二年自洪州都督授。《统记》云，景云二年自泉州刺史授。"⑤

因资料不足，岑、陶二氏未对《姓纂》所载"赵昚微"之家族世系有所补充，今墓志中所叙志主家族世系甚详：

> 曾祖璡，隋汉□□□。祖素王，隋行台司勋郎中。父延年，皇进士出身，授荆州江陵、雍州鄠县万□□□、太府主簿、洛州司仓参军，累迁泽州司马。

墓志所载赵慎微已上三代之仕宦均不显，乏善可陈，至赵慎微时，始仕至三品之州刺史。今据此志所载，稍可复原其家族自曾祖以至其子之世系：璡生素王，隋行台司勋

---

① （唐）林宝：《元和姓纂》，文渊阁《四库全书》本，上海：上海古籍出版社，1989年，第890册，第668页。又参见（唐）林宝撰，岑仲勉校记，郁贤皓、陶敏整理，孙望审定：《元和姓纂（附四校记）》，北京：中华书局，1994年，第1020—1021页。
② （宋）谈钥：《嘉泰吴兴志》卷十四，台北：成文出版社有限公司，1984年，第436页。
③ （清）劳格、赵钺著，徐敏霞、王桂珍点校：《唐尚书省郎官石柱题名考》卷十八《仓部员外郎》，北京：中华书局，1992年，第804页。
④ 岑仲勉：《元和姓纂四校记》，上海：商务印书馆，1948年，第667页。
⑤ 陶敏遗著，李德辉整理：《元和新纂新校证》，沈阳：辽海出版社，2015年，第349页。

郎中。素王生延年，唐泽州司马；延年生慎微，唐湖州刺史。慎微生宣猷、宣正。开元五年之前，宣猷曾任易州参军、宣正任邢州参军。

三

  墓志叙赵慎微仕履甚详，其弱冠之年由进士及第，四十年间，由许州叶县尉，累迁至正三品湖州刺史，入仕凡四十载，迁官十四任。然赵慎微其人，在传世文献中，除《姓纂》载其曾官湖州刺史之外，仅在《唐尚书省郎官石柱题名》中载其曾任仓部员外郎，在陈惠满之后，张怀□之前。① 郁贤皓在《唐刺史考全编》中亦引用岑氏《元和姓纂（附四校记）》之说，比定《姓纂》所录之赵眘微与《嘉泰吴兴志》中之赵谨徽为同一人，故在是书卷一四〇《江南东道·湖州（吴兴郡）》，② 卷一五三《江南东道·泉州（丰州、武荣州、清源郡）》均著录"赵眘微（赵谨徽）"在景云二年，赞同岑氏之说，然亦无法考知"赵眘微""赵谨徽"二者孰是孰非，故两存之。

  岑氏之考看似合情合理，亦为后来学者所认可，似乎已成定谳，但是结合此志所叙赵慎微仕履情况，《嘉泰吴兴志》中长寿二年任湖州刺史的赵谨徽与赵慎微并非同一人，志文有关其改刺湖州一段记载较详：

>   奏课居最，朝廷嘉之。乃授正议大夫，使持节湖州诸军事、守湖州刺史，加勋上柱国，以旌善也。按节云荒，途□桂岭，孤舟水宿，路入苍江；建隼崇威，化行吴会，巢鵟表峄，痛结泉门。以开元三年八月九日终于私第，春秋六十四。

明言赵慎微是自桂州都督改任湖州刺史，并非如《嘉泰吴兴志》《湖州统记》所载自"洪州"或"泉州"改任，此其一也。上引志文虽不载赵慎微自桂州都督迁官湖州刺史具体在何年，但赵慎微自桂州都督改官湖州刺史之后不久，即于开元三年（715）八月九日在湖州任上去世。从位于两广地区的桂州到位于江浙地区的湖州，路途遥远，何止千里，我们推测赵慎微得授湖州刺史的时间一定在开元三年之前，且墓志明言其妻颍川陈氏"以唐隆元年九月三日终于桂府官舍，春秋卅六"，可知其改任湖州一定在唐隆元年（710）年之后，因此，时间上显然与《嘉泰吴兴志》所记赵谨徽于长寿二年（693）自洪州都督迁官不合。虽然《嘉泰吴兴志》所引《湖州统记》云赵谨徽于景云二年（711）自泉州改刺湖州，两者时间较为接近，但赵慎微卒于湖刺任上，而《湖州统记》称赵谨徽自湖刺迁官太子宾客，显然两者并非一人。

---

  ① （清）劳格、赵钺撰，徐敏霞、王桂珍点校：《唐尚书省郎官石柱题名考》卷十八《仓部员外郎》，第804页。又，张忱石在《唐尚书省郎官石柱题名考补考》一书中没有将赵眘微、赵慎微比定为同一人，故据《赵慎微墓志》，在"仓外新补遗"中补入赵慎微，恐有误，北京：中华书局，2018年，第213页。

  ② 郁贤皓：《唐刺史考全编》，合肥：安徽大学出版社，2000年，第1939页。

依据志文所叙赵慎微仕履，除可移正《唐刺史考全编》中所收录赵眘微于景云二年任湖州刺史。此外，尚可在《全编》卷二七五《岭南道·桂州（始安郡、建陵郡）》中补入赵慎（眘）微，约中宗后期至玄宗初期在任，墓志所载"□人故南阳郡夫人颍川韩氏……以唐隆元年九月三日，终于桂府官舍，春秋卅六"可知，唐隆元年赵慎微尚在桂州总管任上。在任桂州都督之前，尚有济州刺史、均州刺史之任，即墓志所记"制征拜陕州长史，俄迁均州刺史、济州刺史，从班例也"，推其任均州刺史、济州刺史，约在中宗、睿宗朝，同样可补入《唐刺史考全编》之中。

四

此志撰文者裴漼，因姓名前所缀职散勋爵残泐严重，仅存"开国男裴漼撰"六字，故是否与《旧唐书·裴漼传》[①]《新唐书·裴漼传》[②]之传主为同一人，尚需稍加辩证。首先，据两《唐书·裴漼传》及《新唐书·宰相世系表》[③]之记载，裴漼出身河东裴氏"南来吴裴"一房，与武后时拜相之裴行本同出一系。《全唐文》收录有苏颋《授裴漼兵部侍郎制》，[④]虽然此制撰写时间不详，但据严耕望之考证，当在开元初年，[⑤]因此裴漼由中书舍人拜兵部侍郎亦当在此时。又据《旧唐书·裴漼传》所载："开元五年，迁吏部侍郎，典选数年，多所擢拔。"裴漼开元五年由兵部侍郎拜吏部侍郎。[⑥]而据《赵慎微墓志》所载可知，赵慎微开元三年卒，开元五年葬，两人所处时代较为吻合。其次，虽然此志撰者题名中大部分文字已经残泐，仅存"开国男裴漼撰"六字。但据此可知，撰文之时，撰志者裴漼已经受爵，而在开元初年苏颋《授裴漼兵部侍郎制》中明确记载"通议大夫、行中书舍人、上柱国、正平县开国男裴漼"，可知两《唐书》有传之裴漼开元初年已受"正平县开国男"之爵，因此我们大胆推测，裴漼撰写此志时之署爵很可能就是"正平县开国男"。再次，两《唐书》有传之裴漼亦有文名。《全唐文》中收录其所撰《请封东岳表》等文四篇，[⑦]裴漼亦善书，最知名者，当属《嵩山少林寺碑》，乃其撰文并行书。故裴漼为赵慎微撰写志文，亦在情理之中。至于出于何种原因，由裴漼为赵慎微撰写墓志铭，缺乏明确的证据，无法遽下按断。据两《唐书·裴漼传》所载，裴漼曾任监察御史，而据《赵慎微墓志》所载，赵慎微也曾"初拜右台监察御史，俄授左台监察御史"。很有可能两人因有同僚之谊，故在赵慎微身

[①] 《旧唐书》卷一〇〇《裴漼传》，北京：中华书局，1975年，第3128—3229页。
[②] 《新唐书》卷一三〇《裴漼传》，北京：中华书局，1975年，第4487—4488页。
[③] 《新唐书》卷七一上《宰相世系表一上》，第2203页。
[④] （清）董诰：《全唐文》卷二五一，北京：中华书局，1983年，第2534页。
[⑤] 严耕望：《唐仆尚丞郎表》卷一八，北京：中华书局，1986年，第941页。
[⑥] 严耕望：《唐仆尚丞郎表》卷一〇，第569页。
[⑦] （清）董诰：《全唐文》卷二七九，第2832—2836页。

后，裴灌为其撰写墓志。

Textual Research of *the Epitaph of Zhao Shenwei* (《赵慎微墓志》) in Tang Dynasty

Wu Jiongjiong　　Wang Leda

Institute of Dunhuang studies of Lanzhou University

Abstract: It is found that the owner of newly unearthed epitaph of Zhao Shenwei in Tang Dynasty can be identified as the Zhao Shenwei 赵育微, who was "the Governor of Huzhou, a Native of Yangzhai" mentioned in the *Yuanhe Xingzuan*《元和姓纂》. In *Yuanhe Xingzuan Sijiaoji*《元和姓纂四校记》, Cen Zhongmian 岑仲勉 identified "Zhao Shenwei the Governor of Huzhou" as "Zhao Jinhui 赵谨徽, who was transferred from the Governor of Hongzhou to the governor of Huzhou in the second year of Changshou" in *Jiatai Wuxing Zhi*《嘉泰吴兴志》, which was written by Tanyao 谈钥 in the Southern Song Dynasty. Limited by materials, so far no one has disputed this conclusion. However, thanks to the appearance of Zhao Shenwei's epitaph, through the careful examination of the contents of the epitaph, it can be found that the two are not the same person, and can also understand Zhao Shenwei's family lineage, career history and so on. This is also a useful attempt to revise the results of the previous correction of *Yuanhe Xingzuan*《元和姓纂》mainly by utilizing the newly unearthed Tang Dynasty epitaph, and to re-correct the *Yuanhe Xingzuan*《元和姓纂》on the basis of the research results of the previous researchers.

Key words: the Epitaph of Zhao Shenwei; Zhao Shenwei; Yuanhe Xingzuan; *Yuanhe Xingzuan Sijiaoji*

新出唐代蕃将《石纲墓志》史事考

王书钦

（陕西省书法家协会　高校教育委员会）

摘　要：新出唐代蕃将《石纲墓志》，形制巨大，书刻精美，为近年所出初唐墓志精品。志主石纲虽于两《唐书》及诸史皆无列传和行迹记述，但由于他入唐之后，即卫从秦王李世民，高宗朝又始终禁卫太子李弘，屡迁东宫要职，并在东宫试政期间，外任检校西北马政，所以，其墓志载述事涉鲜卑石氏行迹、武德九年玄武门之变、唐初马政以及东宫后宫关系，为进一步解读李唐史事释放出一些幽微的新鲜信息。

关键词：石纲；墓志；昭武石氏；玄武门之变；唐代马政；两宫关系

《唐故云麾将军行太子左司御率河南石（纲）府君墓志铭》现藏于陕西汉唐石刻博物馆，其出土地点、时间不详。墓志刻于武周圣历二年（699），形制硕大，书刻精美，比之昭陵陪葬文武诸志亦在甲乙之间。无盖。墓志拓本长为96厘米、宽为97厘米，志文51行，满行50字，书体为正楷，凡涉武氏造字，尽从其规。字势端庄峻整，行气绵密有致，敬讳间调以疏密，四侧刻阴线缠枝花纹，当为近年所出唐代墓志之精品。

石纲父祖及其本人于诸史皆无列传，然从志文载述来看，其家族至少于北魏中早期开始隆兴。北魏永熙三年，国体两分，其祖父随魏孝武帝西奔长安，族势延及西魏、北周、杨隋三朝。幸在《元和姓纂》石氏河南条下，有其家谍记述。可见，其《墓志》所载"备乎家谍"，确非虚言，亦与其显族地位相称。石纲在《姓纂》记载中以字行，[①] 其墓志载述事涉鲜卑石氏行迹、武德九年玄武门之变、唐初马政以及东宫后宫关系，为进一步解读李唐诸事释放出一些幽微的新鲜信息。兹录文如下，并就相关问题试以探讨，求教于方家。

---

① （唐）林宝：《元和姓纂》卷一〇《石姓》，北京：中华书局，1994年，第1596页。

一、墓志录文

唐故云麾将军行太子左司御率河南石府君墓志铭并序

公讳纲，字金刚，河南洛阳人也。昔轩丘惟睿，徇齐阐其丕业；弱水隆居，宅幽播其洪绪。载疏云纪，奄有天墟。保于乌石兰之山，因以为姓。洎乎涂龟北启，去玄朔而来迁；津兽南阻，临翠为而乃瞻。改为石氏，光乎代族。大统之末，复为乌石兰焉。有随之季，复还为石。若乃崇基峻极，坐镇峙于钟岩；神委灵长，演派开于鼎邑。球琳继彩，英姿连百代之前；缨组成光，茂族倾九州之右。备乎家谍，此可略而言焉。曾祖真，后魏使持节大将军、忠州刺史、乐陵侯，食邑一千五百户。蒙赐铁卷见在，谥曰信。风云授彩，河岳腾精。玉铃扬卓尔之威，金策均醉焉之锡。祖芘，后魏使持节、平东将军、太中大夫、帅都督，假抚军将军。宇文朝散骑常侍、昌州刺史、安平县开国公。环材拔翠，英声动俗。观梓隆克家之业，苴茅享开国之荣。父询，随上士左亲卫长上、大都督，袭安平县公。气禀岱嵩，量成江海。摛凤章而叠耀，袭龟纽而增辉。

公雷精降彩，月将成德。珠浦积成虹之耀，玉台生骇电之姿。幼而奇识，鄙申韩于小道；长则殊伦，伟孙吴于大略。唐高祖神尧皇帝，爰自龙飞，来清凤野，必资人杰，言访时英。乃以公为西府右勋卫，即于柏堂长上。太宗文武圣皇帝，初开代邸，潜圣迹于维城；旋整韬钤，蕴神功于杖钺。恢地络而清函夏，肃天步而扫搀抢。当哺而挥鹓鸿，侧席而倾骃骏。公以内苞忠节，外耸奇谋。伊瀍扈百胜之威，韩魏陪一戎之举。洎乎奸回作孽，象魏驰兵。方求七纵之材，以正三监之罚。至武德九年六月四日于璎珞门侍卫，陪赴戎机。旨命频叠，赐细刀、弓箭并杂彩等，不可胜言。贞观伊始，俄逢府废，公以迹预陪臣，因而坐免。于是丘樊乐道，咏梁甫而怡情；衡泌安时，赋清流而得性。有道斯耻，方怀孔父之鞭；无竟惟人，终滞杨雄之戟。其后俯从昭武校尉，行东宫右卫率府勋府旅帅，奉使入辽，还加游击将军、守右金吾卫平定府果毅。简戎推最，入铜楼而不犯；致果凝威，扬玉铃而以律。公平廉慎，遐迩闻焉。然以不器其能，罕昭昭而异迹；用安其道，宁汲汲以为心。宏材一滞，年将二纪。虽乐天而自得，靡屑时谈；终简帝而升荣，乃光朝贯。始以显庆二年，除左领军翊府郎将，属鞭司宠，交䘵增雄。英节懔重轩之末，瓌姿绝庶寮之表。俄属琼范东指，采时谚而攸遵；玉府西开，瞻国储而每切。四年，驾幸神都。敕公在京留守，检校左藏库。仍蒙恩敕，赐马一匹。有司之悭，且盈倖地之贽；无德不酬，俄赐禀泉之骏。寄超时列，荣迈朝伦。虽贯破房之忠，规解骖承；惠桓羽林之雅，节赐马流。恩远以为言，彼多惭德。寻奉敕检校左金吾卫六街事，并知屯兵。外飞缇骑，内司悬厩。执金成宠，上都迁有耻之规；捧璧为雄，他国慑无前之气。除左金吾卫翊府中郎将，寻授右监门卫中郎将,褒有功也。昔蒋侯良具,俄应大风之旨;潘子英才,且入连云之阁。畴庸靡隔,在德斯邻。麟德二年,驾幸神都,停合璧宫,敕公副将军韦怀敬神都宫城留守。铜街望幸,玉銮清跸。炎开日驭,方邀处榭之欢;绩代天工,实仵留台之务。帝难斯属,时论荣之。其后,瑶检希封,仰芝泥而伫贶;珠旗戒道,望松畎而将临。其年,驾往泰山,在路,敕公检校左厢长从。公以时婴风疾,少选便停。乾封元年,除太子右清道率府副率。二年,奉敕检校太子左卫率府副率。天衢警咳,韵飞鹤关之道;霜戟流光,威笙鸡鸣之地。总章元年,敕公检校左监门卫将军。其年,驾幸九成宫,敕公东宫留守。寻敕公于原州检校东宫群牧监。公以忠勤风著,恒资謇謇之诚;廉慎斯彰,俄抚驹驹之牧。先是豪右之室吞纵成私,积习于为恒,历政以之多弊。公乃条其利害,用闻疏宸。载纡睿览,爰命使乎。结辙相望,嚣然异议。辒轩失据,丧其平允之心;钩距收奇,慑于众多之口。树私求免,陷罪于公。公于是精诚逾励,冠冰霜而无改;直道弥坚,震雷霆而不屈。事闻朝旨,竟移数十之群牧焉。孝敬皇帝毓德储闱,闻风而悦。乃于肃成之殿,以宴于公。恩旨绸缪,仍赐杂彩卅段。誉光朝伍,荣冠时班。咸亨四年,春扃纳配,公亲监礼事。仍董宫兵,有顷授壮武将军,守太子左司御卫率。上元二年,正除其任。便属犀钩阒彩,俄虚望苑之游;鼍卫将迁,方拟乔山之隧。仪凤元年,敕公恭陵留守。四年,迁云麾将军,仍行旧任。金章吐耀,玉牒飞名。方媲寿于灵椿,岂齐曛于细柳。而昔陪师旷,已观宾帝之期;今蹑浮丘,奄从随仙之驾。调露元年,遘疾。恩敕许入都医疗。以九月廿六日儋焉大渐,薨于恭陵官舍,春秋七十六。恩敕赠物六十段。恩令赠册段賻物一百段,粟一百石。敕使吊祭,礼也。敕令所司造灵轝,家口给传乘发遣。惟公道资宏器,灵开伟识。始孩之后,即异常童。每非礼而不言,终乐然而后笑。九成其度,峰岑无仰止之由;万顷其心,涯涘迷酌焉之术。年甫初卝,即丧慈亲。丧纪逾于老成,孝德终乎没齿。每见有携童幼,未尝不歔欷以对之焉。凤事先朝,早攀鳞翼。每言谈有涉,则涕泗无从。雅好弦歌,尤重朋执。极移风之趣,不以酣纵爽其和;穷永日之欢,不以荒宴亏其道。清廉植性,在终窭而无营;周给为怀,虽屡空而不倦。贞规靡杂,霜霰无以易其心;峻节惟恒,风雨无以迁其响。羿焉弹日,超百中之前功;孟子持筹,逾五曹之远妙。位非充量,未衔珠而掩迹;寿不矜仁,欲挥金而辍赏。西瞻戚里,徒思数马之轩;东眺凉台,终绝飞牛之驾。

夫人义章县君渤海缑氏,氏宇文朝交州刺史、司冶太监、南皮公黑之孙女。蓄誉兰闱,联芬蕙畹。情崇七诫,方冠美于曹妻;志叶三迁,载均芳于孟母。从夫尽礼,每敦宾敬之仪;劝子以仁,将洽平反之道。岂谓宜家是重,先悲逐凤之楼;同穴攸归,遽合成龙之剑。第二子中大夫、行太州下邳县令纯臣,天流允叶,风枝莫逮。泣缠幽隧，觉坟树之凋枝；哀诉曾昊，见虚禽之落羽。终忧且结，罔极之痛斯盈；先远方临，卜兆之期**载**及。粤以大周圣历二年岁次乙亥十月壬午朔廿八日乙酉，祔葬于鸿州庆山县步昌原之旧茔，礼也。壤分骊岫，路抵鸿门。遽长归于万古，终永祔于双魂。下锢三泉，秦政之奢靡袭；通视千里，冯衍之志斯存。其词曰：

  姬川御历，弱水兴王。威绵鹄塞，景集龙乡。榆关启业，兰岫疏芳。珪符**载**显，鼎族攸昌。（其一）乐陵奇表，安平雅识。庭降三鳞，门翔八翼。蝉连龟纽，陆离熊轼。上士隆家，中衢靡测。（其二）挺生君子，寔曰人英。宏襟海澹，皎节霜明。雄材吐纳，伟志从（纵）横。功超羿善，术迈容成。（其三）践孝斯彰，移忠克大。续伴霸越，勋参翼沛。笠毂攸陪，兵车是会。浮玉伊俟，归珠以赖。（其四）戎昭更始，武骑多闲。荣由事勋，位以常艰。既趋兰锜，**载**奉摇（瑶）山。名高海内，誉重云间。（其五）在帝斯难，非贤勿与。车服无昧，旗章有叙。屡警戈铤，恒司禁旅。可谋帷幄，折冲樽俎。（其六）方期钓玉，始悦娱金。修龄未几，大暮俄侵。悲凝撤瑟，恨结亡琴。流冕兴悼，宾游悴心。（其七）藐藐孤怀，哀哀罔极。慕深荼蓼，痛兼栾棘。孺泣无从，柴颜靡识。悽风振响，归云敛色。（其八）尝扃穸户，更启泉台。箫声两至，剑影双来。凤凰原直，鹦鹉川迴。九京长闷，千年不开。（其九）灞池旷望，秦陵萧瑟。**地**回松疏，茔深草密。空山积雾，寒郊寝日。茂范长镌，芳风永溢。（其十）

  （注：志文中加粗者，原字为武氏造字。）

二、石纲源出与鲜卑石氏之讨论

  关于石纲的族属问题，志载："公讳纲，字金刚，河南洛阳人也。昔轩丘惟睿，徇齐阐其丕业；弱水隆居，宅幽播其洪绪。**载**疏云纪，奄有天墟。保于乌石兰之山，因以为姓。洎乎涂龟北启，去玄朔而来迁；津兽南阻，临翠为而乃睠。改为石氏。光乎代族，大统之末，复为乌石兰焉。有随之季，复还为石。"根据志文可知，志主石纲，字金刚，其先出于鲜卑乌石兰部。《魏书·官氏志》载："嗢石兰氏，后改为石氏。"[①]"嗢石兰"当为"乌石兰"之异写。《韩昌黎文集校注》第六卷载有《唐集贤院校理石（洪）君墓志铭》载："君讳洪，字濬川，其先姓乌石兰。十代祖猛，始从拓跋氏入夏，居河南。遂去乌与兰，独姓石氏，而官号大司空。"[②]其所言石氏之改与称籍河南之事，与石纲家世载述一致，皆从孝文南迁华化之政。其后复乌石兰氏，当在西

---

① 《魏书》卷一一三《官氏志》，北京：中华书局，1974年，第3010页。
② （唐）韩愈：《韩昌黎文集校注》卷六《唐集贤院校理石君墓志铭》，上海：上海世纪出版股份有限公司，2014年，第417页。

魏末年，宇文泰复旧姓之时。其后再复石氏，则在北周大定元年（亦即开皇元年）初，丞相杨坚令改代姓者，皆复其旧之季。志载其"改为石氏，光乎代族"，显然是在强调其鲜卑身世。但是笔者认为，对于鲜卑石氏的更早渊源需要予以讨论：石纲之先在聚落鲜卑乌石兰部之前，还有可能是西来并入鲜卑部落联盟的聚族而居的粟特石国人。这种事例在其他昭武九姓中，不乏其例：如《唐安万通墓志》载："君姓安，名□，字万通，雍州长安人也。先祖本生西域安息国……大魏初王，君高祖但，奉使入朝，帝恭其□，□□□□□三品，位至摩诃萨宝。子孙频让，冠带□□□□□□华阴县开国公、鄜州刺史。"① 再如《史诃耽墓志》载："君讳诃耽，字说，原州平高县人。史国王之苗裔也。……曾祖尼，魏摩诃大萨宝、张掖县令。祖思，周京左师萨宝、酒泉县令。父陀，隋左领军骠骑将军。"② 还有《魏书·安同列传》载："安同，辽东胡人也。汉时以安息王侍子入洛。历魏至晋，避乱辽东，遂家焉。"③ 可以看出，以上诸例皆自西来。而辽东于十六国时期为诸燕政权所辖之地，北魏道武立国后，尽入拓拔治下。

北魏在统一北方的过程中，特别是对北凉和夏的战争，促进了西域诸国的朝贡，使陆上丝绸之路特别是通往平城的道路更为畅通。④ 荣新江在《唐代六胡州粟特人的畜牧生活形态》一文中指出：

> 北魏始光五年（428），太武攻占统万城，设立统万镇，后改夏州。太延五年（439），又征服北凉，迁徙其都城姑臧内大批粟特人前往平城。北魏还进而控制了整个河西走廊，势力进入西域。于是，从河西走廊经过薄骨律（灵州）、夏州（统万城），沿鄂尔多斯南缘路到达北魏首都平城（大同），成为一条东西方往来的快捷途径，远自波斯、粟特的西域使者，纷纷到平城朝贡。⑤

荣新江清晰地描绘出安万通、史诃耽等昭武氏人西来入仕北魏的路径，石纲先世当然有可能行从其例。应该说从西域直通平城的线路在北魏太武之前就已经存在，只是异政相隔，交往不显罢了。

《石纲墓志》言其先"弱水隆居"，泛观诸籍，关于"弱水"之载，各说纷纭。⑥

---

① 吴钢：《全唐文补遗》第 2 辑，西安：三秦出版社，1995 年，第 129 页。
② 吴钢：《全唐文补遗》第 7 辑，西安：三秦出版社，1995 年，第 284 页。
③ 《魏书》卷三〇《安同列传》，第 712 页。
④ ［日］前田正名：《平城历史地理学研究》，上海：上海古籍出版社，2012 年，第 150—152 页。
⑤ 荣新江：《中古中国与粟特文明》，北京：生活·读书·新知三联书店，2015 年，第 69 页。
⑥ 如：《唐六典》尚书户部卷第三载："六曰陇右道……其大川则有洮水、弱水、羌水，河渎及休屠之泽在焉。"其注曰："弱水在甘州删丹县。""删丹县"当为"山丹县"之异写。石纲志言"弱水"在武周季，《唐六典》载之在稍后的玄宗开元末季，由此而确定石纲先祖部发端于甘州山丹之弱水流域，似为不妥。此外《尚书·禹贡》有额济纳河之说，《山海经·西山经》有陕西洛水支流说，《汉书·地理志下》又有青海说，《后汉书·东夷传》有在黑龙江境内之说，《新唐书·北狄传》有在内蒙古东境说等等不胜凡举。《史记·大宛列传》载："安息在大月氏西可数千里。……条枝在安息西数千里，临西海……安息长老传闻条枝有弱水、西王母，而未尝见。"基本可以断定此"弱水"在今伊朗（转下页）

从其墓志的叙事看，石纲先世"弱水隆居"当在"保于乌石兰之山"之前。那么，二者之间应该存在一定的地域悬隔，再结合鲜卑诸部实际居处的情况，笔者认为，墓志所言之"弱水"，很有可能是指中古粟特之石国原来生居的塔什干（Tashkent）地区的河流，《新唐书·西域下·石国》载："石，或曰柘支，曰柘折，曰赭时……圆千余里，右涯素叶河。王姓石，治柘折城，故康居小王窳匿城地。西南有药杀水，入中国谓之真珠河，亦曰质河。"[①] 素叶河，亦即楚河。所谓"右涯"，说明石国原本是西面为河水环带的方圆千里的绿洲之国。而其王城西南所环带的药杀水，就是锡尔河。"弱水"所指或为此两河。另外，从石纲墓志后面所载出任群牧监一职，亦可为其源于粟特，更添一证。中国西北大部皆产马匹，但尤以中亚之地所产的军马，秀出朋辈，自先秦特别是汉武以来对此觊觎不休。粟特昭武氏人世代生居其地，娴于驯牧，李唐开国以来就有以昭武氏人充职群牧的传统。《新唐书·西域下·石国》亦载其"俗善战，多良马"，[②] 关于这一点，罗丰、[③] 荣新江、李锦绣、[④] 王炳文、[⑤] 山下将司[⑥] 以及张林君[⑦] 前有专论，不必赘述。

关于鲜卑石氏还有一些问题需要于此作以讨论：姚薇元在《北朝胡姓考》中论及石氏，列述三条：即内入诸姓、羯族诸姓和西域诸姓。内入石氏条，追述其先祖事，范例征引至于北魏间，不过道武立国时限；[⑧] 羯族上党石氏条，引后赵诸石为发端，自石勒而上溯其源，论其所出匈奴羌渠部，渊源西域大月氏以致石国，立论条陈，令人信从。[⑨] 上党石氏与内入石氏活动的地域上有很大重合，时间上有一些空当，彼此接续关联的可能性存在；西域石氏条，所陈续于上党条，种源上并未发新。所举范例则皆为不早于隋唐季的后续入华者。[⑩] 综上所述，姚氏所考胡姓石氏者三，并非渊源各异，而恰恰相反，他们很有可能是同一来源的西域石氏在入华过程中，于不同时代所呈现的不同形态。唐长孺也认为十六国时期羯胡的丧葬仪轨和习俗与中亚石国颇为类

（接上页）更西、濒于地中海的区域。综上我们可以看出，"弱水"其本意虽难道其详，但有一点则比较清楚，即"弱水"当不限于一个具有特定地域的专有河流的名字，如灉水、灞水等，而应该是一个具有象征意义的概念性称谓，类于圣河、母亲河等。石纲家族自矜故代大族，叙及先祖故居自当是灵山大川，而甘州山丹之"弱水"，世誉微茫，实在是难孚其望，如此也不合中古墓志书法风习。

① 《新唐书·西域下·石国》，北京：中华书局，2003年，第6235页。
② 《新唐书·西域下·石国》，第6235页。
③ 罗丰：《胡汉之间——"丝绸之路"与西北历史考古》，北京：文物出版社，2004年，第472页。
④ 李锦绣：《史诃耽与隋末唐初政治——固原出土史诃耽墓志研究之一》，宁夏考古所编：《丝绸之路上的考古、宗教与历史》，北京：文物出版社，2011年，第49—60页。
⑤ 王炳文：《唐代牧监使职形成考》，《中国史研究》2015年第2期，第51—67页。
⑥ ［日］山下将司：《唐代监牧制度与入居中国粟特人之驯牧》，《东洋史研究》第66卷第4期，2008年，第539—569页。
⑦ 张林君：《论昭武九姓胡与唐代马政》，《宁夏社会科学》2021年第4期，第193页。
⑧ 姚薇元：《北朝胡姓考》（修订本），北京：中华书局，2007年，第154—155页。
⑨ 姚薇元：《北朝胡姓考》（修订本），第381—384页。
⑩ 姚薇元：《北朝胡姓考》（修订本），第416—417页。

似，推测羯胡中的后赵石勒家族当为粟特人。① 特别是史籍载有石虎有拜胡天的记载，更增添了十六国及北朝隋唐时期的石氏出自中亚石国的旁证。史籍与碑志记载粟特氏人东渐入华，自两汉起即不乏其例又络绎不绝。但其中很少能找到李唐以前鲜卑石氏来自粟特地区的鲜明记载，② 这和其他昭武氏人的情况相比有些异常。这可能与其时入华粟特石国氏人，于其故地本就国小身微有关，比如石勒一门于上党就曾没身为奴，相比史籍碑志所见的其他昭武氏人如康氏、安氏、史氏皆称王裔，煊赫昭表，实在显得卑微。笔者有一种推想：自两汉不断东来的西域粟特石国氏人，在匈奴称雄于中国北方以及和亲入塞的时代，就开始渐次融入匈奴部落联盟，匈奴化日深，进而成为入塞匈奴十九种之一，由是加强了我们对石勒出于匈奴部的印象。随匈奴入塞后，历年聚落生息于上党及其四域地区，凝聚成为我们后来所称谓的"羯胡"。史籍称石勒之先出于匈奴别部羌渠部，显然说明其先本就不是匈奴种族，而极可能就是从西域方向汇聚而来的粟特氏人。石勒原名为"匐勒"，因有相马之能为西晋牧帅汲桑所重，③ 后改名"石勒"，其时他的石氏之改选应该是追溯了"匐勒"的祖先石国渊源。其后，西晋"八王之乱"作，南匈奴旧部刘渊揭竿而起，石勒亦借其势，成就一时气候。后赵败亡之后，后赵羯族石氏又经历了冉魏的逐族屠戮，有幸逃逸残存的部众散落隐匿于乌石兰山一带，残喘生息。洎鲜卑崛起，尽得匈奴故地，后赵石氏便与匈奴残部一起，一时皆号鲜卑。这或许就是其早来入华，又以石氏落败和鲜卑化日久，不再言及其祖先遥远的粟特故事的缘故吧。鉴于东来昭武族群迁徙的复杂性和时间上的错落不一的特点，以及迁徙路径的摇摆和路途遭遇各异的原住部族的濡染，我们显然不能将昭武石氏融入中原的过程描述为一种同一时间相同境遇的简单形态，应该说上述两种判断当然应该还有我们尚未意识到的形态，都可能是鲜卑石氏和石纲先世入华故事的某种版本。总之，自两汉至于李唐这一漫长的历史时期，东来昭武氏人络绎不绝，在这些不同时段入华的过程中，他们至少经历了不同的地方化的习染过程，比如两汉之季的匈奴化、拓跋崛起后的鲜卑化、隋唐之际的突厥化以至最后的华化等。尽管如此，限于史载物证，特别是石纲墓志对其先世族源的载述语焉不详，缺乏像安万通、史诃耽墓志那样鲜明的表述，其裔属仍有鲜卑、粟特两种可能，不便遽下断论。

石纲一门自代北鲜卑乌石兰部以下之家事，志载清楚：

---

① 唐长孺：《魏晋杂胡考》，《魏晋南北朝史论丛》，北京：商务印书馆，2010年，第412—413页。
② 《北朝胡姓考》举例如下：《新唐书·石演芬传》载："石演芬者，本西域胡人，事李怀光至都押。对怀光曰：'我胡人，无异心。'"《高僧传·释神会传》载："释神会，俗姓石，本西域人也，祖父徙居于岐，遂为凤翔人矣。"唐贞元十五年《石崇俊墓志》载："其曾祖奉使，至自西域。祖芬宁，本国大首领。"当皆为唐季入华石氏，同时，还可以看出晚唐开始出现像石芬宁这样的本国大首领入华的记载，是不是可以认为这折射出石国本身在西域地区由弱变强的信息。昭武诸国在高宗季，归于李唐制下，而后时有失控，而就在这变幅中，石国出现高层入华事例。见姚书第416—417页。
③ 石勒善于相马，这一点亦与粟特氏人的特点一致。

曾祖真，后魏使持节大将军、忠州刺史、乐陵侯，食邑一千五百户。蒙赐铁券见在，谥曰信。风云授彩，河岳腾精。玉铃扬卓尔之威，金策均醉焉之锡。祖苌，后魏使持节、平东将军、太中大夫、帅都督，假抚军将军。宇文朝散骑常侍、昌州刺史、安平县开国公。环材拔翠，英声动俗。观梓隆克家之业，苴茅享开国之荣。父询，随上士左亲卫长上、大都督，袭安平县公。

《元和姓纂》石氏河南条载："魏司徒、兰陵公石猛。猛生铨。铨生真素、初平。素生苌。苌生儁、远、询。石儁生士济，唐原州总管。询生金刚，左司御率。"①结合墓志可知，石纲世系如下：

猛——铨——真（真素）——苌——询——纲（金刚）——纯臣（石纲第二子）。

石纲曾祖真，当为《姓纂》素真之简。石纲以其字金刚行，所任左司御率，当为墓志所载咸亨四年石纲所授之职，也就是李弘太子生前其于东宫所任之最高实职，正四品上。《姓纂》又载："初平元孙抱忠，天官侍郎，今居虢州。"可知，石纲与武周朝天官侍郎石抱忠属同高祖亲，为其从子。上文所引韩退之所撰《石洪墓志》志主，亦石纲之同宗后裔。《文苑英华》卷九六三载有北周季《周冠军公夫人乌石兰氏墓志铭》，其文曰："夫人讳某，乐陵人也。晋司空乐陵公苞后子孙就封，因即家焉扶风旧城，犹存铁市。河南故墅尚余金谷。或寓燕垂，仍仕代郡。祖行代郡尹，父魏司空、兰陵郡公。司空佐命魏朝，少傅丞疑周室，俱蒙赐姓，秦晋匹也。"②从这段志载看，乌石兰氏父兰陵公有由魏入周的经历，所以，从时间上推断其肯定不是《姓纂》所载之"兰陵公石猛"，而是石猛后裔得袭兰陵爵位者，但亦为石纲族亲则无疑。

三、侍卫秦王与玄武门之变

志载："唐高祖神尧皇帝，爰自龙飞，来清风野，必资人杰，言访时英。乃以公为西府右勋卫，即于柏堂长上。"

石纲卒于唐高宗调露元年（679），春秋七十六，当生于隋文仁寿四年（604），而志文未载及其在隋代行迹，然其家族从北魏以来世为显宦，其父在隋代也担任武官，故而其在隋代很可能解褐基层武官。至于，当时他是在太原方域任职，还是在李渊起兵入关的过程中，投奔入伍唐军，志载疏略，不能断。李渊太原起兵，其时石纲才愈冠礼之年，所任西府右勋卫之职，唐制为从七品，而长上一职为从九品，多授予少数民族骁勇之士。西府，所指当是李世民平王世充后秦王府所在之西宫。由此可知，石纲早从秦王。

---

① （唐）林宝：《元和姓纂》卷十《石姓》，北京：中华书局，1994年，第1596页。
② （宋）李昉等：《文苑英华》卷九六三《周冠军公夫人乌石兰氏墓志铭》，北京：中华书局，1966年，第5064页。

太宗文武圣皇帝，**初开代邸，潜圣迹于维城；旋整韬钤，蕴神功于杖钺。恢地络而清函夏，肃天步而扫搀抢。当哺而揖鹓鸿，侧席而倾骃骏。公以内苞忠节，外耸奇谋。伊瀍扈百胜之威，韩魏陪一戎之举。洎乎奸回作孽，象魏驰兵。方求七纵之材，以岳三监之罚。至武德九年六月四日于璎珞门侍卫，陪赴戎机。旨命频叠，赐细刀、弓箭并杂彩等，不可胜言。**

这一段志载事涉玄武门之变，所载"武德九年六月四日"正是玄武门事变当天。关于玄武门之变，两《唐书》之《高祖纪》《太宗纪》皆言之甚简，细节散见于《旧唐书》之《李建成传》《尉迟敬德传》，《资治通鉴》统之：

"（六月）庚申（六月四日），世民帅长孙无忌等入，伏兵于玄武门。"明载秦王伏兵玄武门。又载："建成、元吉至临湖殿，觉变，即跋马东归宫府。世民从而呼之，元吉张弓射世民，再三不彀，世民射建成，杀之。尉迟敬德将七十骑继至，左右射元吉坠马。世民马逸入林下，为木枝所挂，坠不能起。元吉遽至，夺弓将扼之，敬德跃马叱之。元吉步欲趣武德殿，敬德追射，杀之。"①

这里结合《墓志》及相关文物，有些细节需要细作讨论：史载秦王欲行玄武事前，先遣行台工部尚书温大雅出镇洛阳，继而又遣秦府车骑将军张亮率左右千余人赴洛阳，结纳山东豪杰，以备后手。但这对于京城势力本就大弱于东宫与齐王府合力的秦王府来说，不可不谓是一个极具风险的安排。②这是不是也从另一个视角反映出，当时太子与齐王对秦王的加害并没有史书中呈现的那么危迫？值得思量。张亮既出，秦府可遣之兵当然捉襟见肘。玄武门之变的史实屏蔽与遮盖为史界公论，自赵宋以来，异议不断。近人陈寅恪、黄永年等先生各有宏论，于此不再赘述。但陈、黄二公于其文中皆提到了巴黎图书馆所藏敦煌写本编号为伯希和2640\17.4李义府撰《常何墓碑》残卷，③写本所载颇多相关细节，别开史境，其文云："（武德）七年，奉太宗令追入京，赐金刀子一枚，黄金卅挺，令于北门领健儿长上，仍以数十金刀子委公锡骁勇之夫，趋奉藩朝，参闻霸略，承解衣之厚遇，申绕帐（帐）之深诚。九年六月四日，令总北

---

① （宋）司马光：《资治通鉴》卷一九一唐高祖武德九年（626）六月庚申条，北京：中华书局，2016年，第6122页。
② 秦王遣温大雅、张亮东去经营洛阳，当然是为了盘活他在李唐开国之初，受任经略山东特别是平定王世充、窦建德之乱的机会攒下的政治资产。对于秦王如此安排，高祖和东宫当然不会不知，或许是其认为秦王分心经营东都，虽然可能造成李唐国势分裂，但对缓解其时秦王与东宫日益尖锐又势将两立的矛盾，有当前之效。或由此，史载未见高祖和东宫有异议和阻挠。而秦王这种场面安排，对高祖和东宫一直高度紧张戒备的心，显然产生了迷惑和舒缓麻痹作用，这或许本就是秦府设下的疑兵之计。其后，玄武门之变可以顺利得手，东宫戒备不谨当然是重要原因之一。
③ 20世纪初，法国汉学家伯希和从敦煌藏经洞掠走的《常何墓志》残卷，现藏于法国巴黎国家图书馆。见于陈寅恪：《论隋末唐初所谓"山东豪杰"》，《隋唐制度渊源略论稿 唐代政治史述论稿》，北京：生活·读书·新知三联书店，2015年，第241页。又见于黄永年：《敦煌写本常何墓碑和唐前期宫廷政变中的玄武门》，《黄永年学术经典文集》，太原：山西人民出版社，2015年，第98页。

门之寄。"①由此可见，唐太宗收买常何人心早在武德七年，夺嫡阴谋是早有盘算。还可以看出，秦王事变玄武门，所依仗的绝不仅仅是窝藏在秦府之内的八百甲士，还有他早已经营收买的常何和通过常何收买的北门（即玄武门）"骁勇之夫"。常何在武德七年之后，受秦王安排于玄武门领健儿长上，而石纲同期亦"即于柏堂长上"，两人司职相同，职任与领辖相近，应该相与关系。《石纲墓志》亦载："赐细刀、弓箭并杂彩等，不可胜言。"此处所言"细刀"，可能就是常何墓志所载之出于秦府的"金刀子"，②亦或同类而下之者，所以，这里也不能排除石纲是经由常何收买而明确打上秦府私将烙印的可能。《石纲墓志》将赐刀事，叙于玄武门事后，或许是意欲淡化政治金钱交易的色彩，而凸显其追随赤城。显然，正是由于有这些大内诸门侍卫做以内应，秦王李世民才敢决然以区区八百甲士事变玄武，行诛太子与齐王。于此，石纲志载又添细节：秦王戎赴玄武门之时，石纲正值璎珞门警卫职守，也被邀之同往。可见其时的秦王不仅尽率府内窝藏之兵，同时还将包括在璎珞门在内的诸门警卫兵力也尽遣同行，由此更可见秦王赴难之决心和拥兵之众。《常何墓碑》又载"（常何）从隐太子讨平河北"，③说明常何曾在太子李建成麾下从征刘黑闼叛乱，助东宫铸下军功，冲淡了自荡平王世充、窦建德之后，秦王军功一时独大的局面，当然为建成视为私将。陈寅恪云："当武德九年六月四日常何时任屯守玄武门之职，故建成不以致疑，而太宗因之窃发。"④显然，太子李建成对常何的立场产生了误判。

志言"璎珞门"，说明其时长安宫城确有"璎珞门"，当为不妄。然检读李健超先生《增订唐两京城坊考》，东都宫城有之，而西京未之有载。这一时期，秦王李世民居于西宫，⑤璎珞门或为西宫承乾殿秦王府附近之一门，亦或为常何在秦王授意下暗行收买下之一宫门，其位置尚难定论，然可补长安宫城一门籍之名。志载：

> 贞观伊始，俄逢府废，公以迹预陪臣，因而坐免。于是丘樊乐道，咏梁甫而怡情；衡泌安时，赋清流而得性。有道斯耻，方怀孔父之鞭；无竟惟人，终滞杨

---

① 黄永年：《敦煌写本常何墓碑和唐前期官廷政变中的玄武门》，第 98 页。敦煌常何碑写本的这段碑文，在《全唐文》所录的《常何碑文》中，已不见踪影。显然是当时书刻上石时，刻意对李义府所做的这篇碑文进行了删改。

② 关于"金刀子"还有两个考古发现需要一并关注：一是 1992 年在西安长安县南里村考古发掘的李世民表兄窦皦墓中，也发现了一把目前国内保存最好的"环首唐刀"，刀长 83 厘米，刀柄上有两道金箍，刀背上有一行错金铭文"百折百炼"。窦皦的父亲是窦抗——唐高祖李渊窦皇后从兄，武德二年，窦皦入职秦王府右亲卫车骑将军，当然亦是秦府私党；二是 1986 年出土的程知节（程咬金）墓志，其文载："九年夏末，二凶作乱，太宗受诏，宣罚禁中。公任切爪牙，效勤心膂。事宁之后，颁乎大赉，赏绢六千匹，骏马两匹，并金装鞍辔及金胡瓶、金刀、金碗等物。"可见，这些参与玄武门之变的秦府从将，多有"金刀"之赐。

③ 同上。

④ 陈寅恪：《隋唐制度渊源略论稿　唐代政治史述论稿》，第 241 页。

⑤ （宋）司马光：《资治通鉴》卷一九一唐高祖武德九年（626）六月庚申条，第 6116 页载"建成夜召世民，饮酒而鸩之，世民暴心痛，吐血数升，淮安王神通扶之还西宫。上幸西宫，问世民疾，敕建成曰：'秦王素不能饮，自今无得复夜饮！'"胡注："西宫，盖即弘义宫。新书曰：秦王居西宫之承乾殿。"如此，璎珞门或为弘义宫之一门，其址近于承乾殿。

雄之载。

秦王李世民玄武宫变得手之后，当月癸亥，被立为皇太子，军国庶事无大小皆委其处决，然后闻奏。① 也就在此月，秦王府文武要辅开始全面接管朝廷行政事务② 和宫城警卫。③ 同年八月甲子，依高祖传位诏，太子李世民于东宫显德殿即皇帝位。从整个逐渐缕清的玄武门事变的诸多细节看，高祖传位太子，自称太上，既有些许夙愿，也是事出无奈——环顾左右及宫禁警卫，几乎皆旧秦府班底，朝廷上残留的几位近身老臣也多是两子相争时，不违秦王者。可以说，太宗在登基之前已基本将秦王府的功臣集团安排停当。但是除了这些文武要辅，他同时还面对大多数故府中下层僚属以及那些在暗中与其结下私盟的宫卫的安置问题。《资治通鉴》载：

> 房玄龄尝言："秦府旧人未迁官者，皆嗟怨曰：'吾属奉事左右，几何年矣！今除官，返出前宫、齐府人之后。'"上曰："王者至公无私，故能服天下之心。朕与卿辈日所衣食，皆取诸民者也。故设官分职，以为民也，当择贤才而用之，岂以新旧为先后哉！必也新而贤，旧而不肖，安可舍新而取旧乎！今不论其贤不肖而直言嗟怨，岂为政之体乎！"④

《贞观政要·论公平》亦载："贞观元年，有上封事者，请秦府旧兵并授以武职。太宗谓曰：'朕以天下为家，不能私于一物，惟有才行是任，岂以新旧为差。'"⑤ 由此可见太宗态度。墓志所言"贞观伊始，俄逢府废"，指的就是太宗李世民登基之后，遂即解散旧府，遣散旧部，示天下以公平无私。而石纲以陪臣之身竭诚赴难，又"内苞忠节，外耸奇谋"，应该说功苦兼有，理当擢升，然而却"因而坐免"。另外，和石纲一样，在玄武门之变中起到更为关键作用的常何也没有得到应有的重用，⑥ 直到其于唐高宗永徽四年客死黔州后，才追赠武卫大将军、上柱国、武水县开国伯。常何墓志既由当时近臣李义府执笔，则从另一个方面反映出其功可观。由此可见，太宗以天下为公昭示四海的决心和净化舆论的审慎而果决的态度。当然，秦王旧部明眼者对于太宗志向，当然会有相与默契，另外，太宗亦会以其他方式补偿旧部僚属的功苦之劳。而对

---

① （宋）司马光《资治通鉴》卷一九二唐高祖武德九年（626）六月条，第6124页。
② （宋）司马光《资治通鉴》卷一九二唐高祖武德九年（626）六月条，第6125页载："戊辰，以宇文士及为太子詹事，长孙无忌、杜如晦为左庶子，高士廉、房玄龄为右庶子，尉迟敬德为左卫率，程知节为右卫率，虞世南为中舍人，褚亮为舍人，姚思廉为洗马。悉以齐王国司金帛什器赐敬德。"七月条，第6128页又载："壬辰，以高士廉为侍中，房玄龄为中书令，萧瑀为左仆射，长孙无忌为吏部尚书，杜如晦为兵部尚书。"长孙无忌、房玄龄等皆秦王府要谋。
③ （宋）司马光：《资治通鉴》唐纪八唐高祖武德九年（626）九月条，第6128页载："以秦府护军秦叔宝为左卫大将军，又以程知节为右武卫大将军，尉迟敬德为右武侯大将军。"此三人皆亲王府玄武赴难之大将。
④ （宋）司马光：《资治通鉴》卷一九二唐高祖武德九年（626）九月条，第6136页。
⑤ （唐）李兢撰，谢保成校：《贞观政要辑校》，北京：中华书局，2009年，第280页。
⑥ 黄永年：《敦煌写本常何墓碑和唐前期宫廷政变中的玄武门》，第111—117页。

于石纲来说，早先心属秦王，大功告成之后，难免心怀超出预期的居功待赏之心，虽有"细刀、弓箭并杂彩"之赏赉，却无位势高迁，自是难免心有不平。再者，石纲司职府内警卫，肯定详知西宫密谋与玄武处分之详情，笃忠未赏以致怨言不慎，吐露内机搅扰上听的情况当然存在。这个推测恰可以从上段志文中找到支撑，所谓"太宗文武圣皇帝，初开代邸，潜圣迹于维城；旋整韬钤，蕴神功于杖钺。"这种说辞不就是说明，秦王李世民在开府之初，即包藏潜替国储之心么？而这与李唐史官传达的秦王以太子、齐王凌逼，复加僚属逼宫百劝，才不得已事变玄武的讯息，不是大相径庭吗？

四、入侍太子与东宫情势分析

志载："其后俯从昭武校尉，行东宫右卫率府勋府旅帅，奉使入辽，还加游击将军、守右金吾卫平定府果毅。简戎推最，入铜楼而不犯；致果凝威，扬玉铃而以律。公平廉慎，遐迩闻焉。然以不器其能，罕昭昭而异迹；用安其道，宁汲汲以为心。宏材一滞，年将二纪。"

石纲在唐太宗贞观时期，一直沉沦下位，直到唐高宗即位之后，才迎来了其仕宦的畅达。昭武校尉，武散官，唐始置，正六品上。东宫右卫率府勋府旅帅，为勋府中郎将、郎将之属官。可见，石纲在一段时间的赋闲之后，开始入东宫为禁卫之职。此节志载时间模糊，难以确定东宫太子为谁？但从志载"宏材一滞，年将二纪"一句看，一纪为十二年，年将二纪，则近二十四年，正合贞观一朝二十三年。如此可以断定，终太宗一朝，石纲不为重用，所任不过旅帅偏将。于是，他也就逍遥家府，"咏梁甫""赋清流"，颐养天性。高宗继鼎之后，石纲冷遇的境况才有所改变。那么，其时他所入侍的东宫之主，亦有高宗庶长子李忠和武后长子李弘两论，审视其时的李唐形势和墓志所载石纲笃忠于李弘的身世背景，当为后者无疑。其后石纲又奉使辽东，加游击将军、守右金吾卫平定府果毅。游击为从五品下。右金吾卫，唐十六卫之一，果毅为折冲都尉之副，每府设左右两人，有上、中、下府之分，上府从五品下。于此节，我们也确乎可以感受到志载对于石纲在贞观一朝，忠不为用、怀才不遇的隐隐怨情。

> 始以显庆二年，除左领军翊府郎将。……四年，驾幸神都。敕公在京留守，检校左藏库。仍蒙恩敕，赐马一匹。有司之（待识），且盈仵垄之赏；无德不酬，俄赐禀泉之骏。寄超时列，荣迈朝伦。

显庆二年（657），即武氏得立后，其长子李弘被立为太子的第二年，石纲的仕途开始腾达。左领军翊府郎将，为翊府副长官，正五品上。显庆四年，高宗东幸洛阳，以石纲当时五品之官秩看，此处"在京留守"绝非"京都留守"的职官意思，而是辅助东宫留守京城，并以本官检校左藏署之意。李唐于太府寺下置左、右藏署，左掌邦国库藏，右掌邦国宝货。① 尽管如此，还是可以看出，此时的石纲不仅官秩有所攀升，而且事职充实，我们也可以感受到此际石纲心中萌生的"寄超时列，荣迈朝伦"荣宠感。石纲在太宗、高宗两朝的身世起伏，或许本就是二帝暗自定下的在换朝时际对于秦府旧将的补偿性安排，类似的还有常何。同时，高宗以东宫及其僚属在京留守，处理圣舆离京后的朝廷诸事，职守关要，当然有历练和翊助东宫之用心。

> 乾封元年，除太子右清道率府副率。二年，奉敕检校太子左卫率府副率。……总章元年，敕公检校左监门卫将军。其年，驾幸九成宫，敕公东宫留守。

太子右清道率府副率，据《唐六典》："太子左右清道率府，率各一人，副率二人……率，正四品上。副率，从四品上。"② 太子左卫率府副率，品秩同于上职，职责范畴有别而已。左监门卫将军，从三品，协掌宫城诸门禁卫及门籍。总章元年（668）三月戊寅，高宗如九成宫，至当年秋八月癸酉才返回长安，离开京城时近半载。两《唐书》虽未载付政太子，但其时朝廷日常之事务，当赋予东宫承制行事无疑。因为早在五年前高宗已经开始让太子试政，《通鉴》载："（龙朔三年，663）冬，十月，辛巳朔，诏太子每五日于光顺门内视诸司奏事，其事之小者，皆委太子决之。"③ 另外，还有一个问题需要予以讨论：九成宫为隋唐两季皇家避暑之地，其所在麟游之地春至迟暖秋来早寒，即使是盛夏季节亦常有极寒甚至雨雪天气。④ 太宗季避暑九成宫多始于每年的四、五月间，极少有三月动身的。而高宗一朝则不循此例。在太子试政的第二年，即麟德元年（664）高宗更是在春寒未尽的二月即动身离京前往麟游塬上，⑤ 其时九成宫阙冬寒料峭，可想而知。这其中可能就潜藏着高宗欲早携武后离京的隐衷：一者为东宫留下更大的行政空间；二者使武后暂离政治中心，消煞一些她心中日炽的权欲之火。由此可知，其时敕以石纲东宫留守，其职守关要非同一般。于此，还有一个重要的新材料需要一并考论，那就是近年新出的李弘太子家令《阎庄墓志》。⑥ 其志载："总章元年，驾幸万年宫，敕君东宫宫城副留守，寻迁太子左司御卫副率。"对照《石纲墓志》，同年高宗驾幸万年宫（即九成宫）之时，石纲亦被委以东宫留守。由此可以看出，显庆以后二人均入侍太子李弘，除了石纲在总章之后，外任原州督查马政的时

---

① （唐）李林甫等撰：《唐六典·太府寺》，北京：中华书局，2022年，第544页。
② （唐）李林甫等撰：《唐六典》，第717页。
③ （宋）司马光《资治通鉴》卷二〇一唐高宗龙朔三年（663）十月辛巳条，第6452页。
④ （宋）司马光《资治通鉴》卷二〇二唐高宗仪凤三年（678）五月丙寅条，第6500页载："五月，壬戌，上幸九成宫。丙寅，山中雨，大寒，从兵有冻死者。"
⑤ （宋）司马光《资治通鉴》卷二〇一唐高宗麟德元年（664）二月戊子条，第6453页。
⑥ 陕西师范大学博物馆1995年征集，同时可参见张清文：《陕师大藏唐阎庄墓志再考》，《唐史论丛》第二十七辑，第271页。

间之外，两人几乎一直共同在东宫为要辅，辅佐太子。志载：

> 寻奉敕检校左金吾卫六街事，并知屯兵。……除左金吾卫翊府中郎将，寻授右监门卫中郎将，褒有功也。……麟德二年，驾幸神都，停合璧宫，敕公副将军韦怀敬神都宫城留守。

左金吾卫翊府中郎将，唐代十六卫所领之翊卫府长官。寻授右监门卫中郎将，掌宫城诸门禁卫及门籍，判出。可见此时，石纲正式领本府之属禁卫东宫，总其府事，职任颇重，为堂堂正正的正四品下主官。麟德二年（665），陪驾神都洛阳，敕为神都宫城留守韦怀敬之副手，辅助总管神都及宫卫安全诸事，可谓受任权重。李唐留守之制因袭前朝，[①]《新唐书·百官志四下》载："初，太宗伐高丽，置京城留守，其后车驾不在京都，则置留守，以右金吾大将军为副留守。"[②]至高武两季，衍成长安洛阳东西两都留守制度，玄宗开元时又以太原为北都，遂成三都留守之制。留守选任当然是德高望重，可以信托之重臣爱将，如太宗朝曾以房玄龄为留守，李大亮副之，可以为证。《唐会要》卷六七载高宗将幸东都前对居守之臣李晦言："关中之事，一以付卿。但令式踬人，不可以成官政。令式之外，有利于人者，随即行，不须闻奏。"[③]可见留守肩负委托之重，事权裁量之大。留守虽有正副之序，同时亦具文武之兼。韦怀敬，两唐书无传，《新唐书宰相世系表》载"怀敬，左领军将军"，[④]近年出土的其子《韦知艺墓志》载："父怀敬，唐太子右内帅，检校左屯卫、右威卫、左领军将军，邛部县开国公。"[⑤]《全唐文》亦收其（韦怀敬）一文为《议沙门不应拜俗状》，其文载其官职为"龙朔中官右奉裕卫率"。[⑥]综上可知，龙朔中韦怀敬亦为东宫李弘太子属官，职太子右内帅。二年（662），李唐改太子右内帅为奉裕率时，怀敬亦改奉裕率，唐制正四品上。至麟德二年，怀敬已进左领军将军任上，从三品，并与石纲共为神都留守。神都为武后钟情之地，其当政和称尊的大部分时间都是在洛阳度过的。这时能尽以东宫僚属为其留守之要职，至少说明两个问题：一是高宗在着力培养东宫，让其熟悉包括神都在内的两京情势；二是说明这个时期的后宫与东宫关系并不像我们想象的那样尖锐，或者说这样的人事安排本身就是后宫与高宗和东宫相互妥协的结果。石纲能够仕途通达，履要职于神都，至少说明武后对其未有太大的抵触。如其不然，以当时的武后威权和影

[①] 李永：《武则天与长安关系新探》有《任寄之重　居守之委　武则天时期的京师留守》专节之述。北京：商务印书馆，2021年，第125—182页。
[②] 《新唐书·百官志四下》，第1311页。
[③] （宋）王溥：《唐会要》卷六七《留守》，第1400页。
[④] 《新唐书·宰相世袭表》，第3046页。
[⑤] 王双怀、王昊斐：《〈唐韦知艺墓志〉考释》，见《兰州大学学报（社会科学版）》第42卷第6期，2014年，第14页。
[⑥] （清）董浩等撰：《全唐文》卷二○四《韦怀敬》，第2059页。

响力，这几乎是不可能办到的事情。还有一点需要关注：龙朔二年（662）高宗曾下诏《命有司议沙门等致拜君亲敕》，朝班为之分野为二，韦怀敬以《议沙门不应拜俗状》，在翊赞不拜之列，其立场暗合武后心思。由此可以看出，韦怀敬虽然出于东宫，但其主张与武后早有契合。志载：

> 咸亨四年，春扃纳配，公亲监礼事。仍董宫兵，有顷授壮武将军，守太子左司御卫率。

《旧唐书·高宗下》载："（咸亨）四年春……二月壬午，以左金吾将军裴居道女为皇太子弘妃。"① 墓志所言"咸亨四年，春扃纳配"，即为太子纳裴居道女为妃事，无疑。关于李弘太子纳妃事，还有一个背景需要关注：《资治通鉴》唐纪十八咸亨二年（671）条载："司卫少卿杨思俭女，有殊色，上及后自选以为太子妃，昏有日矣，敏之逼而淫之。"② 由此可知，早在咸亨二年（671）时，高宗与武后就议定以司卫少卿杨思俭女为太子妃，并且还拟定下了大婚的日子。抛开杨氏殊色不谈，其父杨思俭乃杨隋宗室观德王杨雄之孙，杨雄在隋为"四贵"，德行超迈，身世显赫，而且杨雄与武后外祖杨达又为昆季。《旧唐书·杨恭仁传》载："始恭仁父雄在隋，以同姓宠贵，自武德之后，恭仁兄弟名位尤盛，则天时，又以外戚崇宠。一家之内，驸马三人，王妃五人，赠皇后一人，三品已上官二十余人，遂为盛族。"③ 可见杨门之盛。如此，这门亲事裙带牵连李唐皇室和则天皇后两厢，岂不美哉。但后因为武后姊子贺兰敏之逼淫了杨氏，才不得不另作打算，选择了裴居道女。贺兰敏之何以如此嚣张，《通鉴》有载："初，武元庆等既死，皇后奏以其姊子贺兰敏之为士护之嗣，袭爵周公，改姓武氏，累迁弘文馆学士、左散骑常侍。"④ 后来，武后虽然以此事流放了贺兰敏之，但其本意并不是为东宫洗雪耻恨，《通鉴》载："魏国夫人之死也，上见敏之，悲泣曰：'向吾出视朝犹无恙，退朝已不救，何仓卒如此！'敏之号哭不对。后闻之，曰：'此儿疑我！'由是恶之。"⑤ 可见，武后是因为发现贺兰敏之内心认定是她杀死了他的母亲，才以逼淫未来王妃等事流放了贺兰敏之，以除后患。抛开这些是是非非不谈，我们从中可以明显地感受到咸亨前后武氏族人的肆无忌惮，这当然缘于武氏后权的坐大。相比之下，东宫的懦弱或刻意隐忍亦可见一斑了。咸亨纳配的表面，对于大唐帝国和李弘太子本人来说，无疑是人生大喜，但其背后却有着一种挥之不去的耻辱意味。这时由石纲亲监礼事，亦可见高宗与太子对石纲的属望亲重和其正道处轴的身份肯定。壮武将军，武散

---

① 《旧唐书·高宗下》，北京：中华书局，2017年，第97页。
② （宋）司马光：《资治通鉴》卷二〇二唐高宗咸亨二年（671）四月条，第6482页。
③ 《旧唐书·杨恭仁传》，第2381页。
④ （宋）司马光：《资治通鉴》卷二〇二唐高宗咸亨二年（671）四月条，第6481页。
⑤ （宋）司马光：《资治通鉴》卷二〇二唐高宗咸亨二年（671）四月条，第6482页。

官,正四品下。太子左司御卫率,为太子左司御率府长官,置一员,正四品上,执掌东宫兵仗、仪卫。值得注意的是,太子纳配之后,当年"八月,辛丑,上以虐疾,令太子延福殿受诸司启事"。① 可以看出,这个时期高宗由于身体的日益衰病,已着意由东宫来统筹诸司处理朝廷事务了。而其时太子已过冠礼之年,东宫形势亦渐以成熟。

五、检校群牧与东宫势力之试政

> 寻敕公于原州检校东宫群牧监。公以忠勤凤著,恒资謇謇之诚;廉慎斯彰,俄抚駉駉之牧。先是豪右之室吞纵成私,积习于是为恒,历政以之多弊。公乃条其利害,用闻疏扆,载纡睿览,爰命使乎。结辙相望,嚣然异议。輶轩失据,丧其平允之心;钩距收奇,慴于众多之口。树私求免,陷罪于公。公于是精诚逾励,冠冰霜而无改;直道弥坚,震雷霆而不屈。事闻朝旨,竟移数十家之群牧焉。

李唐以昭武氏人为牧监,有其传统和惯例,其因有二:一是其故地盛产名马,乌孙马、大宛马(汗血马)皆其良种,粟特族人又世代娴于驯牧;二是原州四野之地,自汉末至于隋唐,西来昭武绵绵不绝,以其人因治其民,事半功倍。其实不仅马政,还包括边裔地区的平叛,李唐以其人调治其族的手段亦颇见功效。志载:"先是豪右之室吞纵成私,积习于是为恒,历政以之多弊。"很显然,暴露的是李唐马政的腐败问题,从墓志的载述看,整个肃贪的过程亦颇有周折,且惊心动魄。需要强调的是,这次石纲以东宫检校三品高官的身份督查原州马政,意义非比寻常。《资治通鉴》载高宗乾封二年(667):"九月,庚申,上以久疾,命太子弘监国。"② 石纲外任原州就在太子监国的第二年,即总章元年(668)或稍后的时间,所以,此时的石纲所代表的不仅仅是东宫意志,而且还是朝廷威权。而他治所所在的原州地区又恰恰是关系李唐整个马政的中枢之地。再观《元和姓纂》石氏河南条所载:"芟生僑、远、询。石僑生士济,唐原州总管。"③ 石士济为石纲伯父子,其官原州,当熟知原州马政问题所在,或者说原州马政问题的奏闻就源于石士济。而这时太子李弘指派石纲担当此任,其本意可能就是要发挥石氏兄弟的里应外合之功效。"事闻朝旨,竟移数十家之群牧焉。"可见石纲肃贪的

---

① (宋)司马光:《资治通鉴》卷二〇二唐高宗上元元年(674)条,第6487页。
② (宋)司马光:《资治通鉴》卷二〇一唐高宗乾封二年(667)条,第6467页。其实,在此之前,高宗也在刻意培养太子李弘的执政能力,如《资治通鉴》(6432页):"(显庆四年659)闰月,戊寅,上发京师,令太子监国。太子思慕不已,上闻之,遽诏赴行在。"这是高宗首次试用东宫,太子时年不过七岁,所谓监国不过是对东宫属僚的观察。《通鉴》(6445页)又载:"(龙朔二年662)冬,十月,丁酉,上幸骊山温汤,太子监国。丁未还宫。"这是高宗第二次对东宫的短期试用,太子时年十岁。《通鉴》(6452页)又载:"(龙朔三年)冬,十月,辛巳朔,诏太子每五日于光顺门内视诸司奏事,其事之小者,皆委太子决之。"仅仅过了一年,高宗就对东宫试政做了制度化的安排,可见其对太子培养之殷勤。而至乾封二年太子监国时,已年过十五。太子成长的过程,同时也是武后权力渐大,权欲日炽的过程。
③ (唐)林宝:《元和姓纂》卷一〇《石姓》,第1596页。

力度之大和成效之显。

唐张说《大唐开元十三年陇右监牧颂德碑》载：

> 肇自贞观，成于麟德。四十年间，马至七十万六千匹。置八使以董之，设四十八监以掌之。跨陇西、金城、平凉、天水四郡之地，幅员千里，犹为隘狭。更析八监，布于河曲丰旷之野，乃能容之。……张氏中废，马官乱政，或夷狄外攻，或师围内寇，垂拱之后，二十余年，潜耗大半，所存盖寡。①

又，郤昂所撰《岐邠泾宁四州八马坊颂碑》载："我有唐之新造国也，于赤岸泽仅得牝牡三千匹，命太仆张万岁傍陇右训字之。四十年间，孳息成七十万六千匹。属张氏替职，圉师败官，马之教駣，日失其序。"② 从以上两载可以看出，李唐马政在贞观至麟德（664—665）间，得到了极大的发展，太宗朝空前的武功当与之息息相关，这显然是得益于太仆卿张万岁的经营。但万岁后期失政，导致马政废弛。石纲在乾封时（666—668）检校马政，从时间上看，正是针对张氏失政而导致的马政积弊与乱象。从石纲墓志载述反观高宗朝之马政，史籍所载徒言内附突厥部落外叛滋扰的问题，而志载则暴露出其内部腐败的问题，而这种马政腐败自杨隋以来久已有之③。

对于李唐这样一个兼具南北朝文物双规和胡汉民族血脉融合，并有志于厘定四方特别是西北形势的蓬勃帝国来说，马政的重要性可想而知。"出师之要，全资马力"，④ 初唐三朝，特别是太宗、高宗两朝对西域的频繁大规模的军事行动，其胜利之保障大系于马政。可以说，马政是李唐国家武力和国势强弱的重要标志。而东宫甫一出手，即选择马政这样一个决定着李唐当时形势的重要领域，其寓意相当深远。《志》载：

> 孝敬皇帝毓德储闱，闻风而悦。乃于肃成之殿，以宴于公。恩旨绸缪，仍赐杂彩卅段。誉光朝任，荣冠时班。

"孝敬皇帝"，即太子李弘，为其谥号。显然，初秉朝政的太子李弘对石纲此番事职是充分肯定和极力彰显的。当然，东宫用心不仅仅在于表彰石纲履职肃贪振兴马政之效，其背后真正的用心则是在向整个朝野彰显东宫执政的效力之强。换句话说，李弘是借石纲业绩向整个朝廷宣布，东宫已完全具备了继鼎的能力。如此看来，石纲此

---

① （清）董浩：《全唐文》，第2382页。王其祎："张说的文章应引用《文苑英华》卷八六九或《张说集》整理本。"
② （清）董浩：《全唐文》，第3670页。
③ （宋）司马光《资治通鉴》卷一七八隋文帝开皇十七年（597）条，第5661页载："（开皇十七年）帝遣亲卫大都督屈突通往陇西检覆群牧，得隐匿马二万余匹。帝大怒，将斩太仆卿慕容悉达及诸监官千五百人。"可见，隋唐时代马政贪腐之甚。
④ （宋）司马光《资治通鉴》卷二〇二唐高宗仪凤三年（678）条，第6503页。

任不论是对他个人还是对于东宫乃至于当时朝廷，都是很有象征意义的。

六、两宫博弈与太子之死再论

需要提醒的是，在东宫彰显太子意志的同时，其时的朝廷之大背景也是我们不能疏忽的。自武氏初入高宗后宫至显庆元年（656）这段时间里，武氏主要是解决其与高宗王皇后、萧淑妃以及时任太子李忠之间的矛盾。永徽六年，诏废王皇后、萧淑妃，以武氏为皇后。显庆元年正月废故太子李忠，立武后子李弘为皇太子。这之后，武后开始逐渐参与朝政。《新唐书·则天皇后纪》载：

> 高宗自显庆后，多苦风疾，百司奏事，时时令后决之，常称旨，由是参豫国政。后既专宠与政，乃数上书言天下利害，务收人心，而高宗春秋高，苦疾，后益用事，遂不能制。高宗悔，阴欲废之，而谋泄不果。上元元年，高宗号天皇，皇后亦号天后，天下之人谓之"二圣"。①

可见，自显庆后期，武后渐预朝政，事权日重，权欲日炽。特别是上元元年（674）"称天后"之后，②武后的地位得到进一步巩固。志载：

> 上元二年，正除其任。便属犀钩闳彩，俄虚望苑之游；蜃卫将迁，方拟乔山之隧。

此节载述隐晦，"蜃卫"者，天子之枢车也。《旧唐书·高宗纪》载：上元二年（675）五月"己亥，皇太子弘薨于合璧宫之绮云殿。时帝幸合璧宫，是日还东都"。③可见志文此节所言当指太子李弘之死和仓促营建恭陵事。关于李弘太子之死，《新唐书》直言为武后所鸩，而官修史书系统的《高宗实录》《旧唐书·高宗纪》及其本传皆不载死因，④《资治通鉴》虽附《新唐书》说法，却引为人云，不出己见。同时还载述了高宗态度："（上元二年）五月，戊申，下诏'朕方欲禅位皇太子，而疾遽不起，宜申往命，加以尊号，可谥为孝敬皇帝。'"⑤高宗诏书既言太子以疾薨，《新唐书》何以断言太子之死，为武后所使，其断难以征信。至此于史界和民间酿下芸芸说辞，成为史界一桩难断公案。1995年李弘太子家令《阎庄墓志》的面世，则让武氏鸩杀说有了更多的信从。但除了《新唐书》之外，从目前所掌握的史料和文物看，当然也包括新出《阎庄

---

① 《新唐书·则天皇后纪》，第81页。
② 《新唐书·高宗纪》，第71页。
③ 《旧唐书·高宗纪》，第100页。
④ 唐雯：《升仙太子碑的生命史》，见于耿朔、仇鹿鸣：《问彼嵩洛》，北京：中华书局，2019年，第215页。
⑤ （宋）司马光：《资治通鉴》卷二〇二唐高宗上元二年（674）条，第6492页。

墓志》，都不足以成为武氏鸩杀说的明白铁证。同样，在撰于武周朝圣历二年的《石纲墓志》中，我们同样也只能品读到其对故主早逝的依依思念之情，却捕捉不到太子惨遭非命的蛛丝马迹。

这里我们有必要对其时的后宫东宫形势，作以分析。先观后宫方面，《资治通鉴》载：

> 天后多引文学之士著作郎元万顷、左史刘祎之等，使之撰《列女传》《臣轨》《百僚新戒》《乐书》凡千余卷。朝廷奏议及百司表疏，时密令参决，以分宰相之权，时人谓之北门学士。①

可以看出，在东宫势力逐渐成熟的同时，后宫势力与班底的膨胀速度则更加咄咄逼人，这就难免导致两宫矛盾的产生。同样是在这条载记中，我们还可以看出后宫班底的用心并不仅仅是在于挤压东宫的行政空间，它还有更重要盘算，那就是要分夺皇帝制下的三省权利，或者是为武后争取更多的相府领导权。

再看东宫方面，显庆元年，年仅三岁的李弘被立为太子，东宫形制当于兹草创。《新唐书·百官四上》东宫官条下载：

> 太子太师、太傅、太保各一人，从一品。掌辅导皇太子。——少师、少傅、少保各一人，从二品。掌晓三师德行，以谕皇太子，奉太子以观三师之道德。——太子宾客四人，正三品。掌侍从规谏，赞相礼仪，宴会则上齿。侍读，无常员，掌讲导经学。贞观十八年，以宰相兼宾客。②

以上仿佛朝廷三师三公以及弘文馆之制。他们常常由朝廷重臣兼任，守谕教侍读之任。东宫其下又设一府、三坊、三寺、十率府组成。一府指詹事府："詹事府，太子詹事一人，正三品；少詹事一人，正四品上。掌统三寺、十率府之政，少詹事为之贰。"③可见，唐代东宫建制亦相当宏大，但其三师三少及宾客之职，通常是对朝廷重臣示以优崇，虽时常有谕教规谏太子之任，却多职守门下诸省，未必成为东宫班底常员。詹事府以下才是东宫实在的班底。此外，东宫禁卫还有十府之众，④于兹不谈。显庆元年，

---

① （宋）司马光《资治通鉴》卷二〇二唐高宗上元元年（674）条，第 6488 页。
② 《新唐书·百官四上》，第 1291 页。
③ 《新唐书·百官四上》，第 1292 页。
④ 《新唐书·百官四上》，第 1299—1303 页。载东宫禁卫设："太子左右率府，率各一人，正四品上；副率各二人，从四品上。掌兵仗、仪卫。凡诸曹及三府、外府皆隶焉。——长史各一人，正七品上。掌判诸曹府。季秋以属官功状上于率，而为考课。——亲府、勋府、翊府三府，每府中郎将各一人，从四品上；左右郎将各一人，正五品下。中郎将、郎将，掌其府校尉、旅帅及亲、勋、翊卫之属宿卫，而总其事。——太子左右司御率府，率各一人，正四品上；副率各二人，从四品上。掌同左右卫。凡诸曹及外府旅贲番上者隶焉。——太子左右清道率府，率各一人，副率各二人。掌昼夜巡警。凡诸曹及外府直荡番上者隶焉。——太子左右监门率府，率各一人，副率各二人。掌诸门禁卫。（转下页）

东宫创建，依据两《唐书》略作爬梳如下：于志宁为太子太傅，崔敦礼为太子少师，许敬宗、来济为太子宾客，李义府以本官兼太子右庶子。总章元年，以平高丽功，以李世勣为太子太师，①刘仁轨为太子左庶子。②总章二年，李敬玄兼太子右中护。咸亨三年，张文瓘兼太子左庶子。另外还有史籍不载而于出土文物有载的，如唐《贺兰敏之墓志》载："解褐尚衣奉御左庶子，俄迁左侍极太子宾客。"③唐《萧沉墓志》载："显庆二年，徙授太子右卫率府长史，迁太子典设郎。"④等。综上，虽然未尽爬梳，但也基本可以断定，太子李弘东宫初创之时，其东宫班底并未全编配齐，正如《唐六典》太子三少条载："凡三师、三少官不必备，唯其人，无其人则阙之。"⑤就现有的班底也需要分析以下：于志宁，显庆元年，迁太子太傅，麟德元年致仕。于志宁为太宗、高宗两朝名臣，名望甚高。但众所周知，由于他在高宗立武氏为后事上，态度消极，持以两端，武氏入主后宫之后，终不为用。⑥显庆四年，改太子太师，旋即免官归第；李世勣，总章元年以平高丽功，进位太子太师，但其时他年事已高，不过是虚衔示以尊崇而已。次年世勣寿终；刘仁轨，为高、武两朝名臣，从其行迹看，他虽为太子左庶子，职守则多于朝廷；崔敦礼，原为故太子李忠检校太子詹事，以老疾屡陈请退。显庆元年，又拜李弘太子府少师，然未几而薨；⑦许敬宗，虽为太宗遗臣，却极力阿附武氏，打击功臣集团，助力废高宗王皇后，极力推奉武氏入主后宫，扩张事权，实际上更是武后在东宫的卧底。⑧且显庆元年，许敬宗虽为太子宾客，同时又职守侍中，至三年，又守中书令。龙朔三年，册拜太子少师，直至咸亨元年致仕，皆守宰相之任；来济，因在高宗立武昭仪为宸妃上，极力劝止，而得罪武氏。武氏入主后宫之后，表面上恢宏大度奖掖其忠，暗中却打压不用，并于显庆五年贬于外任；⑨李义府为免于外放而首倡立武氏为后之议，得以留在内中，但其专任东宫时间短暂，又多为兼职。《旧唐书·李义府传》载：

（接上页）——太子左右内率府，率各一人，副率各一人。掌千牛供奉之事。"
① 《新唐书·李世勣传》，第3821页。
② 《新唐书·刘仁轨传》，第4083页。
③ 吴钢：《全唐文补遗》，第2辑，西安：三秦出版社，1995年，第402页。石藏咸阳市博物馆。
④ 齐运通主编：《洛阳新获墓志百品》，北京：国家图书馆出版社，2020年，第97页。
⑤ （唐）李林甫等撰《唐六典》，第661页。
⑥ 《旧唐书·于志宁传》，第2699页。
⑦ 《旧唐书·崔敦礼传》，第2748页。
⑧ 《旧唐书·许敬宗传》，第2763页。
⑨ 《旧唐书·来济传》，第2742页。高宗欲以武氏为宸妃，是在他欲立武氏为后的想法，被以长孙无忌为首的功臣集团拒绝后的退而求其次的提议，意在暂时平衡武氏与功臣集团之间的矛盾，同时，更重要的是保全他作为皇帝的权威与尊严。没有想到的是，这个提议又被韩瑗、来济谏以不可（见《唐会要》卷三《内职·杂录》），与长孙集团立场遥相呼应。高宗心中的闷恼可想而知：要知道韩瑗、来济是高宗朝才走上三省要辅岗位的，在高宗看来，此时他至尊皇权的抵制的范围，已经超出了原来的功臣集团，甚至还有日益扩大的趋势。于是，高宗铁定决心，重新回到立后的立场。可以说，此时立武氏为后，只具有象征意义。其实质是，高宗要彻底斩断功臣集团的羁绊，彰显皇帝独立的威权。也可以说，从那一刻起，高宗也更深刻地品尝到了强臣集团凌逼削蚀皇权的滋味。而武后又恰好成为他削除沉疴的快刃。

如意元年，则天以义府与许敬宗、御史大夫崔义玄、中书舍人王德俭、大理正侯善业、大理丞袁公瑜等六人，在永徽中有翊赞之功，追赠义府扬州大都督，义玄益州大都督，德俭魏州刺史，公瑜江州刺史。①

可见，李义府和许敬宗一样，在永徽季对武氏亦有翊赞之功，当然武后同党；李敬玄，观其传载基本在中书选部行政，东宫之任不过兼职而已；②张文瓘，虽忠心太子，后又敕陪葬恭陵。但其于咸亨三年兼太子左庶子，未几即迁大理卿，依旧知政事。上元二年文瓘又兼太子宾客，但其时之太子当已易为李贤了；③贺兰敏之，为武后甥，观其志载可知，其为太子宾客在其解褐不久，当然后党门势所致。从其胆敢霸占太子未来王妃的行径看，所仗亦是武后威权。综上可知东宫情状，除了过气遗臣和武后同党之外，李弘太子所能私心相结的也只有石纲和上文提及的阎庄之属了。可以说，直到太子李弘命断合璧宫之时，东宫势力无论是在人才遴选，还是执政成果看，都还不能对后宫构成真正的挤压和威胁。

论及武后与太子的矛盾，《资治通鉴》载：

> 太子弘仁孝谦谨，上甚爱之；礼接士大夫，中外属心。天后方逞其志，太子奏请，数迕旨，由是失爱于天后。义阳、宣城二公主，萧淑妃之女也，坐母得罪，幽于掖庭，年逾三十不嫁。太子见之惊恻，遽奏请出降，上许之。天后怒，即日以公主配当上翊卫权毅、王遂古。己亥，太子薨于合璧宫，时人以为天后鸩之也。④

可见，两宫矛盾的触发点，主要是集中在对于萧淑妃二女的处置上。太子仁孝，却不知当年后妃两厢宫斗的势难两立，如果不是武氏行事刚狠，武后何以端居正宫？李弘何来太子储君之位？武后由此发怒，不满太子妇人之仁，情由自然。但当年殊死宫斗之时，李弘不过三岁，婴孩不晓世事，这一点武后当然清楚。所以，两宫的矛盾远非上载那么简单。从《旧唐书·高宗纪》记载看，太子李弘于合璧宫绮云殿病逝的时候，高宗其时也正在合璧宫中。以此审度，无论武后其时的威权再大，高宗的安内之心再宽忍，她也不敢擅自在高宗的眼皮底下鸩杀太子。此事一旦失手，它所带来的政治风险绝非捂毙女婴可比。⑤所以，司马温公虽援引《新唐书》论调，却自己不做断决，

---

① 《旧唐书·李义府传》，第2770页。
② 《旧唐书·李敬玄传》，第2754页。
③ 《旧唐书·张文瓘传》，第2815页。
④ （宋）司马光：《资治通鉴》卷二〇二唐高宗上元二年（675）条，第6492页。
⑤ 如果在此境下，还认定太子李弘是武后鸩杀，那么，就需要有一个必要条件：即武后行事，是得到了高宗默许，至少是暗合高宗心思，于是，他也佯作不知。如此断成立，唐史扭曲之甚，则真是骇千古之听闻了。但再转换一个角度忖度，如果当时与太子同在合璧宫的高宗内心依然纠结着玄武宫变之后，其父对其祖的逼宫和其兄故太子的谋反事迹，那么，高宗默许，这个看似荒唐的推断，也就不那么荒唐了。还要指出的是，《新唐书》所载武后杀女陷害王皇后一事，同样为《旧唐书》所不载。

盖由其故。其后历史的事实也昭示：武后欲要称尊天下，大不必与太子直面相争或铤而走险，只要武后自己下定决心，即使是儿皇帝本尊立于朝廷，又将之若何？这从之后的中、睿二宗的经验中，不难找到答案。

虽然不能确定李弘太子直接死于武后之手，但导致太子壮年而崩的原因，武后当然难脱干系。特别是当高宗由于身体问题已决意交班的这段有限的时间里（当然高宗的寿命，其实并没有他自己想象的那么快终结），太子应时而崩，不得不让人臆想联翩。由此也让我们真切地感受到两宫角力暗斗的惊心动魄和武后淫威的摧凌之甚。太子是不是正常死亡？这个问题可能不仅仅是让今天的我们感到困惑的问题，而且应该也是让当时的朝野，甚至东宫近侍感到费尽思量的问题。而事实的真相，甚至是身为太子属僚的阎庄、石纲们也未必亲履实境。宫闱秘事，历来细节难详。但阎庄当然有他自己的想象、判断和执念，或者说是自以为掌握了真相，所以，他对太子之死，是充满愤怒和怨忿的，可以肯定的是这愤怒绝不仅仅直接来自太子猝死，而且还来自漫长的两宫角斗和这角斗中东宫僚属特别是原本就多病的太子所受到的势力打压与精神摧折。另外，太子的猝死，对于东宫色彩极浓的阎庄来说，当然还意味着仕途的终结。[1] 阎庄殉死，当然是一种态度，而这种态度也深刻地影响了东宫僚属，石纲之后的身世遭遇多多少少是亦循其例的。

还有，这个时期高宗游移反复的态度也是加剧两宫关系紧张的重要原因，他一方面对东宫执政能力倾力培养，以确保李唐鼎祚脉得嫡传；另一方面又因风疾日甚，而在日常处理朝廷事务上尽依武后明智。虽然时有廷臣告诫他防抑后宫势力的坐大，但他似乎对此只是偶有上心。[2] 毕竟在过往的历朝中，后宫坐大干政虽然不时有之，但真正实际夺鼎的先例，只在八百年前的西汉初期上演过一次，而且吕氏并没有成功。至于现实中后宫势力坐大干政的可能他当然有所顾忌，但要说到武后其时就图谋鼎祚，高宗应该是不会太过笃信的。毕竟则天称帝在中国两千多年的帝国史上，不仅是首开其例和而且是绝无仅有的。虽然在永淳季，高宗似乎感触到了李唐鼎祚向武氏后权的倾斜，[3] 但他还是在最后的遗诏中，坚定地属意武后辅政，即为其证。[4] 正相反，自李唐上溯至魏晋禅代，殆历四百年，华夏南北两厢，代代相因，皆强臣勋贵集团编导的禅代大戏，这才是李唐皇室真正的心病所在。说白了，对于高宗来

---

[1] 张清文：《陕师大藏唐阎庄墓志再考》，《唐史论丛》第二十七辑，第271页。
[2] "上苦风眩甚，议使天后摄知国政。中书侍郎同三品郝处俊曰：'天子理外，后理内，天之道也。昔魏文帝著令，虽有幼主，不许皇后临朝，所以杜祸乱之萌也。陛下奈何以高祖、太宗之天下，不传之子孙而委之天后乎！'中书侍郎昌乐李义琰曰：'处俊之言至忠，陛下宜听之。'上乃止。"参见（宋）司马光：《资治通鉴》卷二〇二唐高宗上元二年（675）条，第6491页。
[3] 《旧唐书·高宗纪》载：（永淳元年二月）"立皇孙重照为皇太孙，并欲开府置僚属。"即为其证。
[4] 赵文润在《论武则天临朝称制的几个问题》一文中说："高宗遗诏是出自本人意思，还是来自武则天或裴炎等人伪造？从内容看应是前者。应该承认，它是信史。"见《汉唐历史文化丛稿》，陕西师范大学出版社，2019年，第196页。

说，其内心深处真正要防抑的对象，或许本就不是后宫势力，而恰恰是类于长孙无忌、褚遂良之属的前朝关陇勋贵集团。很明显，李唐和以往的僭代诸朝一样，在利用强臣打下天下，立稳鼎基之后，对强臣的防抑就同时启动了。如此，我们再回头反观永徽末年的易后事件，为什么高宗要废掉王皇后和故太子李忠？为什么长孙无忌、褚遂良等会不惜身家性命地加以阻挠？两《唐书》给出的是表面理由，而究其实质则是高宗已暗自决心，要铲除累朝附着在帝脉上伺机而动的关陇勋贵集团。王后者，乃魏周名臣王思政之玄孙。王思政虽然本非出于关陇，后又被俘于北齐，但其在魏周换鼎之际，已完全完成了融入关陇核心集团的过程。① 可以说，永徽废王是高宗和李唐皇室向关陇勋贵集团打响的第一枪，在武后的帮助下，高宗又顺藤铲除了连及自己母族在内的关陇残余，免除了强臣僭代的危险。从政治制度史的角度看，魏周隋唐际的关陇集团之形态，颇似东晋门阀政治的北方转胎，然于李唐，高武之后，被刮胎一净。② 武后行事刚狠又快意恩仇，反使高宗赚得宽忍厚善之名，高宗其实是揣着明白装糊涂，而武后不过就是"宽仁"的高宗手里的一把借刀而已。如此看来，关于高宗的智商和真面，史载的片面与误导真是显而易见的。③ 试想一下，如若不是武后介入，朝廷大权岂不是尽入长孙集团之手，这时高宗及其子嗣岂不又成了功臣集团任意驱使的玩偶，这可能才是高宗最不愿意接受的局面。则天皇帝身后史臣对于这段历史的叙述，充满了男尊女卑的道德诛伐。武后后来的行事，更被断为早怀异谋，而长孙以舅氏之亲，则被描述成彻头彻尾的道德忠臣。当然，无忌以未反之身被杀，殊为大冤。但殷鉴不远，周隋交季杨坚以家翁之尊，窃周鼎诛周室，痛快淋漓，其亲情又何以信托。

综上所述，恰恰是高宗在两宫之间的这种平衡心态，客观上让东宫与后宫都难免

---

① 《周书·王思政传》载："时魏孝武在藩，素闻其名，颇军还，乃引为宾客，遇之甚厚。及登大位，委以心膂，迁安东将军。预定策功，封祁县侯。俄而齐神武潜有异图，帝以思政可任大事，拜中军大将军、大都督，总宿卫兵……及齐神武兵至河北，帝乃西迁。进爵太原郡公。"可见，孝武对王思政的倚重、信任和不吝提拔。孝武入关不久即被宇文泰鸩杀，南阳王元宝炬即位，改元大统，是为西魏之始。《王思政传》又载："大统之后，思政虽被任委，自以非相府之旧，每不自安。太祖曾在同州，与群公宴集，出锦罽及杂绫绢数段，命诸将樗蒱取之。物既尽，太祖又解所服金带，令诸人遍掷，曰：'先得卢者，即与之。'群公遍掷，莫有得者。次至思政，乃敛容跪坐而自誓曰：'王思政羁旅归朝，蒙宰相国士之遇，方愿尽心效命，上报知己。若此诚有实，令宰相赐知者，愿掷即为卢；若内怀不尽，神灵亦当明之，使不作也，便当杀身以谢所奉。'辞气慷慨，一坐尽惊。即拔所佩刀，横于膝上，揽搏蒱，拊髀掷之。比太祖止之，已掷为卢矣。徐乃拜而受。自此之后，太祖期寄更深。"可见，经此一节，王思政顺利地由帝党心膂而易身为相府知心，融身于关陇勋贵集团。见《周书》卷一八《王思政传》，北京：中华书局，2003年，第293页。

② 高武与长孙之间的矛盾，看似发于立后立场，其背后真实的动因则是皇权与隐形的关陇僭代势力的不两立。宇文僭代西魏孕育二纪，杨隋替祚周后周亦养胎二十四年，李唐自己代养晦三十八祀，自高祖开国至高宗永徽末季，以长孙无忌为代表的关陇勋贵集团亦蓄势三十八年。这种连代相因的关陇势力发育和由此而产生的周期性并发症，才是高宗心中隐秘的真正心病，而长孙无忌正是关陇集团的嫡出。可以说，即使长孙集团同意立武，他们最终也不会免于被剿灭被削夺的命运，否则哪来李唐三百年。

③ 黄永年在其《说永徽六年废立皇后事真相》一文中先发其论，大识发覆，见《黄永年学术经典文集》，第118页。近年，史界对李唐高武朝事多有检讨，其中又以孟宪实先生卓见丰硕，令笔者深受教益和启发。

产生联想和歧念,从而更加剧了两宫的矛盾,造成了两宫势力的剧烈角逐和精神的残酷倾轧。石纲也因为助推了东宫政声的崛起和对太子的矢志笃忠,而为自己罩上了挥之不去的东宫色彩,从而定型了其一生的宿命。

小　　结

　　志载:"仪凤元年,敕公恭陵留守。四年,迁云麾将军,仍行旧任。金章吐耀,玉牒飞名。方媲寿于灵椿,岂齐曛于细柳。而昔陪师旷,已观宾帝之期;今蹑浮丘,奄从随仙之驾。"

　　上元二年(675)四月,太子李弘崩于东都,八月以帝礼葬恭陵,谥曰孝敬。次年即仪凤元年(676),石纲被委以恭陵留守。显然,如此处置一是成全他忠于故主的意愿;二是恭陵虽地处神都京畿之地,形制拟于帝制,但于其时朝政则为清凉悬隔之所,将石纲职守固定在神都之外的恭陵官舍,当然有避免扰动朝野人心之意。从之后石纲病重,"恩敕许入都医疗"的载述看,其若离开恭陵职守,前往神都,确然不是一件随意而为的事情,"恭陵留守"颇有幽闭意味。由此可见,后宫对于东宫属僚的提防之慎,而东宫僚属对太子之死的看法和对后宫的抵触亦可见一斑了。仪凤四年(679),石纲晋阶云麾将军,从三品武号将军。石纲获得此爵,当在六月改元调露之前。石纲在故太子崩后四年,能够进位三品散节云麾将军,原因大致有三:一是石纲虽然笃忠故主,但与后宫关系相对平稳。太子死后虽然被当朝弃置不用,但没有发生激烈的磕碰;二是反映出武后在对故太子属僚一段时间观察之后,予以安抚处置,展现了武后相对宽容的态度;三是武后欲以对石纲相对优崇的安置,来争取朝中蕃将势力的拥戴,这一点相当重要。在其后的武后执政与替鼎的时间里,基本沿袭了唐初对蕃将的优崇风习,甚至还有过之。如:在其上位问题上,她就十分看重蕃将的态度。这也从另一个角度反映出,这一时期的蕃将阶层,已从高祖、太宗两朝的以诸蕃为子弟的政治胸襟的显示符号和以夷制夷的偏军力量,转而凝结成为一股不能低估的朝廷势力。可以说,这个时期李唐朝廷和民间的蕃将蕃人的数量和地位都较以前有了更多的增量和提高,它不仅重组了李唐朝廷的组阁的民族成分,也悄悄地、不可回转地改变着整个帝国的民族组成比例的土壤,这当然为李唐乃至于中国和东西亚其后的历史变革积淀下不可更改的现实境况。

　　调露元年,遘疾。恩敕许入都医疗。以九月廿六日儵焉大渐,薨于恭陵官舍,春秋七十六。恩敕赠物六十段。恩令赠册段赗物一百段,粟一百石。敕使吊祭,礼也。敕令所司造灵輤,家口给传乘发遣。……夫人义章县君渤海縰氏,氏宇文朝交州刺史、司冶太监、南皮公黑之孙女。……第二子中大夫、行太州下邽县令纯臣。……粤以大周圣历二年岁次乙亥十月壬午朔廿八日乙酉，祔葬于鸿州庆山县步昌原之旧茔，礼也。

仪凤四年（679），石纲被朝廷授以云麾将军，以表彰他对李唐的笃忠无改，而这时他已经是一位年近杖朝之年的老人了。同年改元调露元年（679），其年九月石纲即病逝于恭陵官舍，走完了他笃忠李唐又扈从东宫阴阳两界的一生。五年后，即光宅元年（684）乾坤反转，武后登基。二十年后，即大周圣历二年（699），石纲夫人猴氏谢世，其二子太州下邽县令石纯臣合葬父母于鸿州庆山县步昌原之祖茔，其所在现今西

唐故云麾将军行太子左司御率河南石府君墓志铭

安临潼新丰一带。① 这块墓志即撰于则天皇帝圣历二年，可以料想其叙事书法当从时势。这可能也是我们可以在志载中品读出石纲对于太宗朝笃忠不遇的怨怼，却扑捉不到对武后铁腕凌逼的不满之原因了。所以，我们更期待石纲调露元年病逝入葬时的墓志现世，它或许会为我们提供更为丰富的历史信息，为解开氤氲在李唐历史上空的谜团提供新的路径。

A Textual Research of Newly Discovered *Epitaph of Shi Gang* of the Tang Dynasty

Wang Shuqin

Higher Education Committee of Shaanxi Calligraphers Association

Abstract: The newly discovered epitaph of Shi Gang of the Tang Dynasty is huge and beautifully engraved, which is a fine epitaph of the early Tang Dynasty unearthed in recent years. Although Shi Gang, the owner of the epitaph, has no biographies or records found in *The Old Tang Book* and *The New Tang Book* or other history books, his life stories provide information for the important events of the Tang Dynasty. Since the beginning of his career, he served Li Shimin the prince then. In the reign of Gaozong Emperor of the Tang Dynasty, he served as the guard of the crown prince Li Hong and got promoted several times. During the crown prince's trial of reign, he was assigned to supervise the horses administration in the northwest territories. Therefore, his epitaph is related to the Shi family of Xianbei people, the Incident at Xuanwu Gate, the horse administration in the early Tang Dynasty and the relationship between the crown prince and the imperial harem, which released some delicate and fresh information for further interpretation of the history of the Tang Dynasty.

Key words: Shi Gang, epitaph, Shi Family of the Zhaowu period, the Incident at Xuanwu Gate, Horse administration in the Tang Dynasty, the relationship between the crown prince and the imperial harem

---

① 鸿州，唐天授二年（691）置鸿州，大足元年（701）废鸿州入雍州，治渭南县，领渭南、庆山、高陵、栎阳、鸿门五县。

唐代小说家张固夫妻墓志辑考

张 驰

（长安金石学社）

摘 要：张固，晚唐小说家、诗人，两《唐书》无传，生平不详。今据张固夫妻墓志，可详窥其家世、姻亲及生平仕宦等相关信息。同时，《张固墓志》中记载的长庆元年、会昌五年两起科场案，进奏院为出镇观察使准备"饰装之费"以及宦官监军使专权等诸多历史细节，亦对晚唐时期相关问题之研究，有所裨益。

关键词：唐；张固墓志；薛廷辉墓志

张固及夫人薛廷辉墓志，出土时地不详。《张固墓志》（下文简称《志》）拓本纵68厘米，横68厘米，35行，楷书，无界格（图1）。《薛廷辉墓志》拓本纵74.5厘米，横74.5厘米，34行，楷书，无界格（图2）。兹据拓本迻录标点并略做考释。

一、墓志录文

《唐前桂管都防御观察处置等使正议大夫使持节都督桂州诸军事守桂州刺史兼御史中丞上柱国赐紫金鱼袋赠尚书刑部侍郎常山张公墓志铭》

中大夫行中书舍人上柱国杜审权撰

呜呼！积仁洁行，渊学炳文，而寿不称乎德，位不极其量者，前修所叹，张公乃其人耶。

公讳固，字兼人，其先赵人。景王耳，汉封之于常山，厥后勋贤焊耀，不绝于世。曾王父司门员外郎、赠国子司业，讳文成。王父扬州天长令、赠睦州刺史，讳不忒。显考工部侍郎、史馆修撰、赠太保，谥宪公，讳荐。公即宪公之第四子也。清标雅度，冲退精深，视世利等浮云也。始以器业词藻取重于乡里间。长庆中,钱公徽司贡籍,大获髦彦,公时居甲科。会幸臣以所托不谐,诬奏以快私忿。公由是既得而失,我何病焉。遂更名,从尚书丁公公著之辟于浙东,授试太子正字。岁满,换协律,从萧相国之召于冯翊。去府就调,判入高等,又为不见知者裾之于中书,既而补伊阙尉。丁公廉问浙右,复请公为观察支使,得试评事,转监察御史里行。职罢未几,又赴清河崔公郾之召,充鄂岳团练判官,转殿中。府移于润,复署前职。公浸道自处,不汲汲于进取,用是蟠屈逾年。方司议东朝,俄充修撰于集贤殿,遗编坠简,咸用刊缉。拜侍御史,心不吐茹,风望甚高。迁司驾外郎,改金部郎中。国朝悬经史科以励学术,而趋试者或挟权贵以倖进,主司莫敢摅其艺实,策名者岁以十辈。公受命考核,得精苦之士三人,升于有司,豪势私谒皆拒而不录。历职方、右司郎中,京兆少尹,刺蕲、晋二州,俭静以律己,端严以束吏。流庸自占,刑政交修。虽古之号善理者无以加于公也。平阳之民偃辙拥道,懼公之去。上命就加金紫以旌焉。是时,朝廷方虑狱犴之冤抑,凡掌刑法之任者得与侍从谏诤之臣,更对于紫宸殿。公由是入膺廷尉之选,哀敬平允,罹法者无所恨焉。擢拜左谏议大夫,公外和内劲,心不阿避。是时,宦官之护边军者,专杀郡守,时论冤之。公率同列,伏阁以请,章疏悃迫,有诏嘉允焉。上以公秉操贞廉,可杖以守方之任,遂命条察于桂。将行,其邸吏例以钱七十万为饰装之费,公至府,尽以己俸酬之。均赋徭以泰孤茕,开庠序以导遐俗,未周月而利泽被于峤南。及受代归京师,朝论咸谓公当处显剧以信陟明之典。不幸遘疾,薨于亲仁里之私第,时大中十年八月十八日也,享年六十六。宸衷震悼,一不视朝。赠刑部侍郎,盖用以将命公之秩为饰终之缛礼也。以其年十月十五日葬于万年县少陵原,祔先茔之侧。公自黄绶至紫绶,三纪有余。禄廪所得,颁于亲爱。不华车服,不备姬媵。《书》所谓"克勤于邦,克俭于家"者,公其有焉。公之述作、词赋、笺表溢于缣缃,著《大唐君臣法言》,王道之纪纲备矣;著《相由》,岩廊之主表详矣。咸禅赞教化,扶树雅正,真所谓文质彬彬者也。夫人云安郡君河东薛氏,名族懿范,推重宗亲。有子曰诞,举进士,文行称于辈流。一女未笄。诞以审权尝陪公于宾府之末,辱眷为厚,泣请为志,不得而辞。铭曰:

懿兼人,顾且温。焯道义,癖艺文。信朋执,华友昆。贯终始,冈淄磷。通金闺,誉芳芬。处铃阁,政慈均。长理寺,冤者伸。首谏曹,以直闻。帝曰咨,桂之民。匪邦彦,孰煦驯。公受命,驶舟轮。锄暴猾,剂威恩。化恬安,声海垠。旋京国,历乃臻。嗟二竖,歼名臣。赠秋官,宠由存。耿来世,勒贞珉。勿坏隳,贤侯坟。

图1 《张固墓志》拓本

《唐故桂管观察使张中丞夫人云安郡君薛氏墓志铭并序》

堂弟将仕郎守左拾遗廷杰撰

河东薛氏自后魏散骑常侍并州刺史昭瑚侯分五房后，夫人为第三房，礼乐袭远，厥慎姻好。曾王父讳謇，謇历官咸宁郡长史，阶泪朝散。大王父讳脾，皇将作监丞，洁晦守素，当时之所企仰。烈考讳存介，将作府君之长子，备于孝慈，恬志自适，以五言诗行于家，终监察里行，佐廊坊观察为判官，夫人即监察府君长女。皇妣博陵崔夫人，外王父轼终太子左谕德。夫人讳廷辉，天与孝婉明智，在家为群姊妹之所慕效，晨昏左右，承顺旨意。监察府君尝聚祗席之宴，指夫人而戏曰"此女当为百口之长"，言其年虽幼而管束周干，若长成人者。俄丁先夫人丧，哀恸过礼，旁感亲戚。终制，复罹监察府君衅毒，号绝而苏，哀音感神，与长兄幼妹衔痛归于季父卫尉公,公悲抚慰勉,一以礼喻。夫人亦遵承教令,尽犹子礼,卒制。年笄,慎择所对,亲友共以常山张公既德而名,遂以归焉。夫人敬事姑长,和听所天。始来于张,职官犹卑,家给犹虚,夫人俭以葺理,至于张公显位朝行,分符岳牧,洎谏垣清大,廉问崇贵,衣朱垂金,长幼和厚,男聪女惠,家道充肥,皆夫人孜孜谋构,克已思远之力也。张中丞为南宫郎,夫人封邑河东,累封邑云安。每南至元正,朝谒光顺,列刺、宰相、大臣、国夫人、郡夫人之叙,妇之贵盛,罕与伦比。噫!天必助顺,俾夫人惠明济整,上上下下,咸蒙其庥。唯所恨痛,手足蚤世,窦氏裴氏女弟,皆茂年相次而殁。每泣语长兄故鄂州监察廷章,曰:"唯某与兄为形影矣,愿以保养为念。"俄又监察遘变,夫人茹悲毒而抚孤姪,尽丧礼而躬窆事,事毕得气疢,浸不能瘳。前岁张府君薨,夫人昼哭冤愬,抚育子女,每以苟过,邻于未亡。过张府君大事,因得沉瘵,羸体不胜于床,溢米不咽于喉。然犹忍疾视家,俄及大变。于戏!夫人终始礼备矣。以大中十二年正月廿九日,终于亲仁里私第,享年五十三。男诞,恭厚词清,动不越礼,雅绍先人之旨趣,必用光大,况盛德之嗣乎。女子二人,长曰阿登,方笄而殁;次曰明儿,女德柔闲,当享厥配。诞号起而诉曰:"今兹岁,阴阳通,用宜合祔葬于先君茔。"以其年八月二日,事在万年县少陵原从先茔之侧,礼也。张府君之行德、官次书于前志,略而不备。廷杰尝奉慈旨,况备淑行,衔哀叙述,悲而不文,铭曰:

冠懿美兮淑德彰彰,成妇道兮女婉男良,雉服于荣焯兮齿鱼轩之有光,世如烛兮昏旦难量,芳亦歇兮春秋以常,祔幽宅兮安于故乡,祉胤嗣兮期乎永昌。

大中十二年七月十五日,侄朝议郎前河南府阳翟县令上柱国赐绯鱼袋张谦书。

二、张固及薛廷辉家世

张固其人,唐史无传。张鸣凤《桂故》卷三云:"张固亦桂管观察使,大中间以重阳节宴于东观,观在今七星山,从事卢顺之即席赠固以诗,固亦有和章。独秀山亦有固咏。所著有《幽闲鼓吹》《唐史遗事》。《通考》云:'固,懿僖间人。'"据《志》可知,张固出身唐代文学世家常山张氏,其家族世代冠冕相继,辈出博洽多闻、长于著述之人。曾祖张鷟,字文成,以文章擅名,时号"青钱学士",终官至司门员外郎,有《朝野佥载》《龙筋凤髓判》《游仙窟》等著作传世。祖张不贰,扬州天长令、赠睦州刺史,史未及载。父张荐,两《唐书》有传,有文集三十卷,并有《史遁先生传》《五服图》《十祖赞》《宰辅传略》《灵怪集》《同僚籍》《江左寓居录》等数十编皆散佚。伯父张著,生平散见于史,撰《翰林盛事》一卷。据颜真卿《湖州乌程县杼山妙喜寺碑》,知

图2 《薛廷辉墓志》拓本

张著兄弟四人,碑云:"右卫兵曹张著,兄荟,弟荐、蒍"。张荟、张蒍二人,生平不详。张固兄张又新,著《煎茶水记》一卷传世。从兄张敦素,著《建元历》二卷、《夷坚录》三卷皆佚。张固侄张读,有《宣室志》十卷传世。而张固本人亦擅诗能文,志云:"公之述作、词赋、笺表溢于缣缃,著《大唐君臣法言》,王道之纪纲备矣;著《相由》,岩廊之圭表详矣。"这两部著作惜皆未有流传,而见于世者仅《幽闲鼓吹》一卷及《重阳宴东观山亭和从事卢顺之》《独秀山》诗两首。

张固兄弟,据权德舆《张荐墓志》①知有敦靖、敦简、敦业、敦谦、敦绍五人,敦简之名见于大和四年(830)《张熙真墓志》云:"贞元末,祸集私室,长兄以家事托之。""食必均乎夤暮,卒使诸弟就壅业,又新再忝科选,二季各膺名第。"撰文者张又新为熙真弟,书者张敦简为熙真兄。据此可知两点:一、贞元末,长兄敦靖去世后,

---

① 权德舆撰,郭广伟校点:《权德舆诗文集》,上海:上海古籍出版社,2009年,第337—339页。

将家事托付于熙真，他们兄妹四人的排行为：敦靖、敦简、熙真、又新。二、又新以下还有季弟二人，结合《张荐墓志》中敦靖兄弟的排名，可知又新以下二人为敦谦、敦绍，排比则知又新为敦业无疑。龙纪元年（889）《张读墓志》云："父希复，皇河南府士曹，集贤校理，累赠礼部尚书。……仲父又新，标致亦峻。"以此知张希复大弟为张又新，则可确定张敦简与张希复为同一人。据《张固墓志》知固乃张荐第四子，则张固与敦谦为同一人。张敦绍之名，见于宝历元年（825）《张敦素墓志》，①张敦素为张著之子，志云敦绍为敦素的从父季弟，知敦绍为张荐幼子无疑。综上，张荐五子一女的排行为：敦靖、敦简（希复）、熙真、敦业（又新）、敦谦（固）、敦绍。陈尚君先生《〈宣室志〉作者张读墓志考》一文中，关于张荐子嗣的考证，值得商榷。②

张固的母亲，《张固墓志》阙载。《张荐墓志》云："初娶太原邬氏，某官之女也。继室安平郡陈氏，某官某之女。"而《张熙真墓志》则记载颇详，云："外族颖川陈氏，有陈淮阳王岘之后。高祖讳崇业，皇御史大夫。祖讳宁，庐州别驾。"据此可知，张熙真及其以下兄弟，包括张固都是陈氏所出无疑。至于长兄敦靖及仲兄敦简（希复），是邬氏还是陈氏出，遽难定论。张固的子嗣，据《张固墓志》《薛廷辉墓志》知有一子张诞，二女："长女阿登，方笄而殁。次女明儿，女德柔闲，当享厥配。"又据咸通三年（862）《张询墓志》，③知严都妻张询当为张固次女明儿。值得一提的是，《薛廷辉墓志》书者张谦，不见史载，乃张固之侄，与张读同辈，然不知是谁之子，待以后有新材料予以补苴。

迄今所见张固家族墓志，除了《张荐墓志》《张敦素墓志》《张熙真墓志》《张询墓志》《张读墓志》外，还有大中四年（850）《张纁墓志》，④会昌四年（844）《张阿箱墓志》，⑤今就这些墓志结合传世文献，试列张固家族六代世系如下：

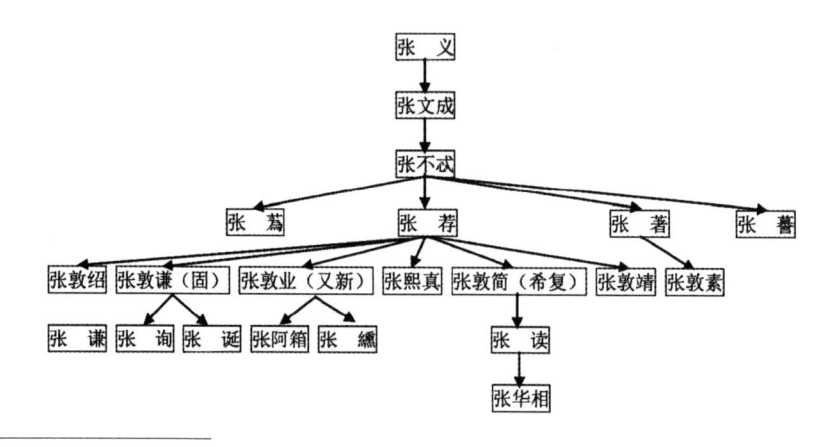

```
                        张义
                         │
                       张文成
                         │
                       张不伐
         ┌───────┬──────┴──────┬───────┐
        张为    张荐          张著    张薔
    ┌────┬────┬────┬────┬────┐    │
   张敦绍 张敦谦(固) 张敦业(又新) 张熙真 张敦简(希复) 张敦靖 张敦素
         ┌──┬──┬──┬──┐              │
        张谦 张询 张诞 张阿箱 张纁       张读
                                        │
                                      张华相
```

---

① 陈建贡：《跋唐〈张敦素墓志〉》，《金石研究》2023（5），第64—67页。
② 陈尚君：《〈宣室志〉作者张读墓志考》，《岭南学报》2017（7），第83页。
③ 仰澍斋藏拓。
④ 刘文、杜镇：《陕西新见唐朝墓志》，西安：三秦出版社，2022年，第403页。
⑤ 李浩：《榆阳区古代碑刻艺术博物馆藏志》，北京：中华书局，2024年，第246—247页。

薛廷辉出身河东薛氏西祖一脉，其先祖为薛谨，谨生五子，洪祚、洪隆、瑚、昂、积善，号"五房"，薛瑚即第三房始祖。志言："河东薛氏自后魏散骑常侍并州刺史昭瑚侯分五房后。"此说紊乱有误，其所言后魏散骑常侍并州刺史应指薛谨祖薛强，且自薛谨始分五房。薛瑚（湖），《北史》有传。①据《新唐书·宰相世系表》，薛瑚至薛謇世系为：薛瑚—薛芳—薛蕃—薛处道—薛德闻—薛怀让—薛謇。②《表》中薛謇以下世系，只载左拾遗薛胜及其子嗣，而薛廷辉祖将作监薛胈，父廊坊观察判官、监察御史里行薛存介，均不见载，此可补《表》之阙。又《表》中有薛廷章，与薛存介子鄂州监察薛廷章同名，应为一人，然被置于薛存诚之下，有误，可据而改之。值得一提的是，薛謇次子薛胜一系，中晚唐时期，闻人辈出。如薛存诚，两《唐书》有传，以直言敢谏，耿直守正，声播朝野，为唐名臣。而薛廷范、薛廷望、薛廷老、薛廷杰、薛贻矩、薛保逊、薛正表、薛昭纬等人亦见诸史载。薛存介夫妇去世后，薛廷辉与兄廷章被季父卫尉公收养，此卫尉公即薛胜之子薛存规。薛存规不见史传，只载于《表》，其子薛廷杰以上疏进谏宣宗往罗浮山迎轩辕先生一事而见于史。又据薛廷范撰《薛廷淑墓志》，③大中二年（848）高璩撰韦承素妻《薛夫人墓志》，④可知薛存诚有女薛廷淑及薛氏二人。综上，列薛廷辉家族五代世系如下：

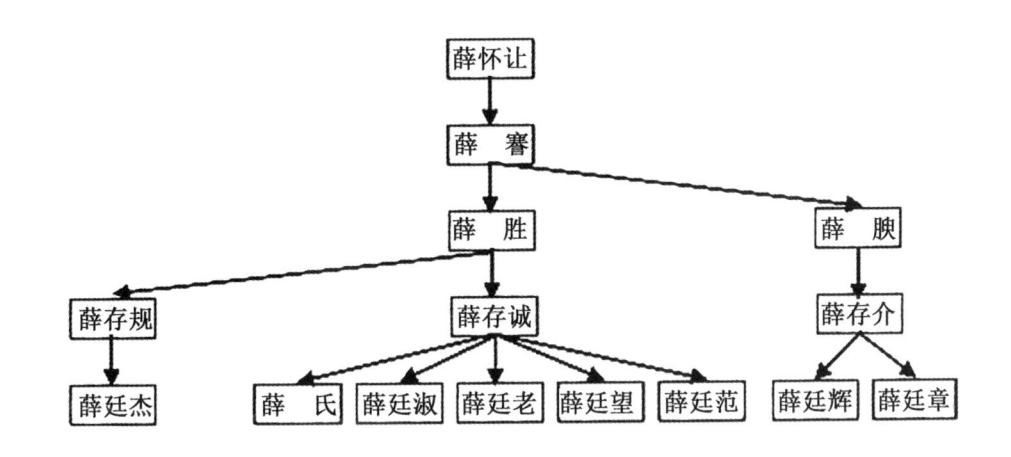

三、张固暨薛廷辉年表

张固卒于大中十年（856），春秋六十六，则其生于德宗贞元七年（791）。薛廷辉卒于大中十二年（858），享年五十三，知其生于宪宗元和元年（806）。今结合《张固

---

① 《北史》，北京：中华书局，2013年，第1332页。
② 《新唐书》，北京：中华书局，2006年，第3001—3035页。
③ 仰澍斋藏拓。
④ 仰澍斋藏拓。

墓志》《薛廷辉墓志》，将二人生平行事列之于下。同时为讨论问题方便，一并附考其相关亲属信息。

1. 贞元三年（787）

张固姊张熙真出生。

按：《张熙真墓志》云："炼师以贞元丁卯岁八月廿四日，诞生于虢州开元寺。"检张固父张荐生平行迹，并未有在虢州任职的经历。贞元三年时，其在任太常博士。

2. 贞元七年（791）

张固出生。

3. 贞元廿年（804）

张固父张荐去世于出使吐蕃途中，张固年十四岁。

按：《张荐墓志》载："贞元甲申岁夏六月，出车国门，在途被病，秋七月戊寅，复左毂于青海之西。其孤敦简与军吏章骑，护輀车而东。明年春三月，至于京师。"

4. 元和元年（806）

张固夫人薛廷辉出生。

5. 元和九年（814）

张又新状头及第，知贡举为礼部侍郎韦贯之。《煎茶水记》云："元和九年春，予初成名，与同年生期于荐福寺，余与李德垂先至憩西厢玄鉴室。"

6. 长庆元年（821）

张固时年三十一岁，参加进士考登科，旋又落第。同年，张固与薛廷辉成婚。

按：《志》云："长庆中，钱公徽司贡籍，大获髦彦，公时居甲科。会幸臣以所托不谐，诬奏以快私忿。公由是既得而失，我何病焉。"钱徽知贡举是在长庆元年，张固高中甲科即在此年。然此次科考，因段文昌、李绅等请托未成，诬奏钱徽贡举非人，而酿成大案。穆宗乃敕诏中书舍人王起、主客郎中知制诰白居易重试。钱徽所取进士十四人中，郑朗等十人并落下，张固亦应在此列，可补《登科记考》之阙。关于这次科场纷争，史有详载。

薛廷辉年十五，《薛廷辉墓志》云："年笄，慎择所对，亲友共以常山张公既德而名，遂以归焉。"

7. 长庆元年（821）——长庆三年（823）

张固入丁公著浙东幕。

按：《志》云："遂更名，从尚书丁公公著之辟于浙东，授试太子正字。"据《唐方镇年表》，长庆元年至三年，丁公著镇浙东。张固因科场案落第，遂由敦谦改名固，并投浙东丁公著幕下，被授试官太子正字（秩从九品上）。考虑到其初入仕途，应担任节度巡官一职。丁公著与钱徽皆吴郡人，二人同朝为官，张固为丁公著征辟，或出于钱徽举荐。

8. 长庆三年（823）——宝历二年（826）

张固入萧俛冯翊幕。

按：《志》云："岁满，换协律，从萧相国之召于冯翊。"长庆二年至宝历二年，萧俛为同州刺史。《旧唐书》载：长庆二年"三月，改太子少保，寻授同州刺史。宝历二年，复以少保分司东都"。[①] 丁公著浙东府罢后，张固又为同州刺史萧俛征辟，并授试官太常寺协律郎（秩正八品上），以此官品来判断，其在同州幕府应任推官一职。而张固为萧俛征召，或也是钱徽所荐。元和十一年（816），因高霞寓战败，朝廷讨论是否继续诛讨吴元济，朝臣多言罢兵赦罪，而翰林学士钱徽、萧俛语尤切。于此可窥见钱徽、萧俛政治立场相同，二人又同在翰林院，彼此熟知自不待言。

宝历元年（825），张敦素终于华原县之里舍，张敦绍撰写志文。

9. 宝历二年（826）——大和三年（829）

张固离开萧俛幕，参加吏部铨选，后补河南伊阙尉。

按：《志》云："去府就调，判入高等，又为不见知者攘之于中书，既而补伊阙尉。"萧俛同州府罢后，"格限已至"的张固参加吏部举行的常调铨选，就吏部试，试判合格而"判入高等"，然送名中书除授官时，被人攘夺，不久又补官伊阙尉。伊阙乃畿县，县尉秩正九品下。关于张固"为不见知者攘之于中书"一事的起因，或与其兄张又新有关。张又新为李逢吉之党"八关十六子"之一，李逢吉在朝中屡行党同伐异之举，诬陷阻挠裴度入朝，为敬宗疏远，并于宝历二年十一月，出为襄州刺史，充山南东道节度使，张又新亦追随入幕。故在彼时党争炽盛的朝局大环境下，张固受到张又新的牵连，实在情理之中。

大和元年（827）四月，张又新由山南东道行军司马贬汀州刺史。[②]

大和二年（828）六月，张又新女张纁出生于汀州。《张纁墓志》云："昭献□□□□之明年六月，诞生于长汀郡。"张又新于大和元年出贬，则志文中"昭献□□□□之明年"当指文宗御极后之第二年，即大和二年。

10. 大和三年（829）——大和六年（832）

张固入丁公著浙西幕。

按：《志》云："丁公廉问浙右，复请公为观察支使，得试评事，转监察御史里行。"据《唐方镇年表》，大和三年至六年，丁公著任浙西观察使。丁公著镇浙西，又延请张固入幕，任观察支使，先授试官大理评事（秩从八品下），后授宪衔监察御史里行（秩正八品下）。

大和四年，张固姊张熙真卒。《张熙真墓志》云："大和庚戌岁七月五日，委化

---

① 《旧唐书》，北京：中华书局，2007年，第4478页。
② 《旧唐书》，第526页。

于上都亲仁里，凡四十四年。"书志者张敦简（希复）署职官为左春坊太子典设郎。撰文者张又新署职官为宣武军节度行军司马检校司封郎中摄御史中丞。大中四年，宣武军节度使为李逢吉，知此时张又新已离开汀州，入逢吉宣武幕。在《张熙真墓志》中，张又新将自己从宝历二年入山南幕，大和元年贬汀州，大中四年入宣武幕之遭遇概括云："自又新佐戎两府，被罪南服。侍行不可，支离者五年。道途远艰，音耗不时。"

11. 大和六年（832）——大和九年（835）

张固入鄂岳崔郾幕。

按：《志》云："职罢未几，又赴清河崔公郾之召，充鄂岳团练判官，转殿中。"据《唐方镇年表》，大和六年至九年，崔郾为鄂岳观察使。丁公著浙西府罢后，张固又被鄂岳观察使崔郾延聘入幕，担任鄂岳团练判官，奏授宪衔殿中侍御史（秩从七品上）。

据《张读墓志》，大和七年（833），张希复子张读出生。

12. 大和九年（835）——开成元年（836）

张固追随崔郾由鄂岳转浙西幕。

按：《志》云："府移于润，复署前职。"据《唐方镇年表》，大和九年至开成元年，崔郾转浙西观察使。崔郾由鄂岳移镇浙西，张固亦随之就任，继续担任浙西观察判官，用以秩品的宪职应该还是殿中侍御史。

开成元年，张固女张询出生。《张询墓志》云："盖廿四年而嫁，又三岁岁壬午正月遘厉，十七日奄捐馆于京师亲仁里第。"志文撰于咸通三年，即张询卒岁壬午，则其出嫁严都是在大中十三年（859），张询时年24岁，可推知其生于开成元年。

13. 开成元年（836）——大中九年（855）

开成元年至大中九年，张固历官十一任，但志文中未详明每一任的具体时间，今以会昌五年科举重试案，张固任大理卿的时间及张固的卒年为基点，结合唐代的职官任期制度，试列此二十年间张固仕履如下。

1）开成元年（836）——开成四年（839）

入朝任太子司议郎充集贤殿修撰。

按：《志》云："方司议东朝，俄充修撰于集贤殿，遗编坠简，咸用刊缉。"张固出任太子司议郎（秩正六品上），很快又充任集贤殿修撰。集贤殿书院为朝廷修撰图书之署，院中有学士、直学士、侍读学士、修撰官。"掌刊辑经籍。凡图书遗逸、贤才隐滞，则承旨以求之。谋虑可施于时，著述可行于世者，考其学术以闻。"[①] 张固以正六品上的太子司议郎充任集贤殿修撰，按唐制，六品及以下官员任期一般为四年，则其充集贤殿修撰的时间在开成元年至四年。

---

① 《新唐书》，第1212页。

2）开成四年（839）——会昌二年（842）

拜侍御史。

按：《志》云："拜侍御史，心不吐茹，风望甚高。"侍御史，秩从六品下，掌"掌纠举百寮及入阁承诏，知推、弹、杂事"。① "不吐不茹"，典出《诗·大雅·烝民》，此即言张固为侍御史时，刚耿不阿，颇具声望。侍御史亦为六品官，以任期为四年算，则张固在任的时间是开成四年至会昌二年。

3）会昌二年（842）——会昌五年（845）

迁司驾外郎，改金部郎中。

按：司驾外郎，秩从六品上。金部郎中，秩从五品上。墓志行文在"金部郎中"后言："国朝悬经史科以励学术，而趋试者或挟权贵以倖进，主司莫敢搉其艺实，策名者岁以十辈。公受命考核，得精苦之士三人升于有司，豪势私谒皆拒而不录。"此指张固在金部郎中任内，被朝廷任命对制举"精通经史科"登第的十人进行核查，这次科考的时间，志文未载。据《郎官石柱题名》金部郎中条，张固在孙范后，陆绍前一人。② 孙范和陆绍任职金部郎中的时间，史亦不载。据《册府元龟》开成二年（837）七月庚午诏："己丑，遣侍御史崔虞、孙范，各往诸道巡覆蝗虫，并加宣慰。"③ 知在开成二年之后无疑，又据《唐方镇年表》，大中四年至大中六年（852），孙范在淄青节度使任。则孙范任金部郎中的时间，可框定在开成二年至大中四年间，张固在金部郎中时间亦更在此间。再检开成三年至大中四年间的科考记录，只有会昌五年的科考，进行了覆试。《旧唐书·武宗纪》载：会昌五年二月，"谏议大夫、权知礼部贡举陈商选士三十七人中第，物论以为请托，令翰林学士白敏中覆试，落张渎、李玗、薛忱、张觌、崔凛、王谌、刘伯刍等七人"。④ 此记载只言白敏中对进士科进行覆试，至于制科是否覆试，则史不及书。张固以金部郎中的身份，对制科进行覆试，可补史阙，亦说明此年的制科科目中有"精通经史科"。据《登科记考》，此年诸科中第五人，其中三人当为张固所得"精苦之士"。值得一提的是，据咸通五年（864）《吴筹墓志》，知吴筹亦是会昌五年进士中第，其志文对覆试一事亦有记载云："会昌五年登进士第，寻诏重试。正鹄愈直，虽郄广基之庭问，杜知礼之不宿，无以过也。释巾为江陵府参军。"⑤ 吴筹不见《登科记考》，可据补之。

会昌三年（843），张敦简（希复）在秘书省任职。段成式《寺塔记上》云："武宗癸亥三年夏，予与张君希复善继同官秘书，郑君符梦复连职仙署。会暇日，游大

---

① 《新唐书》，第1237页。
② 劳格、赵钺：《唐尚书省郎官石柱题名考》，北京：中华书局，2010年，第734页。
③ （宋）王钦若等：《册府元龟》，北京：中华书局，1960年，第1758页。
④ 《旧唐书》，第604页。
⑤ 仰澍斋藏拓。

兴善寺。"①

会昌三年十月廿八日，张又新第三女阿箱因疾殁于江州，彼时张又新在江州刺史任。会昌四年二月十九日，阿箱归葬于万年县少陵原。

据上文，开成四年至会昌二年张固在侍御史任，下文会昌五年至六年张固在职方郎中、右司郎中、京兆少尹任，则知其"迁司驾外郎，改金部郎中"是在会昌二年至五年。其先迁驾部员外郎，又改金部郎中，说明在驾部员外郎任没多久，就升任金部郎中。五品以上官员任期一般为三年，故其任驾部员外郎在会昌二年，金部郎中在会昌二年至会昌五年。

4）会昌五年（845）——会昌六年（846）

历任职方郎中，右司郎中，京兆少尹。

按：兵部职方郎中，秩从五品上。右司郎中为尚书右丞副贰，秩从五品上。京兆少尹，为京兆府佐官，掌贰府事，秩从四品下。

《薛廷辉墓志》云："张中丞为南宫郎，夫人封邑河东，累封邑云安，每南至元正，朝谒光顺，列刺、宰相、大臣、国夫人、郡夫人之叙，妇之贵盛，罕与伦比。"南宫郎即指在尚书省任郎官，志文未言薛廷辉何时封邑河东，何时累封至云安。据唐品官命妇封赠制度，四品官（散官并同职事）或勋官二品，可封母、妻郡君。三品以上，封母、妻郡夫人。若按张固所任职事官驾部员外郎、金部郎中、职方郎中、右司郎中，品秩皆在五品或五品以下，不合封赠条件。故薛廷辉受封当藉张固四品散官阶或勋官二品而获封，然具体散官或勋官不详。

据下文张固大中元年出任蕲州刺史，再结合上文会昌五年，其以金部郎中的身份覆试制科考试，则其任职方郎中、右司郎中、京兆少尹时间在会昌六年，即张固在一年中历此三职。这也能解释为什么在此三职后，志文中并没有对其任内的政绩进行褒扬。因一年三任，每一职任期太短，张固并不能有效施政，故乏善可陈。值得一提的是，会昌五年，李德裕以柳仲郢为京兆尹。会昌六年四月，李德裕罢相，柳仲郢随即出任郑州刺史，另一位京兆少尹薛元龟因乃德裕之党而贬崖州司户。再看张固由京兆少尹出为蕲州刺史之时间点，其职官变动受到李德裕牵连的可能性极大，据此亦可想见张固在朝中当得到了李德裕的赏识和重用。开成五年，李德裕拜相，而张固由侍御史迁司驾外郎，改金部郎中，历职方郎中，右司郎中，京兆少尹等京官皆在李德裕当政时期。

5）大中元年（847）——大中六年（852）

出任蕲州刺史、晋州刺史。

按：蕲州为上州，元和六年九月升，上州刺史秩从三品，晋州亦为上州。张固在

---

① 段成式撰，许逸民、许桁点校：《酉阳杂俎》，北京：中华书局，2018年，第495页。

二州刺史任内，政绩卓著，《志》云："俭静以律己，端严以束吏。流庸自占，刑政交修。虽古之号善理者无以加于公也。"尤其在晋州刺史任内，颇得民心。"平阳之民偃辙拥道，惧公之去。上命就加金紫以旌焉。"

据下文，大中七年张固在大理寺卿任，按唐代刺史一般三年任期的规定，倒推其任蕲州刺史在大中元年至三年，任晋州刺史在大中三年至六年。《唐刺史考全编》中，大中年间蕲州刺史阙载，而晋州刺史唯记王式一人，且具体时间不详。据《新唐书·王式传》："大中中，（王式）为晋州刺史。"① 则王式任晋州刺史当在大中六年之后。

6）大中六年（852）——大中七年（853）

任大理寺卿。

按：大理寺卿为大理寺长官，秩从三品。"掌折狱、详刑。"②《志》云："是时，朝廷方虑狱犴之冤抑，凡掌刑法之任者得与侍从谏诤之臣，更对于紫宸殿。公由是入膺廷尉之选，哀敬平允，罹法者无所恨焉。"

关于张固任大理卿的时间，据《唐九卿考》：大中二年为卢言，三年为裴俦，四年为刘濛，五年为温璋，六年为裴识，六年至九年为马曙。③ 而马曙任职的时间，则是依据《旧唐书·魏谟传》中魏谟在大理卿马曙案前后的职官来框定的。《旧唐书·魏谟传》载："加中书侍郎。大理卿马曙从人王庆告曙家藏兵甲，曙坐贬官，而庆无罪。谟引法律论之，竟杖杀庆。进阶银青光禄大夫，兼礼部尚书、监修国史。"④ 考《唐仆尚丞郎表》：大中六年十二月二十一壬午，魏谟迁中书侍郎，仍平章事判户部事。大中十年十月十八戊子，魏谟由中书侍郎兼礼部尚书，进阶银青。⑤《魏谟传》中，马曙被告发后，即贬官，则继任者为张固无疑。结合下文张固九年出桂管，倒推任左谏议大夫或在八年，则任大理卿的时间最有可能是大中七年。

大中六年（852），张读进士擢第，时年二十。

7）大中七年（853）——大中八年（854）

任左谏议大夫。

按：左谏议大夫，秩正四品下，隶门下省。"掌谏谕得失，侍从赞相。"⑥《志》云："擢拜左谏议大夫，公外和内劲，心不阿避。是时，宦官之护边军者，专杀郡守，时论冤之。公率同列，伏阁以请，章疏恺迫，有诏嘉允焉。"

《志》所云"宦官之护边军者"乃指唐代的监军宦官。宦官监军制度，始于玄宗

---

① 《新唐书》，第5119页。
② 《新唐书》，第1256页。
③ 郁贤皓，胡可先：《唐九卿考》，北京：中国社会科学出版社，2003年，第384—386页。
④ 《旧唐书》，第4570页。
⑤ 严耕望：《唐仆尚丞郎表》，北京：中华书局，1986年，第187—190页。
⑥ 《新唐书》，第1206页。

朝。《通典》卷二九载："开元二十年后，并以中官为之，谓之监军使。"然彼时只是临时派遣，并非常置。安史之乱爆发后，宦官监军开始固定化、制度化。为了进一步监视藩镇，钳制地方节度使，朝廷在地方设置监军院，监军位同节度，甚至有的节度使处处听命于监军使。如宪宗元和时"河东节度使严绶，在镇九年，军政补署一出监军李辅光，绶拱手而已"。① 德宗朝以后，牢牢掌控禁军军权的宦官在朝中的权力日趋膨胀，"万机之与夺任情，九重之废立由己"。② 尤其经历文宗大和九年"甘露之变"，阉寺左右朝政，操纵皇帝之威势愈盛，"自是天下事皆决于北司，宰相行文书而已。宦官气益盛，迫胁天子，下视宰相，陵暴朝士如草芥"。③ 在这种大的朝局情势之下，派往地方的监军宦官更是骄横不端，逾越监督军事之本职，纵下乱法，恣意插手地方军政、民政、财政等诸多事务。《旧唐书·魏谟传》载：文宗时，"荆南监军使吕令琮从人擅入江陵县，毁骂县令韩忠，观察使韦长申状与枢密使诉之。谟上疏曰：'伏以州县侵屈，只合上闻；中外关连，须存旧制。韦长任膺廉使，体合精详，公事都不奏闻，私情擅为逾越。况事无巨细，不可将迎。县令官业有乖，便宜理罪；监军职司侵越，即合闻天。或以虑烦圣听，何不但申门下？今则首紊常典，理合纠绳。伏望圣慈，速加惩戒！'"④ 而在边远藩镇，监军宦官更是凌驾于节度使之上，构陷、诬杀刺史、守将等现象层出不穷。如宪宗时，岭南监军许遂振诬陷节度使杨於陵，洪州监军高重昌诬奏信州刺史李位谋大逆，高崇文讨蜀监军使刘贞亮杀东川节度使李康；文宗大和四年贪财恃宠的监军使杨叔元煽动募卒作乱，杀害山南西道节度使李绛，等等。张固率同列伏阁上疏，即源于此政治背景。当然，张固能上疏言此，也与宣宗当时倚重宰臣，限制宦官专权有莫大的关系，所以张固此疏，宣宗"有诏嘉允焉"。而晚唐时期，宦官专权已成积重难返之态，并不会因张固等的一纸上疏而得到改善。在张固去世后的大中十二年，又发生了轰动朝野的盐州监军使杨玄价诬杀刺史刘皋之事。

14. 大中八年（854）——大中十年（856）

出镇桂管。

按：《志》云："上以公秉操贞廉，可杖以守方之任，遂命条察于桂。"吴廷燮《唐方镇年表》中，张固镇桂管的时间，在大中九年至十一年间。⑤《志》又云："及受代归京师，咸谓公当处显剧以信陟明之典。不幸遘疾，薨于亲仁里之私第，时大中十年八月十八日也"。据此可知，张固在桂州的时间在大中十年之前，至于出守的时间定在大中九年，不知所据何为。

---

① 司马光：《资治通鉴》，北京：中华书局，2011 年，第 2936 页。
② 《旧唐书》，第 4754 页。
③ 司马光：《资治通鉴》，第 3041 页。
④ 《旧唐书》，2007 年，第 4569 页。
⑤ 吴廷燮：《唐方镇年表》，北京：中华书局，1980 年，第 1106 页。

《志》云:"将行,其邸吏例以钱七十万为饰装之费。公至府,尽以己俸酬之。"张固将赴桂州上任,桂管本道邸吏即桂管驻京机构官员按照惯例,给张固七十万饰装之费,然张固到任之后,并未使用这笔"飞钱",而是用自己俸禄来安置家眷。进奏院作为地方藩镇与中央沟通的特殊管道,在晚唐时期,地位甚是重要。正如柳宗元《邠宁进奏院记》中云:"故领斯院者必获历闉阇登太清,仰万乘之威而通内外之事。"① 进奏院不仅是"朝觐为修容之地",也是"会计为交政之所",进奏院为地方长官在京师购买宅邸,资助地方官员在京子弟等事,皆见诸史端,然为出镇官员准备"饰装之费"一事,少有记载。《张固墓志》中的这段材料,可谓难得的记录。张固在桂管,任期虽短,然均赋繇,建学校,颇有政绩。《志》云:"均赋繇以泰孤煢,开庠序以导遐俗,未周月而利泽被于峤南。"在其政务之余,偕下属同僚游历桂州名山,如东观、独秀,并作《重阳宴东观山亭和从事卢顺之》《独秀山》二诗。值得一提的是,张固曾祖张鹥,开元二年(714)被贬岭南,后追敕移于近处,据莫休符《桂林风土记》云:"去思馆旧名青桂馆,前政吏部张侍郎鹥除替,饰装于此,遂改为去思馆。"知亦在桂林。

15. 大中十一年(857)

薛廷杰在右拾遗任。

按:《旧唐书·宣宗本纪》载:大中十一年九月,"右补阙陈嘏、左拾遗王谱、右拾遗薛廷杰上疏谏遣中使往罗浮山迎轩辕先生"。②

16. 大中十二年(858)

薛廷辉卒。

按:《薛廷辉墓志》云:"以大中十二年正月廿九日,终于亲仁里私第,享年五十三。男诞,恭厚词清,动不越礼,雅绍先人之旨趣,必用光大,况盛德之嗣乎。女子二人,长曰阿登,方笄而殁;次曰明儿,女德柔闲,当享厥配。"据前文知明儿即严都妻张询。《张询墓志》云:"丁先公先夫人忧,毁甚,中外姻俱勉以不灭性,强之以有行,盖廿四年而嫁,又三岁岁壬午正月遘厉,十七日奄捐馆于京师亲仁里第。"张固薨于大中十年八月,至大中十二年正月薛廷辉去世时,张询还在为父张固丁忧中。父母的接连离世,可想见对张询打击之深,志虽仅言"毁甚"二字,然张询悲苦之状毕现,读之恻然。按照正常的守制时间,张询还要继续为母守孝三年,而其身体状况已然无法再承受,故"中外姻俱勉以不灭性,强之以有行"。夺请让其出嫁。"有行"即"出适"之意,这一年张询二十四岁。张询卒于咸通三年,则其出嫁严都在大中十三年,即为母守孝一年之后。

---

① (清)董诰等:《全唐文》,上海:上海古籍出版社,2007年,第2596页。
② 《旧唐书》,第640页。

四、张固家族居葬地

张固卒于亲仁里私第，亲仁坊乃朱雀门街东第三街街东从北第七坊，万年县领。张固姊《张熙真墓志》、夫人《薛廷辉墓志》、女儿《张询墓志》及张又新女《张纁墓志》皆言亡于亲仁里，可见张固家族当世代聚居于此。需要注意的是，亲仁里有道观咸宜女冠观及回元观，而张熙真作为女道士，且其志文中只言"委化于上都亲仁里"，未提私第，故存在一种可能，即张熙真就近在亲仁坊内的某道观修行居住，且卒于观中。除了亲仁坊外，开化坊亦有张氏族人居住。《张读墓志》载，张读即卒于开化里私第，开化坊在亲仁坊西北不远，乃朱雀门街之东从北第二坊，或表明张固兄张希复一房，搬迁至此居住。

关于张固家族的葬地，《张固墓志》云："葬于万年县少陵原，祔先茔之侧。"《薛廷辉墓志》云："以其年八月二日，事在万年县少陵原从先茔之侧。"《张熙真墓志》云："以其年八月十一日，奉迁于万年县之少陵原，先大夫茔左。"《张敦素墓志》云："以十一月景申，卜宅于少陵原先茔之侧，礼也。"《张纁墓志》云："十一月壬午，祔于万年县东南二十里家茔。"《张询墓志》云："洎谋于夫人之党，佥以为得，乃寓兆于京城之南。噫嘻！钟峰前列，滕原后峙。盖夫人先大夫与历世封树皆在。"《张读墓志》云："以其年秋七月二十五日，归葬于万年县洪原乡曹村，祔于先茔，礼也。"可见，张固家族墓地在万年县洪原乡曹村一带无疑，此曹村的具体地理位置，应在今长安区大兆街道二府井村、西曹村境内。

五、撰文者杜审权、薛廷杰

《张固墓志》撰文者杜审权，两《唐书》有传。杜审权为张固撰文之由，《志》云："诞以审权尝陪公于宾府之末，辱眷为厚，泣请为志，不得而辞。"即言审权与张固在幕府有同僚之谊。据咸通十三年（872）《杜审权墓志》载："大和五年，射策上第，授弘文馆校书，始从鄂州崔公尚书郾为观察推官，复为浙江西道推官。就吏部试，两题判入上等，得蓝田尉一年。"①可知从大和五年至开成元年，杜审权追随崔郾，先后在鄂岳、浙西两地任职，而这期间张固亦在崔郾幕中。大中十年，杜审权为张固撰写墓志时，署职官中大夫行中书舍人上柱国。据《杜审权墓志》载："逾年，加中书舍人，用知贡举，考文行以声实，稽宪章以程才，敷求无得容间，显拔儁良，千万籍口。"

《薛廷辉墓志》撰文者薛廷杰，署官将仕郎守左拾遗，表明大中十二年时，薛廷杰

---

① 仰澍斋藏拓。

已由右拾遗迁左拾遗。据杜牧《推官薛廷杰桂管支使等制》，知薛廷杰后任桂管观察支使一职。关于薛廷杰在桂管的时间，《唐方镇文职僚佐考》中，将其定在大中三年至六年间，时任桂管都防御观察处置等使兼桂州刺史为令狐定。①

A Study on the Collection of Tomb Inscriptions of Tang Dynasty Novelist Zhang Gu and His Wife

Zhang Chi

Beijing Hanshow Technology Co., Ltd

Abstract: Zhang Gu, a novelist and poet in Late Tang Dynasty, has no biography found in *The Old Tang Book* and *The New Tang Book* and his birth year had remained unknown. However, the newly found epigraph of Zhang Gu and his wife provides sufficient information as regard to his family background, marriage, and official career. In addition, in *Zhang Gu's epigraph*, details concerning the two royal examination frauds of the 1st year of Changqing and the 5th year of Huichang, the event of the Apparel Cost for inspector, and the excessive power of eunuchs, all contribute to the studies of related issues in the late Tang Dynasty.

Key words: the Tang Dynasty, *Zhang Gu's Epigraph*, *Xue Tinghui's Epigraph*

---

① 戴伟华：《唐方镇文职僚佐考》，南宁：广西师范大学出版社，2007年，第419页。

东魏故镇远将军步兵校尉武威太守安威墓志析考

阎 焰

（深圳望野博物馆）

摘 要：中古粟特安姓研究，是海内外学界时下关注的热点。安威墓志是目前所见纪年最早的西域安姓胡人墓志。涉及此墓志的信息多年来一直披露不足。此次全面完整公布，将为粟特安氏研究提供全新的材料。同时就墓志信息和关联史料的梳理，对首次出现的安威其先是"西域安德国人"进行比定。且对有关粟特胡人入华后形成的独特军商集团形态做出全新探索。并确认安氏郡望除凉州、武威外，还有安定。

关键词：安同；安威；安德国；萨保；军商集团；郡望；安定郡

南北朝文字刻石，有唐以来一直为文人墨客所留心。及清初，金石文字学勃兴，且随大量南北朝石窟题记、碑刻志石的寻访、出土、发现，越来越被世人所关注。进而整体南北朝石刻墓志就以魏碑之名，在书法家的笔墨趣味欣赏临习中被不断推崇。阮元的《北碑南帖论》和《南北书派论》，首倡"碑学"；包世臣的《艺舟双楫》、康有为的《广艺舟双楫》推波助澜。这其中最受书家推崇者主要还以"碑"为主，而南北朝墓志虽也被书家瞩目，但较之碑石，仍有不及。墓志文字相对较小，难于阅看；且这类墓志书写不见书丹人信息，笔者不名，也都限制了早期墓志书法及其他信息的传播。

20世纪80年代之后，除考古发掘出土所获，坊肆间更流散相当数量的北朝墓志，新材料迭现，面世之众，空前未见。除去如《汉魏南北朝墓志集释 上下》[1]《北朝墓志英华》[2]《洛阳出土历代墓志辑绳》[3]《汉魏南北朝墓志汇编》[4]《鸳鸯七志斋藏石》[5]《洛

---

[1] 赵万里主编：《汉魏南北朝墓志集释 上下》，台北：鼎文书局，1972年。
[2] 张伯龄编：《北朝墓志英华》，西安：三秦出版社，1988年。
[3] 洛阳市文物工作队编：《洛阳出土历代墓志辑绳》，北京：中国社会科学出版社，1991年。
[4] 赵超：《汉魏南北朝墓志汇编》，天津：天津古籍出版社，1992年。
[5] 赵力光编：《鸳鸯七志斋藏石》，西安：三秦出版社，1995年。

阳新获墓志》[①]《洛阳出土北魏墓志选编》[②]《新出魏晋南北朝墓志疏证》[③]《洛阳新获墓志续编》[④]《汉魏六朝碑刻校注》[⑤]《秦晋豫新出墓志蒐佚》[⑥]《新见北朝墓志集释》[⑦]《安阳墓志选编》[⑧]《秦晋豫新出墓志蒐佚·续编》[⑨]《中国历代墓志全集·北魏卷》[⑩]《陕西省考古研究院新入藏墓志》[⑪]《秦晋豫新出墓志蒐佚·三编》[⑫]《洛阳新获墓志百品》[⑬]《洛阳市文物考古研究院藏石集粹·墓志篇》[⑭] 等图录所辑北朝墓志外，近些年的《文化安丰》[⑮]《大唐西市博物馆藏墓志》[⑯]《邺华甄赏》[⑰]《北朝艺术研究院藏品图录·墓志》[⑱]《墨香阁藏北朝墓志》[⑲] 等图册内有大量非考古发掘社会流散北朝墓志拓本及原石公布。其中《文化安丰》，作为河南省安阳县安丰乡整理编撰的一本历史资料及文化事件图集，做了相当具体的有关地方信息收集。特别值得留意的是公布披露了历代涉及北朝都畿邺城（安阳）周近埋葬的墓志拓本 195 方，隋之前墓志 165 方，其中北朝墓志多达 157 方。但遗憾的是除极个别有发掘和来源信息外，大量刊布墓志并没有来源和任何收藏及考古信息或原石图像同步说明。这些墓志材料除部分被学界关注外，有相当数量并不特别为人所知。《北朝艺术研究院藏品图录·墓志》公布大同北朝艺术研究院所藏北朝、隋等墓志原石 55 方，从墓志内容可确认这批墓志主要集中为洛阳、邺城及河北周近所出后流散入晋北之地。《墨香阁藏北朝墓志》共辑录河北正定墨香阁收藏流散墓志 151 方，明确为东魏、北朝墓志者 90 方，且有详细的原石信息。就此书内刊布信息可发现，《文化安丰》中收录的大量拓本，即取拓于墨香阁所藏的这些原石之上。[⑳]《墨香阁藏北朝墓志》《文化安丰》中收录邺城（安阳）周近的北朝墓志原石和拓本中，有相当部分非常重要，值得学界深研。

---

① 洛阳市第二文物工作队编：《洛阳新获墓志》，北京：文物出版社，1996 年。
② 洛阳市文物局编，朱亮主编：《洛阳出土北魏墓志选编》，北京：科学出版社，2001 年。
③ 罗新、叶炜：《新出魏晋南北朝墓志疏证》，北京：中华书局，2005 年。
④ 洛阳市第二文物工作队、乔栋、李献奇、史家珍编：《洛阳新获墓志续编》，北京：科学出版社，2008 年。
⑤ 毛远明校注：《汉魏六朝碑刻校注》，北京：线装书局，2008 年。
⑥ 赵文成、赵君平编：《秦晋豫新出墓志蒐佚》，北京：国家图书馆出版社，2011 年。
⑦ 王连龙：《新见北朝墓志集释》，北京：中国书籍出版社，2013 年。
⑧ 安阳文物考古研究所、安阳博物馆编：《安阳墓志选编》，北京：科学出版社，2015 年。
⑨ 赵文成、赵君平编：《秦晋豫新出墓志蒐佚·续编》，北京：国家图书馆出版社，2015 年。
⑩ 余扶危、郭茂育主编：《中国历代墓志全集·北魏卷》，郑州：中州古籍出版社，2019 年。
⑪ 陕西省考古研究院编：《陕西省考古研究院新入藏墓志》，上海：上海古籍出版社，2019 年。
⑫ 张永华、赵文成、赵君平编：《秦晋豫新出墓志蒐佚·三编》，北京：国家图书馆出版社，2020 年。
⑬ 齐运通主编：《洛阳新获墓志百品》，北京：国家图书馆出版社，2020 年。
⑭ 洛阳市文物考古院编：《洛阳市文物考古研究院藏石集粹·墓志篇》，郑州：中州古籍出版社，2020 年。
⑮ 贾振林编：《文化安丰》，郑州：大象出版社，2011 年。
⑯ 胡戟、荣新江主编：《大唐西市博物馆藏墓志》，北京：北京大学出版社，2012 年。
⑰ 陈子游主编：《奥缶斋》下卷《邺华甄赏》，北京：文化艺术出版社，2012 年。
⑱ 大同北朝艺术研究院主编：《北朝艺术研究院藏品图录·墓志》，北京：文物出版社，2016 年。
⑲ 叶炜、刘秀峰主编：《墨香阁藏北朝墓志》，上海：上海古籍出版社，2016 年。
⑳ 叶炜、刘秀峰主编：《墨香阁藏北朝墓志》，第 292—301 页。

《文化安丰》刊布的《东魏故镇远将军步兵校尉武威太守安威墓志》拓本①和来年出版的《邺华甄赏》披露的原石图像②吻合，可以确认为同一件墓志。此墓志之前流散，故有拓本散布。原石早年存于豫北收藏爱好者处。2014 年，深圳望野博物馆征集入藏，原石整套一合现存望野，之前刊布拓片及原石图像都仅有墓志，而无任何涉及志盖的信息。

为便于更多学人研究，现将此合墓志的完整信息公布如下。

该墓志盖长 35 cm、宽 34.2 cm，志盖顶九宫格平行双罫线内双钩空心篆书"武威太守安君墓志铭"；墓志长 38.8 cm、宽 41 cm，有罫线，楷体志文 21 行，满行 20 字，共计 414 字。

墓志全文迻录如下：

1. 魏故镇远将军步兵校尉武威太守安君墓志铭
2. 祖同，镇西将军、安定侯。父腊，安东将军、咸阳伯。
3. 君讳威，字似虎，其先西域安德国人也。氏族之兴，出
4. 于西域。帝酷（誉）之苗裔。苻时为左仆射、中外诸军事、雍
5. 州刺史、阴槃侯安元之胤。遗芳余烈，显于史传。并以
6. 忠德峻立，驰名海内。安景为魏尚书，即是君远祖也。
7. 自兹已后，聿修厥德。兼世冠冕，不殒其旧。朱轮华毂，
8. 结辙相望。祖以忠贞奉国，耻居关外。随运升降，世处
9. 都邑。今为魏郡临漳人也。父以素冠清规，贞俗所重。
10. 兼隆声高远，扬名乡间。君禀和辰象，资灵河岳。金石
11. 无以譬其珍，流名与风向同其远。孝悌之至，通于神
12. 感。好诗书，悦礼乐，酖戎道，习游园，晈然独称。不以荣
13. 利动心，专于忠孝。但孝昌之季，天步多岨。君以志节
14. 有悟，忠义有用。遂除镇远将军、步兵校尉。春秋七十
15. 有四，元象元年三月十三日，与善无缘，奄随物化。行
16. 路酸恸，五亲悲切。国家垂愍，追赠武威太守。粤以元
17. 象元年岁次戊午八月戊子朔廿二日己酉，葬于邺
18. 城西南十里，窆于其地。乃作铭曰：绵绵远胄，郁郁
19. 高门。唯公踵武，如玉生根。无悉攸在，不朽斯存。温若
20. 珪璧，芳似兰荪。麻衣献兆，泉门启扉。野生寒雾，树起
21. 风威。衔悲出埛，逝者不归。陵谷或徙，金石难微。

---

① 贾振林编：《文化安丰》，第 162、163 页。
② 陈子游主编：《奥缶斋》下卷《邺华甄赏》，第 276—279 页。

前揭东魏元象元年（538）镇远将军步兵校尉武威太守安威墓志，是目前所见纪年最早的西域安姓胡人墓志。就墓志所涉及主要信息，析考如后。

一、安威家族谱系及身份

墓志主人安威，东魏元象元年（538）亡过，寿七十有四；据此可推其生于北魏文成帝拓跋濬和平五年（464）。孝昌间（525—528）任镇远将军、步兵校尉；元象时追赠武威太守。从墓志所录可见安威家族谱系。族初起，为苻秦时左仆射、中外诸军事、雍州刺史、阴槃侯安元的后嗣。远祖安景为魏尚书。祖同，镇西将军、安定侯。父脂，安东将军、咸阳伯。墓志信息所载安元、安景、安同、安脂，安威，其家族一脉，线路清晰。

其中安同、安脂的名字在史料里都有出现。所涉及信息，皆有载。

安世高 汉时以安息王侍子入洛。	安屈 仕慕容暐，为殿中郎将。	安同 辽东胡人，其先祖曰世高，历魏至晋，避乱辽东，遂家焉。仕北魏开国皇帝道武帝拓跋珪（太祖）（386—409）。太祖时初为外朝大人、加广武将军；征姚平，赐爵北新侯，加安远将军。世祖监国，临朝听政，以同为左辅。太宗征河南，拜同右光禄大夫。世祖即位，进爵高阳公，拜光禄勋。神麚二年（429）卒。追赠高阳王，谥曰恭惠。	安屈 （与祖父同名） 太宗时典太仓事。	安阳烈 散骑侍郎，赐爵北新子。
			安原 太宗时为猎郎，出监云中军事；以功赐爵武原侯，加鲁兵将军。世祖即位，征拜驾部尚书；迁尚书左仆射、河间公，加侍中、征南大将军。	因为子求襄城公卢鲁元女，鲁元不许，告鲁元罪。遂谋为逆，事泄伏诛，合门俱戮。故确认安原有子。注：卢鲁元，北魏太武帝拓跋焘（世祖）宠臣，太平真君三年（442年）冬亡，赠襄城王。自魏兴，贵臣恩宠，无与为比。
			安颉 太宗初，为内侍长。世祖大悦，拜颉建节将军。赐爵西平公。神麚四年（431）卒。赠征南大将军、仪同三司，进爵为王，谥曰襄。	
			安聪 为内侍。	
			安蘒 为龙骧将军，给事黄门侍郎，赐爵广宗侯。	
		安脂 太宗时为乐陵太守。	安国 位至冠军将军，赐爵北平侯，杏城镇将。	
			安难 以功表为清河太守。世祖时，为长史，迁给事中。从驾南征，造浮桥于河，以功赐爵清河子。	安平城 袭爵。官至虞曹令。

前列文献为安同家族谱系，出自《魏书》卷三十、《北史》卷二十之"安同传"。先祖安世高以安息王侍子身份，深受瞩目。安世高，安息王侍子，汉译佛经创始人。①因译经，佛教传播史之故，使涉及安世高的讨论甚为广泛，多有学者著述并研辨其身世来源。②意大利学者富安敦（Antonino Forte）更就各类史料汇集，考证安世高的质子身份，并直指北魏安同为其直系后裔；进而推判隋唐之后安兴贵、安修仁、安元寿，甚至安禄山等都为此一系。③而有关于安同非安世高之后，唐长孺有论。④荣新江判安世高和安同父安屈的生活时间代差，以及人生轨迹两途，没有史料可填补"安同传"所录祖源族系之间空白。故指其不可能为一系，很难相信安同是安世高的直系后裔。⑤剥离安世高的族源信息，存考。仅《魏书》《北史》所录安屈、安同及其一脉轨迹，还是有许多值得留意之处。如：安同子安原，亦有子嗣，且因子姻婚之事生变，为北魏世祖太武帝拓跋焘诛，致其系家灭嗣绝。安原弟安颉、安聪皆为内侍，甚得太宗明元帝拓跋嗣、世祖太武帝拓跋焘宠信，且未受安原谋逆牵连。安同父安屈"仕慕容暐，为殿中郎将。苻坚灭暐，屈友人公孙眷之妹没入苻氏宫，出赐刘库仁为妻。库仁贵宠之。同因随眷商贩，见太祖有济世之才，遂留奉侍"。

另《出三藏记集》卷一三《安玄传》："安玄，安息国人也。……汉灵帝末，游贾洛阳，有功，号'骑都尉'。性虚静温恭，常以法事为己务，渐练汉言，志宣经典，常与沙门讲论道义，世所谓'都尉玄'也。"安玄⑥与安世高生活时代相近。这两则史料，有一个相同信息，令人瞩目。安玄"游贾洛阳，有功，号'骑都尉'"。安同"因随眷商贩，见太祖有济世之才，遂留奉侍"。两人都是经商起，而后得转才有了军将身份衔。《高僧传》卷五十《康僧会传》："康僧会，其先康居人，世居天竺，其父因商贾，移于交趾。"《北史》卷九七《西域传》："粟特国……其国商人先多诣凉土贩货。"《旧唐书》卷一九八《西戎传》："善商贾，争分铢之利。男子年二十，即远之旁国，来适中夏，利之所在，无所不到。"西域周近诸国胡人，善于商贾，驱利而进，为其天性。

胡人客贾，擅于经商，精于权变，一身两面，商在前，武在后；或武在前，商在后，因机而动，逢时转换。魏晋北朝之际的这些胡人，在驼峰、艰途之中聚合结伴，

---

① 吕澂：《中国佛学源流略讲》，北京：中华书局，1979年，第282页。
② 李铁匠：《安世高身世辨析》，《江西大学学报（社会科学版）》1989年第1期，第63—66页。孔慧怡：《从安世高的背景看早期佛经汉译》，《中国翻译》2001年第3期，第52—58页。魏斌：《安世高的江南行迹——早期神僧事迹的叙事与传承》，《武汉大学学报（人文科学版）》2012年第4期，第39—48页。
③ Antonino Forte: *The Hostage An Shigao and His Offspring: An Iranian Family In China*（Italian School of East Asian Studies Occasional Papers 6），Kyoto: Italian School of East Asian Studies, 1995.
④ 唐长孺：《魏晋杂胡考》，《魏晋南北朝史论丛》，北京：三联书店，1978年，第426页。
⑤ 荣新江：《安世高与武威安姓——评〈质子安世高及其后裔〉》，黄时鉴主编：《东西交流论谭》，上海：上海文艺出版社，1998年，第373页。注：关于《高僧传》卷一"（安世高）游化中国，宣经事毕，值灵帝之末关洛扰乱，乃振锡江南"的记录和安同族系历魏至晋，避乱辽东，从表面看确实南辕北辙，不相融合。但有否安世高是孤身南下，而家眷留洛，晋后此支避乱自我迁徙北去辽东之可能呢？
⑥ 注：为避讳，有书改录为"安元"者。

形成了相对紧密的军商集团结构体。① 以商促武，以武护商，博名成势，终以图利，至隋唐之世亦如此。

2004年10月上旬和2005年10月上旬，吐鲁番地区文物局对交河故城沟西墓地的36座墓葬进行了抢救性清理发掘。其中M4、M5、M6、M11、M20五座墓葬的墓道中分别出土砖质墓志五方。② 这几方墓志除一方墨书外都为朱书，有些明确记为"墓表"。M4出土墓志，书"延昌卅年（590）……领兵胡将康□钵"。③ 可知此地康氏墓茔中所埋同姓人众为胡族。康□钵还有"领兵胡将"身份。其中尤为特殊是M11"康业相墓表"朱书"贞观十四年（640）……交河县民，商将康业相"。④ 此"商将"头衔极为独特，并不见于他录。麹氏高昌延昌时康□钵是交河县的"领兵胡将"；至唐贞观十四年（640）十一月麹氏高昌灭后，八十二岁身殁的康业相以"交河县民""商将"身份为自己的生前头衔表述。这些墓表记录，深度阐释了当时从内亚河中地区东迁粟特族群的军商混合体身份。胡商军将在某种状态下，本就合而为一。

涉及西域胡人的史料、墓志、题记、写本中还频繁出现"萨保"头衔，并多受关注，研究者众。关于"萨保""萨宝""萨甫""萨薄"的释考：⑤ 判佛典中所见"萨薄"是梵文 sārthavāha 音译而来；"萨保"，则是由粟特文 s'rtp'w 而来。其主要释义，无论是佛典，还是粟特语，都有"商主""首领""导师"等相类含意。后引申为有地域概念的萨保（宝）职衔（如：同州萨保、凉州萨保、雍州萨保等），但就其本意可确认，这一职务范围有对区域族群聚集，特别是商队、商团及眷属管理的行政权责，并实际行使着商主、首领的行政权力。后形成萨保（宝）府机构，且下设职属（如：介州萨宝府车骑骑都尉、萨宝府长史等）。⑥ 甚至部分兼行外交形制的使节、领事⑦ 职责

---

① 2017年8月6日，笔者在深圳博物馆举办的"北朝文物考古与美术研究学术座谈会"上发表《晋阳·长安到邺——北朝的胡商》学术报告，提出："北朝时期的粟特人是一支'军商集团'，军和商不是单独孤立存在的，二者是互相结合，互为保障的。"

② 《新疆吐鲁番地区交河故城沟西墓地康氏家族墓》，《考古》2006年第12期，第12页。注：既然康姓粟特胡族隋唐之前已在交河附近聚集，那其他胡姓族群例如安姓族群也有可能隋唐前在靠丝路走廊的周近聚集。

③ 参阅：《吐鲁番交河故城沟西康氏家族墓清理简报》，《吐鲁番学研究》2005年第2期，1—14页。

④ 见吐鲁番地区文物局：《吐鲁番交河故城沟西墓地康氏家族墓清理简报》，《吐鲁番学研究》2005年第2期，彩色图版四中，05TYGXM11墓志，无录文。《新疆吐鲁番地区交河故城沟西墓地康氏家族墓》，《考古》2006年第12期，第23页，图一六；无录文。李肖：《交河沟西康家墓地与交河粟特移民的汉化》，《敦煌吐鲁番研究》2007年，第十卷，第89页。以及，张铭心：《吐鲁番交河沟西墓地新出土高昌砖及其相关问题》，《西域研究》2007年第2期，第57页，录文都为"高将"。但细观察原始书写，"亠"下是"ソ"，并不是"高"字笔触；蒙冯培红先生示自摄高清照片，得细审原志图像，确认为"商将"；另，"商将"前的"民"字末笔多一"丿"。谨此致谢。

⑤ 参阅芮传明：《"萨宝"的再认识》，《史林》2000年第3期，第23—39页。荣新江：《萨保与萨薄：佛教石窟壁画中的粟特商队首领》，《粟特人在中国——历史、考古、语言的新探索》，北京：中华书局，2005年，第49—67页。

⑥ 参阅张庆捷：《唐代〈曹怡墓志〉有关入华胡人的几个问题》，荣新江、罗丰主编：《粟特人在中国——考古发现与出土文献的新印证（下册）》，北京：科学出版社，2016年，第644—652页。

⑦ 《汉书》卷一九《百官公卿表上》："取其领事之号。"颜师古注引孟康曰："随所领之事以为号也。"注：《汉书》录为所领之事。而就西域诸国商队入华，其首领、商主，所行使的权责，亦为所领之事，故在胡汉及官府沟通中，已隐带外事之职；或可缩称为"商领"。同时西域胡人入华的规模性聚集主要还是商团或者因商利益而构成的商眷群体。

（如：翟育翟门生，为本国萨甫，因聘使主）。① 故综合看来，萨保（宝）入华后更近似——商队首领（含领事身份职责）。且萨保（宝）头衔很多时候都和军职并列。如：北周大都督同州萨保安伽、② 梁使持节骠骑大将军凉州萨宝康拔达③ 等。同时其也管理着族群移动所到新聚居点的宗教祭祝仪式，这也形成了对"萨保（宝）"是粟特族群及祆教信仰特殊宗教职衔的判断。④ 但从字源含义和身份转化，无疑作为"商队首领"管理者以及族群守护者的职责才是"萨保（宝）"的本职，而宗教身份仅是附属。至于在佛典及佛教图像中的出现。荣新江指认印度佛教北传，在克孜尔龟兹石窟壁画中出现菩萨装"萨薄"形象，作为佛的前生形象，判定剥离，"萨薄"和"萨宝"初有不同。⑤ 但无论何种解释，萨保（宝）主要为"商队首领"的身份意象是其基础。同时根据史料及各类胡族获得军职、政职，定居后的情况，这类军商集团结合体也深度参与入中土的政治生活之中，并在一定状况下改变着皇朝的政治生态和历史轨迹的走向。

尤其从中古最著名的胡人安禄山的一段史料记载中，可以看到胡族军商集团结合体对中国历史演变所产生的深刻影响。《安禄山事迹》卷上：

> 天宝元年，除平卢节度使。三年，兼范阳节度使。十年，兼河东节度使。刑赏在己。于是张通儒、李廷望、平洌、李史鱼、独孤问俗等在幕下，高尚掌奏记，严庄主簿书，安守忠、李归仁、蔡希德、牛庭玠、向润容、崔乾祐、尹子奇、何千年、武令珣、能元皓、田乾真等为将帅，潜于诸道商胡兴贩，每岁输异方珍货计百万数。每商至，则禄山胡服坐重床，烧香列珍宝，令百胡侍左右，群胡罗拜于下，邀福于天。禄山盛陈牲牢，诸巫击鼓、歌舞，至暮而散。遂令群胡于诸道潜市罗帛，及造绯紫袍、金银鱼袋、腰带等百万计，将为叛逆之资，已八九年矣。

潜于大唐诸道的商胡，通过商贸渠道，八九年间，积累着百万计数用于叛逆之资。且每到这些商胡来见安禄山时，禄山就胡服坐重床，烧香陈列珍宝，令百胡侍奉左右，群胡则罗拜于下，向上天祈福，并接受新的命令。胡服坐于重床上接受商胡罗拜的安禄山，此刻就是最大的"商主"。另《旧唐书》卷二百上《安禄山传》："营州柳城杂种胡人也。……冒姓为安，及长，解六蕃语，为互市牙郎。"可知年轻时，胡人安禄山

---

① 赵超：《介绍胡客翟门生墓门志铭及石屏风》，荣新江、罗丰主编：《粟特人在中国——考古发现与出土文献的新印证（下册）》，北京：科学出版社，2016年，第673页。
② 陕西省考古研究所：《西安发现的北周安伽墓》，《文物》2001年第1期，第25页。
③ 《大唐上仪同故康莫量息阿达墓志铭》，周绍良主编：《唐代墓志汇编》上册，上海：上海古籍出版社，1992年，第124页。康拔达为康阿达相。
④ 参阅姜伯勤：《论高昌胡天与敦煌祆寺》，《世界宗教研究》1993年第1期，第1—18页。姜伯勤：《敦煌吐鲁番文书与丝绸之路》，北京：文物出版社，1994年，第226—243页。魏义天著，王睿译：《粟特商人史》，桂林：广西师范大学出版社，2012年，第96—99页。
⑤ 荣新江：《萨保与萨薄：佛教石窟壁画中的粟特商队首领》，第50—58页。

做过商品买卖的中介。互市牙郎①的经历，通六蕃语的能力，对他纠结胡商为其所用助力不浅。上揭两条信息，在《新唐书》卷二百二十五上《安禄山传》中都有相近记录。麾下云集的悍将亲军，海量掌控的胡商资财，成为安禄山摇动唐帝国大厦柱石最强劲的力量。

另关于"拓跋魏安同父名屈，同之长子亦名屈，祖孙同名，胡人无足言者，但罗君不应尔也"，②此处明确记录了因胡人身份，而不避祖讳，同名。既然本系血亲都不避名讳。其他胡人再有同名，或托名者当也不稀奇。所揭安威墓志中的祖脉源流，除名姓一致外，无法匹配《魏书》《北史》中安同传的信息。是否另有一系安氏族群，同名安同、安睹且"显于史传"，值得深研。

安元	安景	安同	安睹	安威
苻秦时为左仆射、中外诸军事、雍州刺史、阴槃侯。	魏尚书。	镇西将军、安定侯。	安东将军、咸阳伯。	魏郡临漳人（寿七十四），镇远将军、步兵校尉、追赠武威太守。

关于安威墓志中的谱系："安元，苻秦时为左仆射、中外诸军事、雍州刺史、阴槃侯"；"安景，魏尚书"；"安同，镇西将军、安定侯"；"安睹，安东将军、咸阳伯"；"安威，镇远将军、步兵校尉、追赠武威太守"。可清晰看到其家族官秩由高而低的变化。虽然墓志明确记录安威为魏郡临漳人。而安元的雍州刺史、阴槃侯；安同的镇西将军、安定侯；安威追赠的武威太守都指向了西陲，这里隐隐存留着其族系原聚地的痕迹。

二、安息、安国、安德国

有关安姓地望来途，《元和姓纂》记曰："《风俗通》，汉有安成。《庐山记》，安（世）高，安息王子，入侍。[姑臧凉州]，出自安国，汉代遣子朝。国居凉土，后魏安难陁至孙盘娑罗，代居凉州，为萨宝。"③

中古安氏胡族，就墓志文献所记，族系所出有安息与安国两途。关于"安息"，《史记》《汉书》《后汉书》《魏书》有不完全相同之记录。

> 安息在大月氏西可数千里。其俗土著，耕田，田稻麦，蒲陶酒。城邑如大宛。其属小大数百城，地方数千里，最为大国。临妫水，有市，民商贾用车及船，

---

① 参阅许巧云：《"牙郎"之"牙"新考》，《汉语史研究集刊》2016年第1期，第203—211页。穆渭生：《隋唐长安与"陆上丝路"贸易》，乾陵博物馆：《乾陵文化研究》，西安：三秦出版社，2019年，第107—109页。
② （宋）洪迈撰：《容斋随笔》卷一罗处士志条，1934年上海涵芬楼四部丛刊续编宋本影印本，第1页。另：（宋）周密撰：《齐东野语》卷四避讳，四库本，也有近似记录。
③ 《元和姓纂》卷四安姓，北京：中华书局，1994年，第500页。注：唐世系表，录为"盘婆罗"。

行旁国或数千里。以银为钱，钱如其王面，王死辄更钱，效王面焉。画革旁行以为书记。其西则条枝，北有奄蔡、黎轩。①

安息国，王治番兜城，去长安万一千六百里。不属都护。北与康居、东与乌弋山离、西与条支接。土地风气，物类所有，民俗与乌弋、罽宾同。亦以银为钱，文独为王面，幕为夫人面。王死辄更铸钱。有大马爵。其属小大数百城，地方数千里，最大国也。临妫水，商贾车船行旁国。书②革，旁行为书记。武帝始遣使至安息，王令将将二万骑迎于东界。东界去王都数千里，行比至，过数十城，人民相属。因发使随汉使者来观汉地，以大鸟卵及犁靬眩人献于汉，天子大说。安息东则大月氏。③

安息国，居和椟城，去洛阳二万五千里。北与康居接，南与乌弋山离接。地方数千里，小城数百，户口胜兵最为殷盛。其东界木鹿城，号为小安息，去洛阳二万里。④

安息国，在葱岭西，都蔚搜城。北与康居，西与波斯相接，在大月氏西北，去代二万一千五百里。⑤

就前列史料可发现所记安息的位置和距离中土当时政治核心区长安、洛阳、代的途程有所差异，其周近环境位置也有不同。故可判，安息在中土的认知中随时代推移一直有变化，但其北与康居接，是共识。公元 226 年安息被波斯萨珊取代。此后，安息国不复存在，新势力范围进一步东延，中亚河中区域相当一部分为其覆盖。安息崩溃后各类小势力也纷纷出现，客观形成城国小邦并存的态势。亚陆山河，地隔万里，皇朝更迭，汉末诸侯混战，中夏动荡不安，世人认知中对安息和波斯萨珊的混淆不可避免。尤其《后汉书》所记"东界木鹿城，号为小安息"，不难让人联想这个"小安息"的木鹿城，⑥更多成为东方理解认知中的"安息"，故用"小"以称，无疑也是中土获得西国信息和中西往来的重要节点城市。至于它是否还是当年的那个帕提亚安息

---

① 《史记》卷一二三《大宛列传》，北京：中华书局，2000 年，第 2398、2399 页。
② 注：摛藻堂《四库全书》本《后汉书》做"书"，联系文本内容，可确认此信息明显来于《史记·大宛列传》；而《史记·大宛列传》所录为"画"。从对胡族横向书写方式的描述，可判《后汉书》中的"书革"当有误，应从《史记》为"画革"。
③ 《汉书》卷九六上《西域传》，北京：中华书局，2000 年，第 2867 页。
④ 《后汉书》卷八八《西域传》，北京：中华书局，2000 年，第 1973 页。
⑤ 《魏书》卷一〇二补《西域传》，北京：中华书局，2000 年，第 1540 页。
⑥ 木鹿 (Mouru, Mary)，位于今土库曼斯坦穆尔加布河畔，卡拉库姆运河交汇处，卡拉库姆沙漠中的一片绿洲上。现名马雷，旧称马鲁（Marv），今土库曼斯坦马雷州首府，是非常古老的中亚城市。曾是大流士一世时波斯帝国巴克特利亚州的一部分；公元前三世纪中叶时是希腊人大夏王国的一州；安息王国时期是安息王国的一州；萨珊及伊斯兰时期，为呼罗珊专区之一。此木鹿城离和中土有深度交流往来的中亚粟特名城撒马尔罕（Samarqand）仅 600 公里上下。参阅：G. 勒·斯特兰奇（G.Le Strange）著，韩中义译注：《大食东部历史地理研究——从阿拉伯帝国兴起到帖木儿朝时期的美索不达米亚、波斯和中亚诸地》，北京：社会科学文献出版社，2018 年，第 569—580 页。

已很少有人去深究了。

至于安国，为粟特人聚居是可确认的。早期文献不见粟特和安国。但在《史记·大宛传》中有关于康居和奄蔡的记录，并明示两国同俗。且奄蔡羁属于康居。咸海以东，阿姆河、锡尔河流域河中及周近这一区域后世逐步发展成为粟特人核心居住区，并形成以昭武九姓著称的数量众多的城国。粟特自魏晋之后开始进入中土的史料中，明示是古奄蔡故地，或有可能仅是故地一部分的叠合，而并非通指奄蔡整体区域范围。

> 粟特国，在葱岭之西，古之奄蔡，一名温那沙。居于大泽，在康居西北，去代一万六千里。先是，匈奴杀其王而有其国，至王忽倪已三世矣。其国商人先多诣凉土贩货，及（魏）克姑臧，悉见虏。①

且在《魏书》中涉及康居国的条目中始见有关"安国""小安国"的记载，但未列更多安国信息。

> 康国者，康居之后也，迁徙无常，不恒故地，自汉以来，相承不绝。其王本姓温，月氏人也，旧居祁连山北昭武城，因被匈奴所破，西逾葱岭，遂有国。枝庶各分王，故康国左右诸国并以昭武为姓，示不忘本也。王字世夫毕，为人宽厚，甚得众心。其妻，突厥达度可汗女也。都于萨宝水上阿禄迪城。多人居，大臣三人，共掌国事。其王索发，冠七宝金花，衣绫、罗、锦、绣、白叠。其妻有髻，幪以皂巾。丈夫翦发，锦袍。名为强国，西域诸国多归之。米国、史国、曹国、何国、安国、小安国、那色波国、乌那曷国、穆国皆归附之。有胡律，置于祆祠，将决罚，则取而断之。重者族，次罪者死，贼盗截其足。人皆深目、高鼻、多髯。善商贾，诸夷交易，多凑其国。②

《魏书》："康国，都于萨宝水上阿禄迪城。③……名为强国，西域诸国多归之。米国、史国、曹国、何国、安国、小安国、那色波国、乌那曷国、穆国皆归附之。"④《北史》录康国所控大业时来贡的"安国，都在那密水南。""米国，都那密水西，旧康居之地也。""史国，都独莫水南十里，旧康居之地也。""曹国，都那密水南数里，旧是康居

---

① 《魏书》卷一〇二补《西域传》，第1536页。另见《北史》卷九七《西域传》，北京：中华书局，2000年，第2138页。
② 《魏书》卷一〇二补《西域传》，第1544页。
③ 注：此"萨宝水上阿禄迪城"的"萨宝水"应是泽拉夫善河同向西去的另外一条支流；阿禄迪城很可能选河道窄处为城，河水穿城过。千年岁月流逝，城废河变，后世难见萨宝水了。就此可知"萨宝"为河中地区熟知的一种头衔称谓，它在中亚内陆时更接近其"商主"本意，东来后逐步叠加的信息和职责越来越多。
④ 《魏书》卷一〇二补《西域传》，第1544页。

之地也。""何国，都那密水南数里，旧是康居之地也。""乌那曷国，都乌浒水西，旧安息之地也。""穆国，都乌浒河之西，亦安息之故地，与乌那曷为邻。"① 可知安国、米国、曹国、何国的城国之都在那密水（泽拉夫善河）畔。而史国城都在独莫水② 南十里。前录之国范围皆为康居旧地。乌那曷国、穆国这两国城都皆在乌浒水（阿姆河）西，属安息旧地。由此可知乌浒水（阿姆河）以西以南，即更往西南的穆尔加布河畔木鹿城不可能是康居故地，也不在康国控制之下。乌浒水（阿姆河）当属旧时安息和康居的主要分界线。《魏书》延及《北史》《隋书》记录河中诸国明确以水为坐标点；此后数百年再对这些小城国描述时，城灭国破，国兴城复，时代更迭。这些城国和河水的情况是否已有变化皆很难确认，百数年后对城国和距水状况的表述也不再那么清晰。

《北史》中有同前录之康居国内容，所记归附之诸国名目时，有小安国而无"安国"。③ 在康居国条目后又有："安国，汉时安息国也。王姓昭武氏，与康国王同族，字设力；妻，康国王女也。都在那密水南，城有五重，环以流水，宫殿皆平头。王坐金驼座，高七八尺，每听政，与妻相对，大臣三人，评理国事。风俗同于康居，唯妻其姊妹及母子递相禽兽，此为异也。" 其 "国四百余里有毕国，可千余家。其国无君长，安国统之。"④ 此应是粟特安国和汉安息国混淆之始。同时从 "康国者，康居之后也，迁徙无常，不恒故地，自汉以来，相承不绝" 的记载为核心证据。得出隋唐时之康国，即汉魏以来之康居，二者实为一国的结论；恐过于武断。⑤ 就安国和安息国之别，亦可确认，在历史流变演化中，后世之粟特康国应该也并非汉之康居国。南北朝时期，塞北嚈哒势力崛起，康居步入衰弱，在嚈哒人西迁后，康居国不复存在。中古河中康国也应仅仅是康居国故地的部分延续而已，并非有完整的承继关系。

对中古河中地区安国及安息国周近其他城国信息梳理后，可以发现，安威墓志中所示其先为西域安德国信息，很特殊，也是目前仅见。因安威亡于东魏元象元年（538），寿七十有四；可推其生于北魏文成帝拓跋濬和平五年（464）。而苻秦安元之前，方为其先。故此可知安威其先，应在3世纪末4世纪初自西域东来，那时其先之国名为"安德国"，此国名不见文献所录。但当其实在河中区域有小国，"德若国领户百余，口六百七十，胜兵三百五十人。东去长史居三千五百三十里。去洛阳

---

① 《北史》卷九七《西域传》，第2146—2148页。
② 注：就现有史料记载史国位置，"独莫水"应该是卡什卡河，在乌浒水（阿姆河）和那密水（泽拉夫善河）之间。
③ 《北史》诸本此段中并无"安国"之记。因《魏书》《隋书》《通典》《通志》有"安国""小安国"，且《北史》条目有"安国"，故据此补。但从"安国，汉时安息国也"，并"米国、史国、曹国、何国、安国、小安国、那色波国、乌那曷国、穆国皆归附之"的表述，能发现其间似有混乱。河中粟特"安国"与汉"安息国"，应为截然不同的两个国家及空间概念。这类混淆仅可能因时代更迭有一部分所谓生活控制区域重叠，且有攀附前世雄强帝国名声而致。
④ 《北史》卷九七《西域传》，第2146页。
⑤ 参阅陈海涛：《康居与康国关系考——兼谈昭武诸国的起源》，《敦煌研究》2003年第3期，第55—60页。

万二千一百五十里,与子合(国)相接"。① 此"德若国"距洛阳之距离叠合此片区。故安德国,有否为"安(国)·德若国"连称简化之可能?

前史料变化中的"安国""小安国"。入唐后,更衍化出东安国、中安国、西安国的记录。② 足见此区域内安国概念的繁杂,故唐世入埋的那些异族墓志中所涉及的"安国"概念应非仅指某固定一地,而是那个片区。因此有理由解辨"安德国",也是这片区中的一支而已。

刘森垚以《古今姓氏书辩证》卷八安氏条"河南安氏,后魏代北安迟氏改焉"③为基础,联系音变,指安德即是安迟之异译。④《古今姓氏书辩证》此记是唯一有关河南安氏为后魏代北安迟氏所改的信息。北朝、隋唐、五代山河更变,族群迁徙,河南安氏当会有多支杂系,很难指认唯一。同时安威墓志内安德国信息明确有西域概念的前缀,而代北安迟氏隐有北地异族之属。故用代北安迟氏比定西域安德国,难于契合。

早前洛阳白马寺附近出土,后归藏西安大唐西市博物馆的隋《安备墓志》,称安备"其先出于安居耶尼国"。⑤ 新近安阳地区出土唐《安恕墓志》,后被洛阳龙门博物馆征集收藏,墓志记安恕"本西域安居国人也"。⑥ 这些新出现的截然不同以前由安息国到安国的国名称谓,在被讨论地域位置点和溯源的同时,⑦ 已经隐隐指出了安国在河中地区是有着不同区域范围的,它应该和族群商贸定居点移动有关,也和族属承续有关;并最终聚合而成一个中土相对接受的大区域范围内的域属河中的粟特安国概念。

三、武威安氏

《新唐书·宰相世系表》载:"武威李氏,本安氏……后魏有难陀孙婆罗,周、隋间,居凉州、武威为萨宝。"《太平寰宇记》卷一五二《陇右道三》载:"武威郡六姓,贾、阴、索、安、曹、石。"现藏伦敦的敦煌文献 S.2052《新集天下姓望氏族谱一卷并序》载:"第一关内道郡,泾州安定郡出八姓:梁、皇甫、席、伍、胡、安、荣、

---

① 《后汉书》卷八八《西域传》,第 1972 页。
② (唐)玄奘、辩机撰:《大唐西域记》卷一(三十四国),四库本。另参阅,(唐)道宣撰:《释迦方志》,《大正藏》本,也有相近记载。喝捍国,唐言东安国;捕喝国,唐言中安国;伐地国,唐言西安国。
③ (宋)邓名世撰,王力平点校:《古今姓氏书辩证》,南昌:江西人民出版社,2006 年,第 120 页。
④ 刘森垚:《中古墓志所见人华粟特安氏源流考述》,《暨南史学》2019 年第 1 期,第 45、46 页。
⑤ 王绣:《洛阳民间收藏精品集》,洛阳:解放军外语音像出版社,2009 年,第 126 页。
⑥ 毛阳光:《河南安阳新出〈安师墓志〉所见北朝末至隋唐之际邺城的粟特人》,北京大学考古文博学院、北京大学中国考古学研究中心编:《考古学研究(十一)》,北京:科学出版社,2019 年,第 245 页。
⑦ 参阅葛承雍:《祆教圣火艺术的新发现——隋代安备墓文物初探》,《美术研究》2009 年第 3 期,第 14—18 页。陈浩:《"安居耶尼"考》,余太山、李锦绣:《欧亚学刊(新 5 辑)》,北京:商务印书馆,2016 年,第 139—151 页。

程。第二陇右道四郡，凉州武威郡出六姓：索、石、贾、安、廖（康）、阴。"毛汉光指《新集天下姓望氏族谱一卷并序》为元和十五年（820）后之版本。①

安氏来自中亚西域地区的安国，为粟特族群。凉州、武威临近区域粟特人的生活移动聚集，成为通过河西走廊跨入当时中土核心区的重要节点。②

长庆元年（821）亡过的洛阳花献妻安氏墓志中载："夫人安氏苗裔，安定郡人也。世□祖讳晟之女也。"③此安氏涉及籍贯安定郡的信息，是墓志石刻中首次出现，扩展了安氏族群移动居停的新范围。《古今姓氏书辩证》卷八安氏条："晋魏间，家于安定。后徙辽东姑臧以避乱，又徙武威。"④故此可知凉州、武威、安定，都曾是安氏族群聚集之所，籍望之根。

从史料出现的安难陀、安弼、安婆罗，安兴贵、安修仁、安元寿，以及改姓的李抱玉、李抱真等。再联系中古墓志所见安伽、安菩、安备、安恕、安师、安度等，以及吐鲁番、高昌、敦煌诸地唐代写本中出现的安浮（知）台、安师奴、安法式、安那尚、安薄鼻、安也希等，⑤皆能看出名字间有些深具胡名形态。

关于名字胡汉化状态思考，以安威墓志所记名字信息及部分史料。在北魏时，这类来自西域的胡人，名字已经深具汉俗。就此判断，胡人名字的汉胡气象，很有可能是因出生环境为构成主体。直接出生在汉土的胡人，可能早及汉末魏晋时就开始用汉名。而如果出生在域外，后由商贸、迁徙入汉土，不分时代早晚，其名字当多保存有胡名或汉译现象。同时部分族群裔源信念较强的胡人不排除从北朝及唐时，就算其自身和子孙出生在汉地，也会起胡名。故很难仅用名字的汉胡习俗来比定族群迁徙的时间早晚。

安威墓志出现的苻秦时安元为雍州刺史、阴槃侯；安同为镇西将军、安定侯；安威追赠武威太守。所含地域信息皆有明确指向性。

《魏书》卷一〇六下地形二下：

> 雍州，汉改曰凉，治汉阳郡陇县，后治长安。阴槃，二汉属安定，晋属。……安定郡汉武帝置，太和十一年罢石堂郡，以其县属。领县五。安定前汉

---

① 毛汉光：《敦煌唐代氏族谱之商榷》，《中研院史语所集刊》，第43本第2分册，第262页；参看附录（二）图一。另《太平寰宇记》卷三二：泾州安定郡四姓，梁、席、安、皇甫。

② 参阅张广达：《唐代六胡州等地的昭武九姓》，《北京大学学报（哲学社会科学版）》1986年第2期，第71—128页。吴玉贵：《凉州粟特胡人安氏家族研究》，荣新江主编：《唐研究》第三卷，北京：北京大学出版社，1997年，第295—338页。冯培红：《归去来兮：昭武九姓与河西郡望》，《读者欣赏（理论版）》2012年第1期，第64—66页。

③ 郭茂育、赵水森编：《洛阳出土鸳鸯墓志辑录》，北京：国家图书馆出版社，2012年，第211—214页。毛阳光：《洛阳新出土唐代景教徒花献及其妻安氏墓志初探》，《西域研究》2014年第2期，第86页。

④ 邓名世撰，王力平点校：《古今姓氏书辩证》，第119、120页。

⑤ 参阅中国文物研究所、新疆博物馆、武汉大学历史系编：《吐鲁番出土文书》，北京：文物出版社，1992年。唐耕耦等编：《敦煌社会经济文献真迹释录》第一辑，北京：书目文献出版社，1986年。

属，后汉、晋罢，后复。有铜城。……武威郡，汉武帝置。

中古之世的安姓源出中亚地区的安国，为粟特人无疑。就所揭史料，联系安威墓志和文献研判，进一步证明凉州、武威、安定，皆为安氏族源要地，安氏郡望约形成于北魏后期，入隋唐后则更进一步东入华夏腹心之地。

安同族系、安威族系，虽同名而异支，但在历史巨轮的进程中，无疑成为安氏一路东迁、至唐代全面崛起的嚆矢。

Analytical Investigation on An Wei's Epitaph of the Eastern Wei Dynasty

Yan Yan

Shenzhen Wangye Museum

Abstract: The family name of "An" (安) of Sogdian people in the middle ancient times is under heated discussion at home and abroad. An Wei's (安 威) epitaph is, up to now, the earliest epitaph of An family of *huren* (胡人) from the Western Regions. However, information related to this epitaph has been under-disclosed for many years, and this complete disclosure will offer fresh materials on the study of the Sogdian An family. Based on the epitaph and its related historical texts, the study first and foremost concludes that An Wei was from the Ande Kingdom of the Western Regions, and it also investigates into the unique formation of the military-business group formed after Sogdian's entrance into China. It also concludes that in addition to Liangzhou and Wuwei, the An family's were also influential in Anding (安定)Prefecture.

Key words: An Tong, An Wei, Ande Kingdom, *Sabao*, Military-Business Group, Influential families of Prefectures , Anding Prefecture

长安历史记忆

刘绍攽《周易详说》易学初探

刘银昌

（陕西师范大学　文学院）

摘　要：清代陕西三原学者刘绍攽精于易学，其《周易详说》一书集中体现了他的易学思想。在该书中，刘绍攽批驳汉代易学过于支离琐碎，以程朱易学为主，推崇宋易。受宋易影响，他考辨易图，认为易图多与道教有关；受张载学术影响，他以气解《易》。而且，刘绍攽尽管抨击汉代易学，却能将象数与义理融会贯通，最终将易学导向人伦日用之间，且根据易学流传实际，辨析了卜与筮的区别。

关键词：刘绍攽；《周易详说》；易学

刘绍攽（1707—1778）字继贡，号九畹，为清代雍乾年间陕西三原著名学者，深于经学，工于诗文，旁通韵学、算学、掌故及术数卜算，其学堂庑广大，著述颇丰，在当时关中学界可谓翘楚。陕西学政王兰生评点关中士人，认为"其刊落浮华，切实用力者，惟绍攽一人而已"。[①] 李华春评其诗文、学术造诣，誉之为"关中四杰"[②] 之一。

刘绍攽之生平著述，《清史列传》《清儒学案》均有记载。据载，雍正十一年（1733），刘绍攽膺选拔贡生。当时易学大家李光地之高足王兰生视学关中，荐举刘绍攽博学鸿词，刘绍攽因亲老未就。其后，刘绍攽因朝考第一，于乾隆元年（1736）出任四川什邡知县。乾隆六年（1741），刘绍攽调任南充知县，于乾隆十年（1745）以丁忧归故里。乾隆十三年（1748）冬，刘绍攽再次入川。乾隆十五年（1750），刘绍攽被大学士史贻直、两广总督硕色荐举经学，后补山西晋阳知县。乾隆二十六年（1761），

---

* 本文为陕西省社会科学基金古籍整理与研究项目"《周易详说》点校"（编号：2018GJ05）的阶段性成果。
① 王锺翰点校：《清史列传》卷第六七，北京：中华书局，1987年，第5382页。
② （清）李华春：《皇清诰授朝议大夫湖南沅州府知府吴松崖先生传略》，《四库未收书辑刊·集部》第24册，北京：北京出版社，1997年，第589页。

刘绍攽主讲兰山书院。① 刘绍攽亦官亦学，博学通明，所治之处均能以经术融合吏治，遇灾赈恤，活人无数。

刘绍攽的著作于今日可见者，主要有《四书凝道录》《周易详说》《周易观象》《皇极经世书发明》《书考辨》《春秋笔削微旨》《春秋通论》《卫道编》《学韵纪要》《经余集》《九畹古文》《九畹续集》《于迈草》《三原县志》等著作。此外，刘绍攽又选编清代关中一百四十家诗人作品为《二南遗音》，为传续关中人文做出了贡献。

易学研究在刘绍攽的学术成就中至为重要，但学界目前尚未有对其进行研究者。本文拟就其《周易详说》进行梳理，探析其主要易学思想，为衡定其在清代关中易学史上的地位做一铺垫。

一

《周易详说》今存三种版本：一为国家图书馆藏稿（抄）本；一为最早的乾隆年间刻本，为"本衙藏板"本，《续修四库全书》和《四库全书存目丛书》收录；一为在"本衙藏板"的基础上删改的"刘传经堂藏板"本，《清麓丛书》外编收录。②《周易详说》全书十八卷，内容如下。

卷一论汉晋易家及宋儒易学之得失，并讨论观象玩辞、观象玩占及朱熹《周易本义》卷首所列九幅易图，对汉代京房、马融、郑玄、虞翻以及晋代郭璞、干宝、范长生乃至王弼易学，均直指其失，对于宋儒之易，颇为赞许，继承李光地的"前有四圣，后有四贤"说，认为周敦颐之太极说、程颐之义理、邵雍之先天易学、朱熹之易学卜筮说，均能直探大易之本原。

卷二论朱熹《周易本义》，博考诸家之说，与《周易本义》比较异同，以证明朱熹释《易》之精审，但亦多纠正朱熹旧说。这说明刘绍攽虽然服膺朱子，但本着实事求是的态度，对朱熹不符合经义之论并非屈从。

卷三至卷十五为全书主体，乃诠释《周易》经传，立足于义理，贯通象数，兼及文字训诂，旁征博引，而最终归于人道之出处行藏。

卷十六至卷十七论《左传》所载《周易》筮法，辨析朱熹《易学启蒙》之筮法不尽合于上古所传。

卷十八为卜筮附论，主要考证汉代孟喜、焦赣和京房等人以五行论《易》、占卜的系列理论，如纳甲、纳音、飞伏、卦气直日等，并辨析史书所载以《易》行卜的一些案例。

---

① （清）刘绍攽：《九畹古文》，《清代诗文集汇编》第304册，上海：上海古籍出版社，2010年，第352页。
② 参见刘银昌：《刘绍攽〈周易详说〉的版本及其易学思想》，《咸阳师范学院学报》2023年第1期。

从以上内容可知,《周易详说》并非一部单纯的注释《周易》原文之书,而是包含了刘绍攽几乎所有易学见解的易学专著。

二

刘绍攽易学的主要特点为尊奉宋代易学,贬斥汉人易学,以象数诠解经文语辞,以义理升华《易》辞内涵,最终落脚于学《易》寡过的人伦日用之间。今就其易学思想之要者,分述如下。

(一)汉儒解《易》,支离不经

刘绍攽对汉代易学的批评,主要集中在《周易详说》卷一"论汉晋说《易》"部分。从焦赣、京房,一直到郑玄、虞翻,均成为他批驳的对象。总体而言,刘绍攽对汉儒言《易》的评价是:牵强附会,支离破碎。

刘绍攽认为汉儒谈《易》,如田何、费直等人,远不可考,故所能考察且成就最显著者,为马融和郑玄二人。他引用荀悦的话认为:"马融著《易解》,颇生异说。"在评价郑玄易学时,刘绍攽引用唐人李鼎祚《周易集解》中所录郑玄解《易》之辞,而以"其说为凿"评之,尤其对郑玄的以爻辰说《易》取象,认为"亦多支离","此种穿凿,宜辅嗣之扫之也"。① 这说明刘绍攽对于郑玄易学取象的繁琐深恶痛绝,认为王弼扫象,扫的就是郑玄这种牵强支离之象。对于荀爽易学,刘绍攽引《经典释文》收录的荀氏《易注》释《坤》"上六"谓"坤在亥,下有伏乾,为其兼于阳,故称龙"等条,认为其论"皆支离而不概于理者也"。② 对于京房易学,刘绍攽说:"京房受《易》焦延寿,延寿得之隐者,盖术士之流,而托名问《易》于孟喜,翟牧、白生不肯,曰:'非也。'今考其说,不外纳甲、五行、飞伏,乃占卜之术,于《易》义无涉。"③ 其《自序》亦云:"汉儒多本京氏,京学在《火珠林》,皆占卜之法,无与于筮,又何与于《易》义乎?"这明显是将焦京之学排斥于易学之外。对于汉易言象最著的虞翻,刘绍攽认为,《周易集解》说象,"多载虞氏,均属支离"。则亦将虞翻之易象,驳斥殆尽。

一言以蔽之,刘绍攽之所以如此攻击汉易,乃因其认为汉儒释《易》虽繁,但无益于身心:"汉人谈《易》,唯李氏《集解》可考,不过附会仿佛,毫无理趣,何补身心?"④ 可见,刘绍攽认为,《易》之功用,在于修养身心,而非外在繁琐支离的知解。

事实上,刘绍攽对汉儒说《易》的苛评,不无过激之词,他治《易》的途径是合

---

① (清)刘绍攽:《周易详说》,《四库全书存目丛书》经部第38册,济南:齐鲁书社,1997年,第596页。
② 《周易详说》,第596页。
③ 《周易详说》,第597页。
④ 《周易详说》,第599页。

汉宋而归于一致，也并非尽弃汉儒之学。比如他崇尚易象，以象解《易》，明显是汉儒的方法，尽管其取象不同于汉儒，但其用大象解辞，也不讳言来自汉人虞翻。因此，《四库全书总目》说他"惟于汉儒旧训，掊击过当，颇近于慎"。① 在此方面，刘绍攽确有失当之处。

（二）推崇宋易，本之程朱

《周易详说》理论之宗旨，正如刘绍攽《自序》所说："本之程朱，参之诸儒。"其注解多以程颐《易传》与朱熹《周易本义》为主，所参考的诸儒易说，也多为宗于宋学者。这一点，与明清之际关中儒学的取向是一致的。

对于宋代易学，刘绍攽一反对汉易的批判态度，而更多地以褒扬论之：

> 宋儒如胡翼之、项平庵、朱汉上，皆于《易》理大有发明，但未如周子之《太极》、程子之义理、邵子之先天、朱子之卜筮，为能直探本原也。李厚庵曰："前有四圣，后有四贤。"此之谓矣。②

刘绍攽最为推崇的宋代易学家是周敦颐、程颐、邵雍和朱熹，而且同意李光地之论，认为他们对易学各有贡献，为伏羲、文王、周公和孔子之后的易学四贤。可见其对四位宋代易学家评价极高。

不仅如此，刘绍攽还对宋代胡瑗、项平庵和朱震颇多赞同，认为他们"皆于《易》理大有发明"，可见他于《易》之着眼处，多在义理之阐明。

（三）详考易图

清代易学，对易图的探讨考证已为一种潮流。如黄宗羲作《易学象数论》、黄宗炎作《图书辨惑》、胡渭作《易图明辨》，皆力辨河图、洛书为宋人伪作；毛奇龄作《原舛编》，认为河图洛书出自道家，无关乎《易》；江永作《河洛精蕴》，阐释河图洛书中的义理。刘绍攽既服膺于朱熹，对《周易本义》所列九图，自不能不辨。

刘绍攽认为，"古《易》无图，有之，自朱子始"。从朱熹开始，才将河图洛书等图置于《易》之卷首，并以之解《易》。对于《周易本义》所列九图，刘绍攽认为：

> 余考河图，明坎离交姤之旨；伏羲八卦方位图，明三日月出庚之象；伏羲六十四卦方位图，明火候进退之用；诚道家言也。……然如毛氏之说，必谓无与于《易》，又岂知《易》道广大，道教亦无所不该哉？③

---

① （清）永瑢等：《四库全书总目》，北京：中华书局，1965年，第80页。
② 《周易详说》，第598页。
③ 《周易详说》，第602页。

他认为河图洛书诸图，诚为道家之言，但并非如毛奇龄武断所论与《易》无关，因为易道广大，包罗万象。

除了认为河图、伏羲八卦方位图、伏羲六十四卦方位图用道家之言，刘绍攽还认为"洛书主五行，八卦主阴阳，用各不同，其数亦异"；文王八卦方位图，"传自希夷，盖亦道家者流"；卦变图"用辟卦而除《乾》《坤》，数也而至理存焉"。

总之，刘绍攽对易图的看法，不苟同于前人，而是立足于对易学乃至道教内丹术的理解，做出自己的判断。

（四）以气解《易》

以气解《易》，始于关学创始人张载。张载通过易学中的气化理论，构建其气本论的哲学基石。刘绍攽在《周易详说》中，也多处沿用气的理论解释《周易》经传，显示出对关学的自觉承继。今仅举数端，以窥全豹。

"一阴一阳之谓道"是《易传》最为著名的观点之一，它对中国哲学的最高范畴"道"做出了最为简要的界定。刘绍攽对此句的解释为："易准天地，天地之间，阴阳而已。其对而迭运，所谓道也。"① 天地之间，无非阴阳二气，阴阳二气的相对周而复始地运动，即是道。他认为，道无非就是阴阳二气的运动方式，天地万物是由气构成的。这和张载所认为的："《易》一物而三才：阴阳，气也，而谓之天；刚柔，质也，而谓之地；仁义，德也，而谓之人。"② 明显具有一致性。

又如刘绍攽释《系辞下》"天地氤氲，万物化醇。男女构精，万物化生"曰："氤氲，交密之状。醇，谓厚而凝也。天地以气升降，二气交密，而万物之气化者，莫不厚而凝焉。男女以精施受，相为构结，而万物之形化者，莫不生而续焉。"③ 认为万物之孕育气化，莫不是天地阴阳二气升降交媾的结果。

对于《说卦》中的"天地定位，山泽通气，雷风相薄，水火不相射"，刘绍攽的解释为："此言八卦对待之理也。天高地下，尊卑之位定。山止泽流，水土之气通。高山之下，必有浚谷。以至山上海边，必有大风，皆通气之故。"④ 天地之间，到处是气的流通，像高山下的浚谷，山上和海边的大风，均是气流通的结果。这种看法，与现代地理学和气象学吻合。刘绍攽亦有以气解释卦象者，如对《说卦》"震为旉"的理解，"旉者，敷也，阳气始布也"，认为震卦所对应的春天，是阳气开始散布的季节；对巽"为广颡"的解释，"广颡者，阳气上盛，日角开朗也"，认为巽卦之所以代表广颡，是因为从卦象符号看，巽卦上面为两个阳爻，下面为一个阴爻，就像人的阳气上盛，所

---

① 《周易详说》，第763页。
② （宋）张载撰，林乐昌编校：《张子全书》，西安：西北大学出版社，2015年，第39页。
③ 《周易详说》，第777页。
④ 《周易详说》，第784页。

以两鬓的日角开朗，就形成了宽阔的额头；在解释巽"其究为躁卦"时，引用徐仲山之语曰："巽与震皆初得阴阳之气而贲奋以生，故震曰决躁，而巽为躁卦。"因为巽之初爻为阴，为初得阴气，震之初爻为阳，为初得阳气，不管阴气还是阳气，其初始必贲奋躁动，故震为决躁，巽为躁卦。

从以上这些注解可知，刘绍攽的以气解《易》，不仅涉及宏观的宇宙本体论、宇宙气化创生论和通气运动论，还涉及了微观的卦爻符号的理解，体现了刘绍攽对《易》道阴阳的深刻领悟。

（五）不废象数，归于义理

刘绍攽在《周易详说》的《自序》中说："《易》所以难明者，汉儒主数，宋儒主理。……汉宋异论，统归一致，易道无歧趋、无遗蕴矣。"[①] 由于汉学与宋学的割裂，导致《易》之象数与义理的分离，于是《易》之大旨难明。要昌明《易》道，必须消除门户之见，汉宋合一。因此，尽管刘绍攽本于程朱，但认识到程颐"说理精到，而于卜筮未合"，朱熹虽言《易》之卜筮，"第于象无所发明"，他们均疏于象数。再加上他对当时较为流行的易学著作均认为有些不足，如《自序》所言：

> 近日所宗来矣鲜之错综，袭唐孔氏非覆即变之旨，而其取象亦未尽出自然。《折中》《观象》《通论》诸书，博极能精，诚四圣之功臣，而汉学一间未达，故略于言象。《仲氏易》专祖李鼎祚《集解》，象占一道，多所贯通；根极理要，是所阙焉。恕谷《传注》阐仲氏之绪，终不免支离之失。可亭《传》《义》合参，每有心得，而偏言卦变。谢氏《易在》善言爻象而过于俭约，且其释爻不顺初二三四五上之序，则亦瑕不可掩，读者握其全，得其分，斯善矣。[②]

来知德的《周易集注》，取象生硬；李光地易学三书略于言象；毛奇龄《仲氏易》缺乏精要之义理；李刚主《周易传注》有支离之失；朱轼易著又偏言卦变，谢梅庄易著言爻象过于俭约。因此，他自己在注《易》方面，就要弥补这些缺陷，《周易详说》一书，正体现了他辞象变占合参的易学主张。

刘绍攽在《论观象》中主张："全《易》皆象也。扫象固非，泥象亦非。"[③] 所谓"全《易》皆象也"，即是对《易传》所谓"易者，象也。象也者，像也"的充分阐释。而"扫象固非"，是对王弼扫象的批评。"泥象亦非"，则是对汉儒固执于卦爻象的支离解经方式的警惕。这种对象的若即若离，符合《周易》"不可为典要，唯变所适"的精神原则。

---

① 《周易详说》之《自序》，第595页。
② 《周易详说》之《自序》，第595页。
③ 《周易详说》，第600页。

大致说来，刘绍攽注《易》，采用互象、变象、覆象和大象四种取象方式。互卦取象，刘绍攽认为《左传》中的卦例已经使用，这种观点在杜预注中已经产生。刘绍攽引朱子谓"重门击柝"须用互卦之象，以艮为门为例，说明"舍互体而象有难通者"。但是，互体之象绝不是《易传》说的"非中爻不备"的中爻，中爻指的是卦中二、四、三、五之爻位，汉儒以中爻为互卦，是错误的。刘绍攽所谓的变象，不是来知德的错卦说，如乾变为坤、坎变为离之类。对于来知德的这类变象，刘绍攽认为"失之泛滥穿凿"，理应被扫除。这种变象，也不是占到哪一爻，哪一爻就发生变化的变象，东汉虞翻常用此法，刘绍攽认为此乃占法，不是取象之法。刘绍攽所说的变象，乃是"惟卦有消长之义则然"的卦变之象，即朱熹《周易本义》卷首所列卦变图的变例。刘绍攽所谓的覆象，尽管与来知德的综卦之象类似，二者均取一卦的一百八十度翻转之象，但来知德多用于取三爻卦之象，而刘绍攽多用于取爻象以解释爻辞，如"《姤》之三即《夬》之四，皆曰'臀无肤'，《益》之二即《损》之五，皆曰'十朋之龟'是也"。刘绍攽所说的大象，即"兼画而言"，把相邻的几个同性的爻兼并看作一爻，他举朱熹的例子来说明大象："《大过》是个厚画的《坎》，《颐》是个厚画的《离》。"同时，他认为大象是圣人偶尔取用，而来知德"不论何卦，屡屡言之，则失其权衡矣"。①并且，刘绍攽认为大象的取象方法，源自东汉的虞翻。可见他对于虞翻易学，也不是完全否定的。

对于《周易》中卦、象、辞的关系，刘绍攽在解释"圣人设卦观象，系辞焉而明吉凶，刚柔相推而生变化"时说："辞因象系，象由卦生。迨辞系而吉凶之理明矣，象著而变化之理显矣。象者何？刚柔交错也。言吉凶而悔吝在其中，言变化而占在其中。"②卦爻辞从卦象而生，卦象又从卦而生；卦爻辞是明吉凶的，卦象是显示变化的。这种"辞因象系，象由卦生"可以看作刘绍攽对《周易》文本结构的总体看法。

刘绍攽在解《易》过程中，尽管非常重视象数，但他不仅仅停留在对象数的解读层面，而是由象数归结于义理，而且，这些义理多以程朱为主，立足于人伦日用。对每一卦的解读，均是先阐发义理，再疏通卦象。

（六）立足人伦日用

黄宗羲在《明儒学案·师说》指出："关学世有渊源，皆以躬行礼教为本。"这说明关中学者，治学讲究重礼务实，强调经世致用，贵在践履。刘绍攽的易学，也突出反映了这种特征。

刘绍攽在批注《系辞下》时说："惧者，敬也。修身之要，所以寡过者也。"③这

---

① 《周易详说》，第600页。
② 《周易详说》，第761页。
③ 《周易详说》，第781页。

是继承了张载"主敬"的主张。而"修身之要,所以寡过者也",正是孔子"五十以学《易》,可以无大过矣"的学《易》目的。人非圣贤,孰能无过。学《易》只是为了少犯错误,不可能完全无过。一旦犯错,又该如何呢?刘绍攽在解释《系辞上》中的"吉凶者,言乎其失得也。悔吝者,言乎其小疵也。无咎者,善补过也"时说:

> 象爻之辞为筮而设,故吉凶、悔吝、无咎者,断占之凡例也。然无咎行乎四者之间,盖能补过则不至于悔吝,而吉凶之来,以顺受之,全《易》精义,皆在于此。此卦所由立,辞所由系也。①

善于补过,就可以免于悔吝,而吉凶之来,自然可以"以顺受之"。这是《易》的精华所在,整部《周易》的卦、爻辞均是因此而生。

除了要善于补过,在人伦日用之中,还需要德、敬和礼。《系辞下》有三段著名的话语,将《履》《谦》等九卦陈述了三遍,被称为"三陈九卦"。刘绍攽在注解这些语段时,同样表现出对伦常日用的重视。其释"是故,《履》,德之基也;《谦》,德之柄也"曰:"凡处忧患之道,不过反身修德而已。试举九卦以言之,践履笃实者,立身之基;谦卑自下者,应物之柄。"反身修德与践履笃实,成为处忧患之道与立身的基础。在释"履和而至,谦尊而光"时说:"能敬则心平而践履无亏,尊人则自尊而德晖及物。"同样是倡导主敬。释"履以和行,谦以制礼"时说:"行已非礼,则乖戾不和,是履所以和其行。行礼无谦,则倨傲无本,是谦所以制乎礼。"②又重申重礼的思想。

重礼也好,主敬也好,都要在实践中完成。因此,刘绍攽在释《系辞上》"所乐而玩者,爻之辞也"说:"乐而玩者,知也。绅绎爻辞,知之明而后能行之力也。"③学《易》品玩卦爻辞,是为了明白道理,属于知;知之后,尚需在生活中力行。纵观《周易详说》一书,正是立足于人伦日用的学《易》导向,遵循"本之程朱,参之诸儒,寡过以立体,知来以致用"的原则,对卦爻辞经传进行了精彩地解说。

(七)精研卜筮

在刘绍攽看来,卜是龟卜,筮是易占。龟卜讲究五行,易占讲究阴阳。刘绍攽之所以要在《周易详说》的后三卷讨论卜筮问题,是因为在他看来,卜筮关乎理解《周易》的肯綮。关于这一点,项樟的序言说得很清楚:

---

① 《周易详说》,第762页。
② 《周易详说》,第778—779页。
③ 《周易详说》,第762页。

其一以为学《易》在先明卜筮。《易》言阴阳，卜言五行，而先天之传，则为《参同》《悟真》之秘。自汉人混卜于筮，朱子又以康节诸图为出于伏羲，而儒者失之。《启蒙》之作，求爻断占诸法，又未能尽合于《左氏》之卦案，学者滋疑。夫理外无数，数外无理。离理而言数者，非数也。离数而言理者，非理也。知理数之合一而不能析，理数中支络者，亦非理数也。辨别卜筮，合符《左氏》，本程朱之精蕴，集诸儒之大成。合汉宋理数于一家，统象辞占变于一贯，而《易》尽之矣。①

学《易》首先要明卜筮。汉儒不明卜筮，混卜于筮，朱熹所总结的筮法又不合《左传》所载先秦案例，以至于学者疑惑，易学混乱。筮法是言数的，《周易》卦爻辞是言理的，但理和数不能彼此分离，要想领悟理，必须要明白数，而明白了筮法，也就明白了数。所以，刘绍攽才要"辨别卜筮，合符《左氏》，本程朱之精蕴，集诸儒之大成"，做到理数兼顾。这样，《易》之意蕴就可以穷尽了。

首先，刘绍攽在《周易详说》卷十六和卷十七中，总结《左传》中的筮法，以纠正朱熹《易学启蒙》中筮法的错误。朱熹筮法的错误，不在于求卦的揲蓍之法，而在于求爻之法，即在什么情况下看哪一爻的爻辞或卦辞："揲蓍求卦之法，详见《本义》前之筮仪，兹不复述。唯求爻之法，《左氏》与《启蒙》不合，今特详之。"②

刘绍攽所不同于朱熹筮法者，主要为："四爻变，则占之卦之《象》辞，兼占本卦之《象》辞"，朱熹以为"四爻变，则以之卦二不变爻占，仍以下爻为主"；"五爻变，占与四爻变同"，朱熹以为"五爻变，则以之卦不变爻占"；"六爻变，占与五爻变同"，③朱熹以为"六爻变，则乾坤占二用，余卦占之卦《象》辞"。④

以上三种情况与朱熹的求爻之法不同，均是刘绍攽结合《左传》《国语》记载的占筮案例所得，且上承李光地之说。可见，刘绍攽尊朱而不泥于朱。在确定用爻辞还是用卦辞之后，就要进行断卦。刘绍攽认为，在断卦过程中，不能舍弃卦爻辞而专论卦之体象："余自学《易》以来，占决不下百次，大抵皆以辞应，始信朱子立法占辞之不可易也。即以《左传》论之，其占卦体、卦象、卦变，亦必合所遇之词而决之，未有舍辞而专论体象者。盖文、周以后，辞之为用大矣。"⑤如此，占筮就成为经之教化作用的辅翼。

其次，刘绍攽根据自己的研究与实践，区分了卜、筮。他说：

---

① 《周易详说》项樟序，第592—593页。
② 《周易详说》，第797页。
③ 《周易详说》，第797页。
④ （宋）胡方平、胡一桂：《易学启蒙通释 周易本义启蒙翼传》，北京：中华书局，2019年，第155页。
⑤ 《周易详说》，第799页。

朱子尝谓程子不看杂书，故不知《未济》三男失位出于《火珠林》。余亦谓朱子不留心方伎，故不知纳甲、五行之无关于《易》。余少年时性僻好奇，每从方外游术数之学，颇能悉其原委，乃知汉儒混卜于筮，以致占验不灵，讲《易》滋芜。①

刘绍攽认为，正是因为朱熹不留心术数方技，才导致他误将汉儒之卜法与《易》混淆，再加上汉儒本身就将纳甲、纳音、五行、飞伏以及焦赣《易林》这些属于卜法的内容混入《易》之占筮，导致了两种不良的后果：一是《易》之占验不灵，无法致用；二是使《易》之经学滋蔓芜杂，繁琐支离。卜言五行，《易》言阴阳，二者有本质区别，不可混为一谈。刘绍攽这种"汉儒混卜入筮"的观点，发前人所未发，应引起易学界的重视。

不可讳言的是，刘绍攽虽然认为卜法的"纳甲、五行之无关于《易》"，但他在批注《周易》经文时，也会用震为木、兑为金之类的五行取象以解释辞象之间的关系，不免使观念与实践相悖，以至于《四库全书总目》编纂者讥"其议论纵横，亦大抵随文生义，故往往自相矛盾"。②

三

综上可知，刘绍攽《周易详说》一书，虽有瑕疵，但瑕不掩瑜，思想内涵丰富精深，因此受到许多褒扬。如周长发《序》所说：刘绍攽于"进退消长、穷通得丧之旨，无不究其理，兼通其数，可不谓深于《易》者乎？""知君于乘承比应之外，深探渊微，本乎《程传》之论理，复究朱子《本义》之论数。举凡河洛律吕，以及纳甲筮法，无不穷厥根柢，入其奥窔。而《左传》诸书所引《周易》，疏通证明，了如指掌。安溪而外，得是说也，可以为羽翼矣。"③项樟《序》也极力称颂《周易详说》曰："博而精，详而核，总括百氏，辨析微芒，此四圣之功臣而易学之全书也。以之修身则寡过，以之行政则化成。以之应世接物，彰往察来，则靡所投而不中，岂徒为经生呫哗之具已尔哉？"④《续修四库全书总目提要》也认为《周易详说》"引朱子先儒旧说，皆不可废之语，皆能化门户之成见，非墨守一先生之说者所及"。⑤可见其学术思想价值为学者所公认。

考察刘绍攽的易学思想渊源，可知其绍承于陕西学政王兰生。王兰生为易学大家

---

① 《周易详说》，第819页。
② 《四库全书总目》，第80页。
③ 《周易详说》周长发序，第591页。
④ 《周易详说》项樟序，第592、594页。
⑤ 中国科学院图书馆：《续修四库全书总目提要》经部上册，北京：中华书局，1993年，第62—63页。

李光地的高足，故其易学为李光地一脉。正如《续修四库全书总目提要》所说，该书"诠释经文，贯通数理，其学派与李安溪为近"。① 此论揭示了刘绍攽易学与安溪先生李光地"为近"，可谓颇具慧眼。李光地为学主程朱，其易学亦然。刘绍攽受其影响，易学取向宋学，义理以程朱为主，但能弥补其易学言象之不足。综观清代易学，林忠军认为其发展分为三个阶段，"清初官学遵从程朱易学，程朱易学是易学研究主流。但是顾炎武、毛奇龄、黄宗羲、胡渭等人，开始从明代灭亡教训中反思宋代易学，以易学文本为据，证明宋代兴起图书之学是伪学，开启考据易学之先河。至乾嘉时期……汉易研究成为当时显学。……道咸以后，乾嘉汉易式微，宋易又有复兴之势"。② 刘绍攽生逢雍乾之世，正当汉易流行之时，却能恪守似已落伍之宋易宗旨，保持对汉易的警惕与批判，同时有选择地采取象数易学取象范式，试图会通汉宋、融合理象，这种治《易》路径在清代易学史上也颇为难得。倘若将之置于清代关中易学之中来考察，仅就批注《周易》经传来说，与王心敬注《易》仍主宋儒义理旧说、张祖武和王缵谟缀合程朱义理与来知德象数等相比，刘绍攽博采义理象数两派诸说而断以己意的"详注"，也足以独树一帜。

A Tentative Research of Liu Shaoban's Thought on Yi-ology in His *The Elaboration of the Book of Changes*

Liu Yinchang

School of Chinese Language And Literature Shaanxi Normal University

Abstract: Liu Shaoban, a famous scholar from Sanyuan County, Shaanxi Province in Qing Dynasty, was of great attainments in the study of Yi Studies, which was mainly embodied in *The Elaboration of the Book of Changes*. Liu Shaoban remarked Yi-ology of Han Dynasty was excessively fragmented, therefore, he had the greatest esteem for the Yi-ology thoughts of Neo-Confucian Cheng Brothers and Zhu Xi of the Song Dynasty. Influenced by the Yi-ology learning of the Song Dynasty, Liu Shaoban held the images of *the Book of Changes* were mostly related to the Taoist religion. Under the influence of Zhang Zai, he interpreted *the book of Changes* by using the ancient Chinese philosophical concept *Qi*. Although Liu Shaoban attacked Yi-ology of the Han Dynasty, his research gained a thorough understanding of *Xiang-shu* (image-number) and argumentation and eventually led Yi-

---

① 《续修四库全书总目提要·经部》上册，第62页。
② 林忠军：《论晚清俞樾对于汉易的整合与阐发》，《武汉大学学报》2014年第4期。

ology to the sphere of the moral relations and daily life. Meanwhile, by means of inspecting the spreading of Yi-ology, he also distinguished the two terms of *Bu* and *Shi* (two types of divination) .

Key words: Liu Shaoban; *the Elaboration of the Book of Changes*; Yi-ology

长安与日下：陕西师范大学唐史研究所与北京大学中国古代史研究中心的学术互动

胡耀飞

（陕西师范大学　唐文明研究院）

摘　要： 陕西师范大学唐史研究所与北京大学中国古代史研究中心的学术互动始于1950年代末1960年代初牛致功、胡戟两位先生负笈北大历史系的过往。他们在汪篯先生门下接受了不同程度的唐史熏陶，从而奠定了陕师大唐史所的基础之一部分。1980年代初，两家单位先后成立之后，互相之间的学术交流日益频繁，不仅通过中国唐史学会、唐研究基金两个学术团体进行合作，学者之间的私下交流也日渐增多。至于两家学术机构主办的学术刊物《唐史论丛》和《唐研究》之间的互相辉映，也能体现两者互动之一斑。

关键词： 陕西师范大学唐史研究所；北京大学中国古代史研究中心；学术互动

学术的发展，离不开学者的交流。学者的交流，大多以学术平台为依托。中古史领域的学术平台很多，但从历史、体量、成就和知名度来说，有三大不可忽视的平台：北京大学中国古代史研究中心（1982年10月成立）、武汉大学中国三至九世纪研究所（1980年建所）、陕西师范大学唐史研究所（1981年5月成立）。三家单位分别经营《唐研究》（1995年创刊）、《魏晋南北朝隋唐史资料》（1979年创刊）和《唐史论丛》（1986年创刊，与中国唐史学会合办）。① 虽然近十年来，诸如《中国中古史研究》《中国中古史集刊》《唐宋历史评论》《隋唐辽宋金元史论丛》等刊物的兴起丰富了学术生态，但传统的三大平台和三大刊物依然占据着重要地位。

作为三大平台之一的成员，在受惠于前辈学者所创下的学术遗产之余，也希望能

---

① 关于这三大科研机构的集中介绍，参见胡耀飞：《中国中古史领域学术机构与学会组织巡礼》，（新加坡）《南洋中华文学与文化学报》创刊号，2021年11月，第155—156页。

够通过梳理前辈学者的学术历程来更好地继承和发扬学术精神。因此，笔者在2021年借助陕西师范大学唐史研究所（以下简称"陕师大唐史所"）成立四十周年召开纪念座谈会之机，整理了《陕西师范大学唐史研究所四十周年纪念册》，不仅收录唐史所第三任所长拜根兴先生《陕西师范大学唐史研究所四十年回顾（1981—2021）》和笔者《史念海、黄永年二先生与陕西师范大学唐史研究所的创办》两篇回顾文章，还整理了唐史所学者成果目录，以及《唐史论丛》现有总目。① 由此，笔者也了解了一些唐史所与各大高校、科研院所的交往情况，并考虑择日撰写相关文章予以抉发。正好北京大学中国古代史研究中心（以下简称"北大中古史中心"）在2022年庆祝成立四十周年，遂草成此文，以志长安、日下两家学术机构之间的情谊。

一、牛致功、胡戟负笈北大历史系

在陕师大唐史所的发展历程中，除了史念海（1912—2001）先生和黄永年（1925—2007）先生的创始之功，历任所长史念海、杜文玉、拜根兴，副所长上官鸿南、马驰、介永强的辛苦领导外，普通研究人员中以牛致功（1927年生）、胡戟（1941年生）两位先生功劳最著。其中牛致功先生对唐史所的团队建设和学术引领功劳卓著，这在庆贺牛先生八十华诞的祝寿文集中已有相关文章予以揭示。② 胡戟先生的功劳则主要在于组织中国唐史学会为主的学术活动，以此带动唐史所同仁的学术交往，这在胡先生八十华诞后出版的《八十论学留忆》和《八十学涯自述》中皆可印证。③ 值得一提的，两位先生皆曾在"文革"以前负笈北京大学历史系读研究生，这可以说是陕师大唐史和北大唐史的交往之源头，并直接影响到了"文革"以后两家新成立学术机构之间的进一步交往。

关于北京大学的唐史研究传统，可以追溯到陈寅恪（1890—1969）先生的弟子汪篯（1916—1966）、王永兴（1914—2008）等先生在北大的任教。其中汪先生主要在"文革"以前，王先生主要在"文革"以后。就对北大中古史中心唐史方向学科建设的实际贡献来说，王永兴先生功劳最大。就奠定北京大学唐史学科的学术基础而言，汪篯先生功不可没。而牛致功、胡戟两位先生在"文革"前，即皆曾负笈北京大学历史系，师从于汪篯先生读隋唐史研究生，可以说继承了北大唐史传统之一脉。基于早年的求学经历，胡戟先生便于汪篯先生百年冥诞之际，组织了北京（2016年12月25日）、西安（2016年12月31日和2017年1月1日）两场纪念活动，并出版了《汪篯

---

① 胡耀飞执行编辑：《陕西师范大学唐史研究所四十周年纪念册》，西安：陕西师范大学唐史研究所，2021年5月。
② 魏全瑞主编：《隋唐史论：牛致功教授八十华诞祝寿文集》，西安：三秦出版社，2007年。
③ 胡戟教授八十华诞活动筹办组编：《八十论学留忆》，香港：文化中国出版社有限公司，2021年；胡戟：《八十学涯自述》，香港：文化中国出版社有限公司，2021年。

汉唐史论稿》和《汪篯百年诞辰纪念文集》，① 从中可以窥见两所学校和两家单位之间的点滴联系。

（一）牛致功先生负笈北大

牛致功先生为河南偃师人，早年从戎，1952 年进入西北大学师范学院史地系读本科。在此期间的 1954 年，学校改制为西安师范学院，史地系分为历史系和地理系，牛先生继续在历史系读书。1956 年，牛先生本科毕业后留校工作。鉴于当时不间断的政治运动对正常教学秩序的影响，牛先生于 1959 年考入北京大学历史系，并在当年 12 月进京读研。不过北京的政治氛围更加浓厚，根据牛先生的回忆：

> 在办理报到手续的过程中，一位师兄告诉我，导师汪篯先生是当时"反右倾"的重点，正在挨批。这消息使我大吃一惊，立刻想到学习必然受到影响。果然不出所料，去拜见导师时，汪先生情绪低落，不想多说话，除了几句初次见面的话以外，根本未谈研究生的学习问题。事实上，客观形势也不容许实现自己理想中的研究生进程。紧接着就参加了几次"反右倾"的批评会，这大概就是研究生入学的思想教育。不到一周，就接到去农村劳动锻炼的通知，一去三个月。②

一入学见到导师汪篯先生，便已经感觉到无法像当初想的那样实现学习深造的目的，牛先生的求学之旅可谓坎坷。

在三个月的农村锻炼之后，牛先生"从农村回到北大，主要学习《列宁主义万岁》，③ 批判修正主义。整天集体学习，开会讨论批评，三段（上午、下午、晚上）不停"。这样的一种"浓烈的政治氛围使我不知所措，导师汪先生又因病住进医院，自感从西安到北大来读研究生是错误的选择"。④ 最终，在当时经济形势恶化，家庭负担加重的情况下，牛先生选择了终止研究生学习，回到西安师范学院任教。此时的西安师范学院已经与陕西师范学院合并后并改名为陕西师范大学，故而牛先生一直在陕西师范大学历史系工作。1984 年，牛先生出任历史系主任，但以志在学术为由于一年之内请辞，并调入唐史研究所，从而在其晚年真正奉献于唐史研究。

受时代影响，牛先生早年的学术研究主要以马克思主义来解释历史，且并非唐史，而是史学史方向。⑤ 牛先生研治史学史，始于 1956 年留校任教后对《资治通鉴》的研

---

① 汪篯：《汪篯汉唐史论稿》，北京：北京大学出版社，2016 年；胡戟、杜海斌主编：《汪篯百年诞辰纪念文集》，北京：社会科学文献出版社，2020 年。
② 牛致功：《我与史学职业》，氏著《牛致功隋唐史论集》，北京：社会科学文献出版社，2020 年，第 4 页。
③ 此书由人民出版社出版于 1960 年 4 月，正是牛致功先生在农村待了三个月后回到北大的时候。
④ 牛致功：《我与史学职业》，第 4 页。
⑤ 在 1960 年代初，因编写高校文科教材"中国史学史"的需求，中国史学界曾掀起一股研究中国史学史的热潮。参见赵梅春：《中国史学史学科新体系的建立及其影响》，《河北学刊》2020 年第 2 期，第 7—13 页。

读，这虽然是效仿陈垣（1880—1971）先生中年时代读《资治通鉴》的治学精神，①但客观上渐渐将其治学方向转到隋唐史。大约因此，他到北京大学历史系读研，即选择汪籛先生为导师。虽然牛先生在北大历史系汪籛先生门下几个月的经历似乎不足以让他从汪先生身上学到多少学术，甚至"心里满是失落感"。②但牛先生在此后的岁月里，一直将汪先生当作学术榜样。只是从北京大学回西安之后，又经历"文革"前后近二十年的坎坷历程，直至1980年代初方才回归唐史研究。

牛先生在真正转入唐史研究后，即积极深入探讨隋唐历史的基本问题。在此过程中，汪籛先生关注的许多话题，也同样为牛先生的许多论文所关注。以1981年1月份出版的《汪籛隋唐史论稿》③为界限，在此书出版之后牛先生发表的论文中，多有与汪先生文章相呼应的篇章。比如汪先生有《唐太宗之拔擢山东微族与各集团人士之并进》和《唐太宗树立新门阀的意图》，牛先生有《唐太宗处理阶级关系的思想》（《史学月刊》1981年第6期）；汪先生有《武则天》，牛先生有《武则天与洛阳》（《人文杂志》1986年第2期）等研究武则天的论文；汪先生有《唐太宗"贞观之治"与隋末农民战争的关系》，牛先生有《唐高祖与"贞观之治"》（《学术界》1988年第6期）。这些相同的话题，自然是大部分唐史学者往往都会关注的内容，但基于两位作者的师生关系，又似乎多了一层学术传承的意味。

（二）胡戟先生负笈北大

胡戟先生为上海人，1959年考入北京大学历史系读本科。1962年，刚上大四的胡戟先生开始准备毕业论文，被分在"隋唐史专门化小组"，从而开始师从汪籛先生。④在汪先生指导下，胡先生从大四学年论文开始进入唐史研究，汪先生提供的学年论文题目是注释《旧唐书·姚崇传》。正是做学年论文时的学术训练，启发了胡先生的学术探索，从而写出了一篇《"十事要说"考》，甚至该文成为他日后于1980年在西北大学评讲师的凭证。⑤胡先生大五的本科毕业论文为《武则天政治统治的三个问题》，这是他后来专治武则天研究，并出版数部武则天传记的学术起点。⑥据胡先生回忆，当时汪籛先生的评语为："这篇文章的优点是有很多创见，论题明确，论证有说服力。五王

---

① 牛致功：《我与史学职业》，第3页。
② 这句话是曹印双在《西安纪念汪籛先生百年诞辰座谈会综述》中记录的牛先生发言，参见胡戟、杜海斌主编：《汪籛百年诞辰纪念文集》，第494页。
③ 汪籛：《汪籛隋唐史论稿》，北京：中国社会科学出版社，1981年。
④ 胡戟：《曾经沧海难为水——告慰恩师，写在汪籛老师辞世50周年和百年诞辰之时》，胡戟、杜海斌主编：《汪籛百年诞辰纪念文集》，第69页。
⑤ 胡戟：《曾经沧海难为水——告慰恩师，写在汪籛老师辞世50周年和百年诞辰之时》，第73页。
⑥ 胡戟：《武则天本传》，西安：三秦出版社，1986年；再版，北京大学出版社，2011年；胡明曌、尹君、胡戟：《武则天的世界》，北京：中华书局，2012年。正如胡戟先生自述："1986年我正式出版的第一部著作《武则天本传》，书的基础是汪先生指导的毕业论文。"见胡戟：《八十学涯自述》，第71页。

政变一节，所论尤有多精辟处。"①

至1964年，五年大学毕业后，胡先生继续师从汪篯先生读研，直到1967年名义上毕业。当时，正逢"文革"开始之前的政治运动和"文革"初期的动乱，正常教学秩序很难保证。但在研究生开学之初，胡先生依然得到了汪先生的指导：

> 1964年我上研究生，入学后汪先生第一次安排学习，便是布置读（陈寅恪）先生的两部代表作《隋唐制度渊源略论稿》和《唐代政治史述论稿》，要求写读书报告。这一学习，使我终身受益，后来才能有一些读书报告式的文章发表。大概有《一代宗师陈寅恪先生对隋唐历史研究的贡献》《陈寅恪先生与中国史学》《陈寅恪先生与中国中古史研究》《试述陈寅恪先生对士族等问题的开拓性研究》《师生之间——陈寅恪先生如此说》等几篇，算是迟交给汪先生的他布置的作业吧。②

可惜，在1966年"文革"开始后不久，汪篯先生即含冤而逝，胡先生的学业也遭停滞。

虽然胡戟先生并未能够长期得到汪篯先生的指导，但两年本科和两年研究生的时间足以对胡先生的学术道路产生重要影响。大体而言，汪先生留给胡先生的学术遗产，除了以武则天研究为主的唐代历史人物研究取向外，便是传承自陈寅恪先生的学缘，以及由此学缘带来的各种学术机缘。其中之一，就是对中国唐史学会活动的深度参与。据胡先生回忆：

> 1980年唐史研究会即后来的中国唐史学会成立时，见到唐长孺先生，有人向他介绍我是汪篯先生的研究生，他的眼神马上变得特别亲切。后来他作为会长把会务交给我办，并且一直非常信任和支持我的工作。从初见唐先生时他那一亮的眼神时起，对自己作为汪先生的学生，便有了一种诚惶诚恐的感觉——义宁陈门是不好进的，因为人们对陈学是有期待的。③

可见，师从汪篯先生不仅使胡戟先生得以侧身陈门第三代之列，更使得他有机会在中国唐史学会首任会长唐长孺（1911—1994）先生的支持下办理中国唐史学会的会务。

当然，需要指出的是，胡戟先生是1992年11月方才正式调入陕西师范大学。在此之前，胡先生先后任教于西北大学西北历史研究室（1979—1986）和西安交通大学社会科学系（1986—1992），故其与设在陕师大唐史所的中国唐史学会秘书处一定程度上是合作关系。在这段时间内，虽然胡先生并不在唐史所工作，但与唐史所牛致功先

---

① 胡戟：《八十学涯自述》，第3页。
② 胡戟：《曾经沧海难为水——告慰恩师，写在汪篯老师辞世50周年和百年诞辰之时》，第71页。
③ 胡戟：《曾经沧海难为水——告慰恩师，写在汪篯老师辞世50周年和百年诞辰之时》，第75页。

生有密切合作关系。两人不仅有同为汪篯先生门下弟子的同门之谊,也是中国唐史学会秘书处的同事。1983 年至 1986 年,两人同时担任中国唐史学会第二届理事会的副秘书长,在当时秘书长吴枫(1926—2001)先生远在东北的情况下,事实上承担了中国唐史学会秘书处的运转之责。1989 年,牛先生不再担任副秘书长,胡先生升任中国唐史学会第三届理事会的秘书长,与作为副秘书长的唐史研究所牛志平先生合作会务。至 1992 年,胡先生卸任秘书长职务。

1992 年,胡戟先生入职陕西师范大学,并连续三届担任中国唐史学会副会长(第五届、第六届、第七届,1992—2001)。在此期间,胡先生与唐史所的中国唐史学会秘书处同仁一起开展了近十年的学术活动。正如下文将要陆续提及的,无论是 20 世纪 80 年代作为副秘书长、秘书长的胡先生,还是 90 年代作为副会长的胡先生,自始至终都能看到他对中国唐史学会所做出的贡献,而这一切不仅与陕师大唐史所密不可分,也都要归功于当年师从汪篯先生的学术渊源。

二、唐史研究所与中古史中心的学术往来

两个学术机构的学术往来,不仅包括学术机构成员之间的学术交往,也包括互相之间的人员流动。陕师大唐史所与北大中古史中心在先后间隔一年成立以后的四十年来,两个机构的成员之间一直有密切的学术往来。

(一)学术交往

当代学术界的学人交往,往往有三种形式:论著项目合作、学术团体协作和学人私交。其中学人私交不仅体现于就论著项目的合作上,也存在于学术团体成员的协作方面,但又不局限于这两大类。由于学人私交往往较难把握具体情况,当下学人之间的交往很多时候也不方便直叙,故而此处仅就论著项目合作和学术团体协作进行讨论。

就论著项目合作而言,陕师大唐史所和北大中古史中心之间颇有其例。比如白寿彝(1909—2000)先生担任总主编的《中国通史》(上海人民出版社,1999 年)第六卷《中古时代·隋唐时期》上册即以史念海先生为分卷主编,陕师大唐史所成员马驰(1941—2019)、牛致功、赵文润(1936—2016)、赵望秦等先生为主要编写人员;与此同时,北大中古史中心周一良(1913—2001)、祝总斌(1930—2022)等先生参与了何兹全(1911—2011)先生主编第五卷《中古时代·三国两晋南北朝时期》上册的编写。大体而言,两个断代的作者选取颇为合理,契合各学术机构的治学倾向。① 为了合理

---

① 关于白寿彝先生主编《中国通史》的成就,相关评述很多,可重点参考周文玖:《白寿彝先生的治学与他的中国通史编纂》,《回族研究》2003 年第 2 期,第 23—30 页。关于何兹全先生主编第五卷的评价,参见陈琳国:《写出三国两晋南北朝的历史特点和历史地位——多卷本〈中国通史〉第五卷读后》,《史学史研究》1997 年第 3 期,(转下页)

编排各个断代之间的内容及其衔接,两个机构之间自然也有交流。

此外,还有漆侠(1923—2001)先生总主编的《中国改革通史》(河北教育出版社,2000年),其中隋唐五代卷《盛衰交替之际的冲突与奋起》即由唐史所硕士毕业的齐勇锋先生和牛致功先生任主编,北大中古史中心硕士毕业的李鸿宾先生和唐史所薛平拴先生任副主编。胡戟先生于2006年退休之后,他还以大唐西市博物馆历史顾问的名义,与北大中古史中心荣新江先生合作整理了大唐西市博物馆藏唐代墓志,出版《大唐西市博物馆藏墓志》(北京大学出版社,2012年)一种墓志图录,以及《大唐西市博物馆藏墓志研究》(陕西师范大学出版社,2013年)和《大唐西市博物馆藏墓志研究续一》(陕西师范大学出版社,2013年)两种论文集。

当然,最主要的合作是1990年代围绕中国唐史学会和唐研究基金会(The Tang Research Foundation)联合规划的一些学术事业。唐研究基金会是美国友人罗杰伟(Roger E. Covey,1954—2013)先生在1992年创办的,旨在资助学者研究唐代历史文化。[①] 由于罗氏直接来到北京寻找唐史学者,故而以北大中古史中心为主的学者优先与之合作。但因为唐代历史文化的研究还需要得到国内各大高校和学术机构的学者支持,特别是唐代都城长安所在地西安学者的参与,故而陕师大唐史所的学者也随之跟进。不过无论北京还是西安,相关唐史学者的参与多以唐研究基金会和中国唐史学会的名义。

唐研究基金会的资助主要体现在三大领域:一、资助《唐研究》的创刊和持续办刊;二、资助出版"唐研究基金会丛书"和"唐代历史文化丛书";三、资助中国唐史学会的学术活动。其中,《唐研究》主要由北大中古史中心主办,相关情况下文另述。"唐研究基金会丛书"和"唐代历史文化丛书"作为唐研究基金会资助的两大丛书,多有陕师大唐史所和北大中古史中心的成员参与。中国唐史学会的学术活动,则更需要设在唐史所的学会秘书处出面。

"唐研究基金会丛书"创始于1994年,第一部书是北大中古史中心王永兴先生的《唐代前期西北军事研究》(中国社会科学出版社,1994年12月),至2006年共出版24种。该丛书最初的学术委员会成员以罗杰伟先生为主任,当时的北大中古史中心博士生(1995年毕业后留校工作)罗新先生为秘书,编委会成员包括当时的中国唐史学会第五届会长郑学檬先生和副会长朱雷(1937—2021)先生。1997年出版谢思炜《白居易集综论》(中国社会科学出版社,1997年8月)时,扩大学术委员会成

(接上页)第10—16页;关于史念海先生主编第六卷的评价,参见刘统:《隋唐强盛的深层探索——多卷本〈中国通史〉第六卷读后》,《史学史研究》1998年第3期,第6—12页。

① 关于罗杰伟先生的生平,参见钮海燕:《寻梦:从北美到中国》,《国际人才交流》1995年第11期,第5—11页;罗新:《罗杰伟:生平与事业》,荣新江主编:《唐研究》第二十卷,北京:北京大学出版社,2014年,第1—9页。两篇文章都未能详细梳理唐研究基金会的贡献。

员，中国唐史学会第六届会长郑学檬先生和副会长朱雷、李斌城、胡戟、张国刚悉数入列，北大中古史中心的王小甫、荣新江两位先生也首次出现。进入该丛书的著作中，北大中古史中心有王永兴先生《唐代前期西北军事研究》和周一良先生《唐五代书仪研究》（与中古史中心硕士毕业生赵和平合撰，中国社会科学出版社，1995年12月），陕师大唐史所则有时任所长史念海先生《唐代历史地理研究》（中国社会科学出版社，1998年12月），以及胡戟先生等人主编的《二十世纪唐研究》（中国社会科学出版社，2002年1月）。

"唐代历史文化丛书"创始于1995年，第一部书是首都师范大学历史系王永平先生的《唐代游艺》（西北大学出版社，1995年6月），至1996年共出版9种。该丛书前身为胡戟先生主编的"隋唐历史文化丛书"，一直由中国唐史学会资助出版，从1985年至1992年先后出版了18种，作者群里有北大中古史中心吴宗国，陕师大唐史所马驰、赵文润、牛志平、拜根兴等人。在唐研究基金会的资助下，"隋唐历史文化丛书"改制为"唐代历史文化丛书"，主编也由中国唐史学会副会长胡戟先生推荐中国唐史学会第六届秘书长、陕师大唐史所副所长马驰先生担任，但未设委员会。虽然受制于客观原因未能长久持续下去，但包括此前"隋唐历史文化丛书"和之后"隋唐历史人物丛书"（陕师大唐史所赵文润先生主编，三秦出版社2000年5月一次推出7种）在内的数种丛书，已经得到了学界的持续关注。进入该丛书的著作中，有陕师大唐史所马驰先生《李光弼》（陕西师范大学出版社，1996年4月）和牛志平先生《唐代婚丧》（与姚兆女合撰，西北大学出版社，1996年9月），以及唐史所博士毕业的费省先生《唐代人口地理》（西北大学出版社，1996年5月）。

中国唐史学会则自1993年起，持续受到唐研究基金会的资助，除了资助相关学术研讨会，出版"唐代历史文化丛书"外，还包括"唐研究基金会丛书"中由中国唐史学会的中国唐史高级研究班集体撰写，胡戟、张弓、李斌城、葛承雍四位先生主编的《二十世纪唐研究》一书。该书"各章作者均是该学术领域内研究有素的优秀中年专家，经过个人报名，中国唐史学会理事会遴选推荐，唐研究基金会确定的"。[①] 在该书编委名单中，王小甫、荣新江为北大中古史中心成员，邓文宽、卢向前、宁欣、吴丽娱、李锦绣、赵和平（1948—2020）等人皆硕士毕业于北大历史系或中古史中心，杜文玉、胡戟为陕师大唐史所成员，另有原北大中古史中心张广达先生撰写序一。

当然，围绕中国唐史学会，陕师大唐史所和北大中古史中心早在1980年代初即开始合作，至今持续40多年。在中国唐史学会的历届理事会成员中，两家单位的学者多有共事，可列表如下（下划线为研究生毕业于两家机构者）：

[①] "内容提要"，胡戟等主编：《二十世纪唐研究》，北京：中国社会科学出版社，2002年。

表一　中国唐史学会历届理事会中两家机构成员

届　数	身份	陕师大唐史所	北大中古史中心
第一届 （1980—1983）	副会长	史念海	
	秘书长	黄永年	
	常务理事	史念海	
	理事	史念海、黄永年	王永兴
第二届 （1983—1986）	顾问		周一良
	副会长	史念海	
	副秘书长	牛致功	胡戟
	常务理事	史念海、黄永年	
	理事	史念海、黄永年	王永兴、胡戟
第三届 （1986—1989）	顾问		王永兴、周一良
	副会长	史念海	
	秘书长		胡戟
	副秘书长	牛志平	
	理事	史念海、黄永年、牛致功	吴宗国、胡戟
第四届 （1989—1992）	名誉会长	史念海	
	顾问		王永兴、周一良
	副会长	牛致功	
	秘书长	牛志平	
	理事	牛致功、黄永年、牛志平	吴宗国、胡戟
第五届 （1992—1995）	名誉会长	史念海	
	顾问	黄永年	王永兴、周一良
	副会长	牛致功、胡戟	胡戟
	秘书长	牛志平	
	副秘书长	马驰（1994年增聘）	
	理事	牛致功、牛志平、胡戟、孙永如	吴宗国、荣新江、胡戟
第六届 （1995—1998）	名誉会长	史念海	
	顾问	黄永年、牛致功	王永兴、周一良
	副会长	胡戟	胡戟
	秘书长	马驰	
	理事	胡戟、马驰、杜文玉、牛志平、孙永如	吴宗国、荣新江、胡戟
第七届 （1998—2001）	名誉会长	史念海	
	顾问	黄永年、牛致功	王永兴、周一良
	副会长	胡戟、马驰	荣新江、胡戟
	秘书长	杜文玉	
	副秘书长		宁欣
	理事	胡戟、马驰、杜文玉、牛志平、孙永如、王援朝	吴宗国、荣新江、宁欣、吴丽娱、胡戟

续表

届　数	身份	陕师大唐史所	北大中古史中心
第八届 （2001—2004）	副会长	杜文玉、辛德勇	荣新江
	秘书长	杜文玉（兼）	
	副秘书长	薛平拴	宁欣
	理事	胡戟、杜文玉、薛平拴、牛志平、孙永如、王援朝、辛德勇	吴宗国、荣新江、宁欣、吴丽娱、胡戟、罗永生
第九届 （2004—2007）	副会长	杜文玉、辛德勇	荣新江、辛德勇
	秘书长	杜文玉（兼）	
	副秘书长	薛平拴	宁欣
	理事	杜文玉、薛平拴、王援朝、辛德勇	荣新江、辛德勇、宁欣、吴丽娱、赵和平、卢向前、罗永生
第十届 （2007—2011）	副会长	杜文玉、辛德勇	荣新江、辛德勇
	秘书长	杜文玉（兼）	
	副秘书长	薛平拴	宁欣
	理事	杜文玉、薛平拴、贾二强、王援朝、辛德勇	荣新江、辛德勇、李鸿宾、宁欣、吴丽娱、赵和平、卢向前、刘后滨、罗永生
第十一届 （2011—2015）	副会长	杜文玉	荣新江、宁欣
	秘书长	贾二强	
	副秘书长	薛平拴、拜根兴	刘后滨
	理事	杜文玉、薛平拴、贾二强、拜根兴、王援朝、戴显群、毛阳光	荣新江、李鸿宾、宁欣、刘后滨、牛来颖、陈志坚
第十二届 （2015—2018）	副会长	杜文玉	荣新江、宁欣
	秘书长	薛平拴	
	副秘书长	拜根兴、介永强	刘后滨
	理事	杜文玉、薛平拴、拜根兴、介永强、戴显群、贾志刚、毛阳光、刘玉峰	荣新江、李鸿宾、宁欣、刘后滨、牛来颖、陈志坚、雷闻
第十三届 （2018—2023）	会长	杜文玉	
	副会长	薛平拴	李鸿宾
	秘书长	拜根兴	
	副秘书长	介永强	
	常务理事	杜文玉、拜根兴、毛阳光	李鸿宾、雷闻
	理事	杜文玉、薛平拴、拜根兴、介永强、胡耀飞、贾志刚、刘玉峰、毛阳光、王义康、张维慎	荣新江、李鸿宾、宁欣、刘后滨、牛来颖、陈志坚、雷闻、孟宪实、孙英刚
第十四届 （2023—2027）	名誉会长	杜文玉	
	会长	拜根兴	
	副会长	薛平拴	李鸿宾
	秘书长	介永强	

续表

届　数	身份	陕师大唐史所	北大中古史中心
第十四届 （2023—2027）	副秘书长	胡耀飞	
	常务理事	拜根兴、薛平拴、介永强、胡耀飞、刘琴丽、刘玉峰、毛阳光	李鸿宾、雷闻
	理事	拜根兴、薛平拴、介永强、胡耀飞、贾志刚、侯振兵、刘琴丽、刘玉峰、毛阳光、张维慎、于赓哲、朱德军	荣新江、李鸿宾、刘后滨、牛来颖、陈志坚、雷闻、孟宪实、孙英刚、刘琴丽、徐畅

根据上表，大体可见中国唐史学会中两家单位的成员情况。比如陕师大唐史所因属于中国唐史学会秘书处所在地，故而长期有秘书长、副秘书长和若干理事；北大中古史中心则唐史方面的学者不多，故而早期仅有王永兴、吴宗国两位先生担任理事，并自第五届开始长期由荣新江先生以理事或副会长身份参与会务。而在毕业生方面，陕师大唐史所的毕业生走到各个高校后又担任中国唐史学会理事之职的不多，但北大中古史中心的毕业生发展后劲很足，在其他高校和单位都能有所成就，担任理事者日渐增多。无论如何，通过在中国唐史学会的共事，两家机构之间的学者也多有往来，且互有交叉。

由上可见，中国唐史学会、唐研究基金会共同见证了北大中古史中心和陕师大唐史所的一次次重要合作。

（二）人员流动

学术机构由研究人员组成，其中不仅包括机构领导、普通研究人员，还有在此求学的硕士生和博士生，以及博士后研究人员。这些人员的身份并不固定，往往有互相转化，比如普通研究人员会升任机构领导，硕士生和博士生毕业后会留下来成为普通研究人员。此外，在同类型的不同学术机构之间，自然也会有人员流动。比如 A 机构的硕士生前往 B 机构读博，B 机构的博士生前往 A 机构就职，以及 A、B 机构之间成员的正常调动等，皆属正常。

就陕师大唐史所和北大中古史中心来说，这种人员的往来也十分密切。大致而言，以下分升学和就职两类梳理。

1. 升学

升学的前提是升学目的地有升学出发地所没有的教育资源，比如学历平台和学术资料。由于北京大学无论在学术资源还是学历平台上都要比陕西师范大学更占优势，故而此处升学基本都是从陕师大升学至北大。比如陕师大历史系本科后考入北大历史系读研的雷闻，即进入北大中古史中心，先于 1997 年在吴宗国先生门下获得硕士学位，后于 2002 年复在吴先生门下获得博士学位。目前，雷闻已经是北京师范大学历史学院教授、博士生导师。

除此之外，还有以陕师大硕士身份考入北大读博的情况。拜根兴曾回忆过二十世纪九十年代后期陕师大唐史所成员纷纷考博的盛况，王元军（1965—2021）赴北京师范大学读博，拜根兴赴韩国庆北大学读博，赵望秦赴南京师范大学读博，王义康（1965—2022）赴南开大学读博，薛平拴、张萍、介永强在本校历史地理研究所跟随史念海先生读博等。①因为当时唐史所一直没有博士点，身为所长的史念海先生也只是在历史地理研究所才能招历史地理方向的博士，故而部分向外投考，部分留校读博。只是当时没有考入北大者，直到2001年方才有杜文玉先生指导的硕士刘琴丽考入北大中古史中心王小甫先生门下读博。目前，刘琴丽已经是中国社会科学院古代史研究所研究员。

2. 就职

与升学不同，就职的方向往往是从高水平院校向一般高校流动。特别是在高水平院校往往很难留下自己培养毕业生的情况下，去渴求名校毕业生的一般高校就职，就成为了名校毕业生不得不然的选择。在这方面，从北大中古史中心博士毕业后来到陕师大唐史所工作的例子很少。2009年有北大中古史中心张希清先生门下博士生袁良勇毕业后到陕师大历史文化学院工作，主要研究的是宋史。目前则有北大中古史中心荣新江先生的博士李昀毕业后于2022年初来到陕师大唐史所沙武田先生门下做师资博后。

难得的是，在就职这一方面，还有相反的情况。即陕师大唐史所史念海先生门下1984年硕士毕业、1988年博士毕业的辛德勇先生，在1992年离开西安赴中国社会科学院历史研究所工作了12年后，于2004年进入北大中古史中心当教授、博士生导师至今。辛先生的学术经历十分丰富，但其学术基业主要是在陕师大唐史所师从史念海先生、黄永年先生时打下的，并将两位先生所擅长的历史地理学和版本目录学同时传承了下来，一并带入北大中古史中心。自辛德勇先生进入北大中古史中心任教以来，也在一定程度上加深了北大中古史中心和陕师大唐史所的联系。2021年5月30日，辛先生莅临陕师大唐史所成立四十周年纪念会，就是最近一个很好的例子。

三、《唐史论丛》与《唐研究》的学术互动

学术机构是学术交流的重要平台，而学术刊物则是学术机构借以进行学术交流的重要平台，故而一个学术机构的运转一定程度上需要有一个学术刊物来保持活力。当然，除了学术刊物，学术机构也可以通过学术项目、学术论坛来维持运转。但真正能够向学界展示一个学术机构特色的，依然是学术刊物。所以，很多学校往往在设立一个新的研究机构之后，开展学术刊物的编辑与出版。就陕师大唐史所和北大中古史中

---

① 拜根兴：《陕西师范大学唐史研究所四十年回顾（1981—2021）》，《陕西师范大学唐史研究所四十周年纪念册》，西安：陕西师范大学唐史研究所，2021年，第8页。

心来说，《唐史论丛》和《唐研究》便分别是各自学术机构的代表性学术刊物，从而得以在此基础上进行更深入的交流。

（一）《唐史论丛》

由陕师大唐史所主办的以书代刊的《唐史论丛》创刊于1986年，但在1998年出完第七辑（陕西师范大学出版社，1998年2月）后即暂停了八年之久，直到2006年方才继续出刊第八辑（三秦出版社，2006年1月）。前七辑由唐史所创始所长史念海先生主编，因为这也是史先生首先倡议要办的刊物；第八辑至今则由第二任所长杜文玉先生主编。2012年以来，《唐史论丛》持续入选CSSCI来源集刊；2022年，《唐史论丛》入选中国历史研究院学术性集刊资助名录；2023年，《唐史论丛》获评中国人文社会科学AMI核心集刊。

事实上，在20世纪90年代，由于经费问题，《唐史论丛》一直未能做到持续出刊。从第五辑（三秦出版社，1990年7月）到第六辑（陕西人民出版社，1995年10月）即已间隔五年，从第六辑到第七辑也隔了三年。也就是说，在十六年的时间内，一共才出版了四辑。正是这种许多年间隔出刊的状态，使得当时学界对《唐史论丛》的了解并不多。因此，当1995年的《唐研究》创刊并每年持续出刊之后，学界长年瞩目于《唐研究》的刊行。

幸运的是，在21世纪初，《唐史论丛》重新得到了陕师大的重视，在历史文化学院学科建设经费的资助下，在中国唐史学会的学术支持下，陕师大唐史所继续编辑和刊行《唐史论丛》，并将中国唐史学会列为合作单位。[①] 在此之后，《唐史论丛》比之前更多地接纳海内外唐史学界的各类投稿。北大中古史中心荣新江、辛德勇、陆扬等先生也入列编委名单，故而北大中古史中心的师生也多有大作在《唐史论丛》发表，相关情况可列为下表：

表二 《唐史论丛》刊登北京大学中古史中心学者文章列表

辑号与时间	作 者	题 目
第8辑，2006年	宁欣（硕士毕业）	笔记小说中的唐宋都市生活服务业
第9辑，2007年	余静（博士生？）	隋唐五代时期的尉迟氏
第10辑，2008年	吴丽娱（硕士毕业）	《显庆礼》与武则天
第11辑，2009年	吴丽娱（硕士毕业）	下情上达：两种"状"的应用与唐朝的信息传递
	季爱民（博士生）	从道宣的戒坛设计到法藏的华严寺造像——以碑林藏神龙二年（706）造像座为中心

[①] 当然，中国唐史学会秘书处即设在陕师大唐史所，《唐史论丛》又是唐史所主办的刊物，故而相关人员都有重合。正如贾二强先生所说："因中国唐史学会自成立之时起，秘书处就一直设在陕西师范大学内，所发表的论文大都来自学会的会员，因此《唐史论丛》从某种意义上说，也带有一定的学会刊物性质。"参见贾二强：《重新出版序言》，杜文玉主编：《唐史论丛》第八辑，西安：三秦出版社，2006年，序言第1页。

续表

辑号与时间	作 者	题 目
第12辑，2010年	吴丽娱（硕士毕业）	关于《丧葬令》整理复原的几个问题——兼与稻田奈津子商榷
	李鸿宾（硕士毕业）	《安菩墓志铭》再考——一个胡人家族入居内地的案例分析
第13辑，2011年	卢向前（硕士毕业）	武则天和亲突厥辩
	牛来颖（硕士毕业）	《天圣令·赋役令》丁匠条释读举例——兼与《营缮令》比较
	陈怀宇（硕士毕业）	礼法、礼制与礼仪：唐宋之际圣节成立史论
第14辑，2012年	牛来颖（硕士毕业）	西市博物馆藏《王彦真墓志》研究
	宁欣（硕士毕业）	赐官转让、吏员超编、役利以给公食餐费——《石解墓志》释读三题
	李鸿宾（硕士毕业）	慕容曦光夫妇墓志铭反映的若干问题
第16辑，2013年	牛来颖（硕士毕业）	从唐《韦少华墓志》看地方营缮工程实施
	刘琴丽（博士毕业）	墓志所见唐代的郭子仪家族
第19辑，2014年	季爱民（博士毕业）	李华流寓南方及其与天台学的关系
第21辑，2015年	徐畅（博士毕业）	唐万年、长安县乡里村考订补
第22辑，2016年	张龙（博士毕业）	论唐前期两京联动的应灾机制
第24辑，2017年	宁欣（硕士毕业）	再论唐朝的"给使小儿"
第25辑，2017年	闫建飞（博士毕业）	新见五代《符彦能墓志》考释
第28辑，2018年	陈鹏（博士毕业）	隋代谱牒与郡姓评定
第29辑，2019年	闫建飞（博士毕业）	五代后期的政权嬗代：从"天子，兵强马壮者当之，宁有种耶"谈起
第30辑，2020年	冯茜（博士毕业）	礼书编纂中的制礼思想——以《大唐郊祀录》为中心
第31辑，2020年	李志生（教授）	唐人对女着男装为"服妖"说的接受史
	李鸿宾（硕士毕业）	唐朝门阀大族及其消亡的思考——谭凯《中古中国门阀大族的消亡》书后
第32辑，2021年	李志生（教授）	隋唐后妃命妇礼服制渊源考析
第35辑，2022年	李志生（教授）	交往、性别和阶层：唐代妇女宴会活动探析
第36辑，2023年	陈鹏（博士毕业）	唐代官私"氏族谱"并行、合流与衰落

通过上表可见，基本每年都有出自北大中古史中心的学者在《唐史论丛》刊发文章。但需要注意的是，2020年之前基本都是毕业于北大中古史中心后，在其他单位工作的学者发表论文。虽然他们在发表时代表的是工作单位，但依然不可忽视他们的学术出身。这是因为一般学者的学术基础大多奠基于硕、博士期间的学术训练，代表的是在就读硕、博士的学校中所习得的学术观点和理念。因此，还可以从他们所刊发论文的题目中略窥其门径，比如墓志研究、长安学、礼制思想，以及《天圣令》为代表的法律史等，都是能够代表北大中古史中心学术领域的话题。

（二）《唐研究》

由唐研究基金会资助刊行的《唐研究》也是以书代刊的刊物。但在创刊之初，《唐研究》并不属于北大中古史中心，一定程度上是唐研究基金会的学术刊物。但《唐研究》第一任（1995—2017）主编荣新江先生和第二任（2018至今）主编叶炜先生都是北京大学中国古代史研究中心的人员，且自第十六卷（北京大学出版社，2010年）起由唐研究基金会与北大中古史中心合办，故亦可视之为北大中古史中心的刊物。

当然，《唐研究》的创刊确实是唐研究基金会的功劳，并且得到了中国唐史学会的支持。在某种程度上，北大中古史中心和陕师大唐史所的成员共同参与了《唐研究》的创办。此外，从第九卷（北京大学出版社，2003年）至第二十三卷（北京大学出版社，2017年），陕师大本科毕业的雷闻一直担任助理编辑职务。大体而言，虽然在《唐研究》的历年编委成员中没有唐史所的成员，但陕师大唐史所的身影依然存在。在《唐研究》历年所刊文章和书评中，更可见许多唐史所学者的作品，可列为下文表三和表四。

表三　《唐研究》刊登陕西师范大学唐史研究所学者文章列表

卷号与时间	作　者	题　目
第1卷，1995年	牛致功（教授）	试论《贞观政要》的中心思想
	王援朝（硕士毕业）	唐杨思勖墓石刻俑复原商榷——兼说唐墓壁画中的虎帐豹韬
第3卷，1997年	辛德勇（博士毕业）	书评：李健超《增订唐两京城坊考》
第4卷，1998年	杜文玉（教授）	高力士家族及其源流
	马驰（教授）	唐幽州境侨治羁縻州与河朔藩镇割据
第5卷，1999年	黄永年（教授）	跋康熙时舒木鲁明钞本《唐摭言》
	杜文玉（教授）	唐慈恩寺普光法师墓志考释
第6卷，2000年	杜文玉（教授）	唐李泳妻太原郡君王氏墓志铭浅释
第8卷，2002年	拜根兴（副教授）	韩国新发现的唐《含资道总管柴将军精舍草堂之铭》考释
第9卷，2003年	任士英（硕士毕业）	长安宫城布局的变化与玄宗朝中枢政局——兼及"太子不居于东宫"问题
	杜文玉（教授）	五代殿阁制度研究
第10卷，2004年	胡戟（教授）	唐犁东传和假名的创制——唐与日本科技文化交流之一瞥
	拜根兴（教授）	书评：权悳永《古代韩中外交史——遣唐使研究》
第13卷，2007年	拜根兴（教授）	书评：卞麟锡《唐代长安의新罗史迹》
第16卷，2010年	拜根兴（教授）	"唐罗战争"关联问题的再探讨
第17卷，2011年	周晓薇（教授）	应予关注的中晚唐文学研究新史料——新见张籍撰《唐阳城县主李应玄墓志铭》
	毛阳光（硕士毕业）	从《河洛墓刻拾零》的编纂看出土石刻文献的整理
第18卷，2012年	陈翔（硕士毕业）	书评：张正田《"中原"边缘——唐代昭义军研究》
	胡耀飞（硕士毕业）	书评：Wang Hongjie, Power and Politics in Tenth-Century China: The Former Shu Regime
第20卷，2014年	胡戟（教授）	唐代士大夫政治文化研究的趋向与展望
第21卷，2015年	拜根兴（教授）	韩国新出考古史料研究二题——以舍利奉安记、行贞观十九年皮漆甲铭为中心

续表

卷号与时间	作 者	题 目
第26卷，2021年	雒晓辉（硕士毕业）	唐"待制"考释
第27卷，2022年	刘喆（硕士毕业）	后周、北宋平边事发微——兼论"先北后南"与"先南后北"
第28卷，2023年	刘玉峰（硕士毕业）	论唐代均田制的等级性及制度属性
	谢守华（硕士毕业）	从职官志到公文书——《盛唐政治制度研究》再版新读
	董海鹏（博士生）	书评：《武则天研究》

由表三可见，不同于《唐史论丛》多刊发北大中古史中心毕业生的文章，在《唐研究》中刊发的学者文章大多是唐史所当下在职的学者，仅有最近一次在读的硕博士生，毕业生也不多。这是因为《唐研究》对外来文章和书评的审查颇为严格，故而唐史所的研究生少有投稿《唐研究》成功者。另一方面，《唐史论丛》一年两辑的体量，以及办刊过程中更倾向于培养青年学者独立科研能力的原则，使得投稿者中有许多外校青年学者，部分即毕业于北大中古史中心。合而观之，两家刊物办刊原则的差异，影响了各自刊物中刊载对方文章的数量和人员结构，这也算是一些学术插曲。

另外，《唐研究》的一大特色是书评内容的丰富，故而在其近三十年的办刊历史中，有多次刊登评论陕西师范大学唐史研究所学者著作的书评，可列表如下：

表四 《唐研究》刊登评陕西师范大学唐史研究所著作书评列表

卷号与时间	作 者	所 评 书
第5卷，1999年	杨泓	杨希义、杜文玉《唐代军事史》
第7卷，2001年	李孝聪	史念海主编《汉唐长安与黄土高原》《汉唐长安与关中平原》《中国黄土地带的都市与环境生态的历史》
第8卷，2002年	张国刚	黄永年《唐代史事考释》《文史探微：黄永年自选集》《树新义室笔谈》《学苑零拾》
	王炎平	胡戟《武则天本传》
第9卷，2003年	雷闻	贾二强《唐宋民间信仰》
第22卷，2016年	张晨光	王赓武著，胡耀飞、尹承译《五代时期北方中国的权力结构》

由表四可知，《唐研究》在十多年内，多有刊发陕师大唐史所学者著作的书评。根据荣新江先生在多种场合的阐述，《唐研究》的书评是约稿制，故而陕师大唐史所学者的著作能够得到约评，可以说是一种学术荣誉。但也要看到，除了早年的史念海、黄永年、胡戟、杜文玉、贾二强等先生的著作，近二十年陕师大唐史所获评的著作几乎没有，仅有一种译著。因此，单从这一点来看，陕师大唐史所的同仁尚需继续努力。

结 语

改革开放四十年来，学术界的繁荣不仅体现在学者的学术水平之成长，以及学术声誉之提升，也体现在学术环境之改善和学术平台之多元。在中国中古史学界，以武大三九所、陕师大唐史所和北大中古史中心为代表的学术平台之发展，以及相关学者之成长，即很好地反映了改革开放以来我国学术繁荣之景象。此外，学术的繁盛也不仅仅依靠学者自身的学术发展，也依赖于不同平台之间的互动。因此，探究学术机构之间的学术互动与交流，是观察学界生态的很好方式。

通过本文的梳理，即可大致明了位于故都长安的陕师大唐史所和位于首都日下的北大中古史中心之间的学术互动。大体而言，两家学术机构的互动可追溯至1950年代末1960年代初牛致功、胡戟两位先生负笈北大历史系的过往。他们在汪篯先生门下接受了不同程度的唐史熏陶，从而奠定了陕师大唐史所的基础之一部分。等到1980年代初，两家单位先后成立之后，互相之间的交流日益频繁。两家单位不仅通过中国唐史学会、唐研究基金两个学术团体进行合作，学者之间的私下交流也日渐增多。拜根兴先生即曾回忆过与周一良先生之间忘年交的往事，[①] 类似私谊尚有许多。至于两家学术机构主办的学术刊物《唐史论丛》和《唐研究》之间的互相辉映，也能体现两者互动之一斑。

絮叨往事，自然不仅是为了总结经验，更希望我们后辈能够很好地继承前辈学人的学术情谊，从而共同为唐史学界的繁荣继续贡献力量。

2022年8月初稿，2023年12月修订。

Chang'an and Capital: Academic Interactions between Tang History Institute of Shaanxi Normal University and Center for Research on Ancient Chinese History of Peking University

Hu Yaofei

Tang Civilization Academy, Shaanxi Normal University

Abstract: Academic interactions between Tang History Institute of Shaanxi Normal University and Center for Research on Ancient Chinese History of Peking University began in the late 1950s and early 1960s when Mr. Niu Zhigong and Mr. Hu Ji studied at the Department of History at Peking University. They received varying degrees of Tang historical education under the guidance of Mr. Wang Jian, which partly laid the foundations of the Tang

---

[①] 拜根兴：《一封珍藏三十年的书信：追忆周一良教授》，"澎湃新闻·私家历史"，2022年3月27日。

History Institute of Shaanxi Normal University. In the early 1980s, after the establishment of two institutes, academic exchanges between them became increasingly frequent. Not only did they collaborate through the Tang History Association of China and the Tang Research Foundation, but private exchanges among scholars also increased. The echo of the academic journals *Journal of Tang History* and *Journal of Tang Studies* hosted by Tang History Institute of Shaanxi Normal University and Center for Research on Ancient Chinese History of Peking University respectively can also reflect the interaction between the two institutes.

Key words: Tang History Institute of Shaanxi Normal University; Center for Research on Ancient Chinese History of Peking University; academic interaction

沉痛悼念刘宝才教授

赵世超

（陕西师范大学　历史文化学院）

时光流逝，不知不觉之间，刘宝才教授离开我们已经一年了。今天，大家在这里聚会，举行纪念活动，我的心情十分沉重，而连绵不断的思绪也泉涌而出，很想借发言的机会向朋友们做一番推心置腹的倾诉。

一

1979年，在"科学的春天"里，百废俱兴，为提高教学质量，教育部委托四川大学徐中舒教授主办先秦史师资培训班，我有幸被录取，首次负笈入川。那时候，不管干什么，都很认真，尽管全班只有12个人，仍然郑重其事地推举了班级领导，由来自东北师大的詹子庆任支部书记，来自西北大学的刘宝才任班长，由此，开始了我同刘宝才老师四十余年从未间断过的亲密交往。

因为是朝夕相处，我很快就领略了刘老师这位老大哥的长者风范。

刘老师温润如玉，从不疾言厉色，而对别人的关爱，则发乎自然，出于至诚。我进校时，他已先期而至，见我终于来了，便赶快过来看望，帮助安排床铺，购置碗筷和洗漱用具。还介绍说："红瓦村食堂的面好，绿杨村食堂的菜好。不过，最香的还是720食堂的回锅肉。"因为我是北方人，爱吃面，过了两天，他又领我找本地人按1:1.2的比例用米票换了一些面票。当时大家肚里缺油水，于是便常常跟他到720去吃回锅肉。

成都的冬天悄没声息地降临，树木依旧葱绿，转浓的寒气却已侵入肌肤，没有及时更换冬装的我患了感冒，吃药不管用，刘老师便带我到望江公园，要了一壶茶，在茶社里整整坐了一上午。他的理论是，多喝茶，把汗出透，自然就好了。不承想，这个办法还真灵，回到宿舍闷头睡了一觉，居然浑身通泰，精神健旺了许多。

"文化大革命"十年没有建设，突然恢复招生，房子成了大问题。所以，1979年的川大，简直就是一个大工地。徐老每周两次，从家里步行出来，绕过荷花池和数学楼，到一处平房院内为我们上课，沿路都是在运料的汽车和板车间穿梭，随时都有发生危险的可能。刘老师看在眼里、急在心头，赶紧以培训班的名义向学校打报告，要求派车接送，谁知竟如泥牛入海，久久不见答复，跑到办公楼问，听到的都是些推托话，方知领导也有难处，求人不如求己。于是，每逢上课的日子，刘老师一早就出门，亲自去接徐老。后来大家发现了，纷纷表示应该共同承担这项义务，这才排了班，轮流为老师"护驾"。

徐老是1898年生人，1925年入清华大学国学研究院，成为王国维等名师的入室弟子，自1937年辗转入川，到1979年，在川大执教已40余年，年龄也已八十有一。刘老师时常对我们说："徐老门墙桃李遍于天下，科研著述驰誉海内。这样的宿学大家现在已经不多，有跟他学习的机会，应该珍惜。除继承他的学术思想外，还要多陪陪他，让他不至于在晚年感到孤独。"在他和詹老师等人的张罗下，我们时常到老师家敬问起居，还请徐老和伍士谦、唐嘉弘、缪文远、罗世烈、常正光等几大助手一起，进行过几次郊游。记得一次是先逛望江公园，再在校内各景点照相，中午直接到望江楼聚餐。席间，一向寡言的徐老居然也谈笑风生，讲了几个鲜为人知的学术掌故。

1979年岁尾，培训班即将结业，刘老师又召集大家商量说："继承徐老的学术思想，非一朝一夕之事。培训班散了，人不能散，得有个组织。"当时还没有什么学会，光我们这些学员参与，代表性不广，也不适宜称学会。议来议去，便想出了先秦史学社这个名字，还拟了章程，决定一年开一次学术年会。1980年由我所在的河南大学承办，1981年，即移师西北大学，由刘老师牵头组织。旧友重聚，有说不完的话，散了会还不想走，他就带我们去吃羊肉泡馍，每人三个饼，已经很饱了，又非要再请到西安饭庄品尝桂花稠酒，结果闹了个"饭后胀"，中午、晚上都吃不下饭。

第一次年会规模尚小，到第二次年会，气象已大不相同。除刘老师热情好客外，学校也很重视，吃、住、行安排十分周到。更重要的是，代表人数增加了，几乎涵盖了全国各地的大学和重要学术机关。眼见条件已经成熟，刘老师和詹老师商量后便转请与会的唐嘉弘、缪文远老师向徐老汇报，拟在先秦史学社的基础上成立先秦史学会，很快得到了徐老的首肯和上级有关部门的批准。1982年初夏，来自各省市自治区的先秦史专家齐集成都，顺利举行了中国先秦史学会成立大会暨第一次学术讨论会，徐老当选为第一任会长，唐嘉弘任秘书长，副会长有金景芳、赵光贤、王玉哲、李学勤等。如果我没有记错的话，这应该是史学界成立最早的学会。刘老师顺理成章地被推举为理事，实际上，他应该被视为学会的一位创始人。

我十分钦佩徐老的道德文章，总想多一些机会向他请教，于是，1985年又考回川大攻读博士学位。然而，此时徐老的身体已大不如前，罗世烈教授作为副导师具体指导我完成学业。其间，刘老师不断来信，既关心我的学习生活，更关心徐老的健康，并一再叮嘱我要代表培训班学员多到医院探望。1987年暑假，他邀请我一家三口到西安旅游，诚恳地劝导我可以利用博士生毕业分配之机换个更理想的单位。见我有些心动，立即就向西大历史系作了推荐，得到了系主任张岂之教授和系总支书记的一致首肯，我也为又能同刘老师一起工作而倍感兴奋。岂料1988年春我回川大途中又在西安逗留时，却得知西大历史系在职称评定中出现了人多、指标少、竞争激烈的情况，不免为之却步。正欲登程继续南行，刘老师则劝我不妨再住一天，到师大看望一下同专业的前辈，从而为我提供了与师大结缘的契机。我后来能够顺利地落脚西安，入职师大，与斯维至、何清谷教授的慨然接纳分不开，也与刘老师的精心安排分不开。"吃水不忘挖井人"，回望在西安几十年走过的路，我从内心对刘老师充满感激，也更增加了我对他的无限思念。

二

刘老师是我认识最早的西安人，我来西安工作后自然也同他接触最多。特别是我们都搬到新校区之后，虽不同校，却近在咫尺，每周起码要见两次面，坐在一起，无话不谈，几个小时的时光不知不觉间就从身边溜走了。当然主要是谈学问，最近，我一边回忆，一边重读他的《求学集》和《求学续集》，益发感到刘老师的学术思想非常值得我们总结和学习。

刘老师1957年考入西大历史系，1961年毕业，分配到陕西省社会科学院历史研究所，后又回西大任教，进入张岂之教授领导的中国思想文化研究所，一直干到退休，从未调换过岗位，可算是思想所的"老臣"，是一位真正的思想史专家。

从1979年参编《中国历史大辞典·思想史卷》开始，30多年间，刘老师在张岂之教授主持的七个研究项目中，承担先秦、秦汉两段的撰稿任务。这些项目的结项成果不仅在出版后广为发行，影响深远，而且，其中的《中国历史》获得了国家教学成果一等奖，《中国思想史》获得了国家教学成果二等奖，《中国思想学术史》获得了高等学校科学研究优秀成果二等奖，《中国儒学思想史》获得了国家优秀图书二等奖，《中国传统文化》获得了陕西省教委哲学社会科学优秀成果一等奖。可以认为，在西大思想史所这个文科基地的成长过程中，刘老师一直在发挥着奠基的作用。

刘老师自己说，为了写出高质量的书稿，他把先秦的历史和文化揉搓了四遍。正是经过了多次揉搓和深思熟虑，所以就能形成自己的见解，让书稿具有新意。刘老师最重要的看法是：先秦3000年间的思想文化发展史，是一部走进古代宗教、再走出古代宗教的历史。即：史前和三代大约2000年间，人们摆脱了原始文化，进入古代宗教，形成天命神学；西周后期和东周大约1000年间，又走出古代宗教，形成以理性主义为共同特征的诸子学派。这一结论看似简单，所蕴含的内容却十分丰富。第一，它强调在宗教产生之前，曾经有过一个幻想凭借巫术就能驾驭众灵和指导自然进程的原始文化阶段，避免了将巫术与宗教混为一谈。第二，它用"走出宗教"为诸子定位，准确地揭示了诸子学理性主义的本质。第三，它指出了"走出宗教"的巨大意义，认为秦汉以下没有"政教合一"的朝代，中国文化具有包容精神和极强的生命力，都与早已走出了古代宗教有关。尽管近年来不断有人对中国没有宗教而表示遗憾，我却坚信，刘老师以"走出宗教"为视角来把握中国传统文化的优点是正确的。试想，在一个多民族的大国里，如果再加上宗教偏执和教派冲突，哪里还有长期的统一稳定和社会和谐呢？所以，我深切地希望刘老师的这一见解能成为思想史研究者的重要参考。

刘老师对先秦思想文化史的见解虽然包涵三大内容，但他在著作及文章中论述最多的却是第二点，即诸子之学。张岂之教授曾将先秦儒学概括为"人学"。刘老师进一步发挥说：如果在与宗教神学相对的意义上使用"人学"一词，则先秦诸子大致都可以视作"人学"，他们或重视政治伦理，或强调顺应自然，或依靠制度治国，或主张"一切一断于法"，研究的是人与人、人与自然的关系，关心的是人的生存与发展，难道这不正是"人学"所要解决的最基本的问题吗？刘老师还从思维方式的变化入手，对自己的观点作了补充论证。他指出，古代宗教建立在鬼神信仰基础上，连周公也只会反复教人体察上帝和祖先神的指示，而孔子却开始教人疏远鬼神，以后又有孟子用民意取代天命，荀子倡导天人相分，从道家到法家，更发展出相当彻底的无神论，甚至把迷信鬼神看作亡国的征兆。诸子因事说理，因史说理，用大量的论据来证明论点，而且非常注重归纳和推理，却没有人再将世界秩序归结为鬼神的安排，更没有人以鬼神意志作为学说体系的出发点，由此足以看出，他们已普遍告别了鬼神观，进入了讲究逻辑的理性思维新阶段。而采用理性思维来确定真理，正是"人学"的主要特征和它区别于"神学"的分水岭。刘老师多次建议，应该"用理性主义作为主要线索来写先秦诸子学说的发展过程"。我相信，只要大家认真地按照这条线索思考和把握，就一定会发现，不仅张先生把儒家学术概括为"人学"是正确的，刘老师说整个诸子学说都是"人学"，也是完全正确的。

刘老师既主张用"理性主义"理解诸子，也主张用"理性主义"理解整个中国思想史。在他看来，汉代虽定儒家为一尊，但汉代经学却融入了诸子各派之所长，更采用了诸子共同遵循的理性思维，所以从经学到魏晋玄学、宋明理学、清代乾嘉之学，理性精神不断高扬，形成了中华文化的主色调，并深刻影响了中国文明的前进方向。近代以前中国文明的成就能高于欧洲，与此紧密相关。正是基于这样的考量，刘老师提出，在弘扬优秀传统文化的时候，首先要弘扬理性精神，要学会在一切事情上公开运用自己的理性。我对刘老师的卓识深表钦佩。因为理性反对迷信和盲从，要求人们说话办事合乎常理、顺乎常情，能否做到这一点，又取决于能否实事求是，而实事求是不仅是中国共产党一贯倡导的优良作风，更是民族和国家健康发展的根本保证。

侯外庐先生曾任西北大学校长，张岂之先生又长期协助侯先生工作，从而在西大思想文化研究所成就了侯外庐学派的一支重要力量。侯先生认为：与社会史研究相结合，是思想史研究的基本方法。作为思想史所的老将，刘老师始终把继承和践行侯派学术传统奉为自己著述的宗旨。张岂之先生曾说：所谓社会史研究，其核心是"社会经济结构分析"。对此，刘老师不仅完全赞同，而且做过精彩论证。他指出：秦汉以下的思想潮流百年、几百年一变，不一定都以社会形态的改变为依据，先秦长达3000年，离开社会形态，很难从别处找到思想文化发生剧变的主因，因此，社会经济结构分析在先秦思想史研究中的重要性就显得特别突出。与此同时，刘老师也强调，社会史的内容复杂多样，经济结构虽然重要，却并不是唯一的，除了解经济结构、考察社会形态之外，还应关注政体形式、国家制度、知识分子的状态及农业知识、天文历象、科学技术的发展水平等。刘老师的补充，使社会史与思想史相结合的研究方法变得更加完善。

我一到西安，刘老师便以侯老所著的《韧的追求》相赠，在他家里，我亲见他在侯老的《中国古代社会史论》上留下了大量的圈点和眉批，由于反复咀嚼，他与侯老事实上已经灵犀相通了。刘老师曾对我说："侯老研究古代社会的结论就是'人惟求旧、器惟求新''其命维新'这三句话，'旧人'指氏族贵族，'新器'指国家，'维新'是说文明的产生走的是改良的道路，血缘关系并未打破，王的家室却转化成了公共权力机关。"他的话如醍醐灌顶，使我再读古书时，无形中就多了几分清醒，而不至于被汉唐注疏牵着鼻子走。比如，在《尚书》中，周王凡有大事，辄呼"伯父伯兄仲叔季弟幼子童孙，皆听朕言"，岂不是已经清楚地表明，朝廷虽属"新器"，但运作模式仍主要依靠本族子弟"奔走于王家"！类似的例子还有很多，恕不枚举。刘老师更著文依据侯老的结论来说明"走进古代宗教"和"走出古代宗教"的必然性。他写道：由于是通过维新去实现从野蛮向文明的过渡，血缘关系得以保留，"在上的氏族居于国，在下的氏族居于野，两者都以血缘为纽带，而不与土地直接结合"，因"没有土地私有权"而无法凭借经济杠杆进行剥削，所以，统治者除运用武力征服以控制弱小氏族的人身外，还必须依靠让人"畏天之威"来确立人与人"相畏"的统治秩序，这便呼唤出了天命神学，周人只有把文王化妆成受天命者和上帝意志的代表，西周政权的合法性才会变得不容置疑。但是，战国却是个"铁耕"时代，人的生产能力、技术水平和独立性空前增强，家族、氏族在竞争中纷纷解体，无数祸败之衅使大家认识到天道不能决定人道，于是，氏族贵族和天神一起失去了昔日的权威，再靠"天威"吓人已无法使在下者甘心服从，在这种情况下，意欲重建人与人、人与自然新型关系的诸子，除了用理性的方法以证成其说，实已别无选择。刘老师的分析告诉我们，与"走进古代宗教"一样，"走出古代宗教"仍是取决于社会现实的需要，这也再次证明了马克思的一个重要论断,即:"不是人们的意识决定人们的存在,相反,是人们的社会存在决定人们的意识。"可以认为,刘老师的此类研究已为侯派后学树立了典范。

改革开放以后,"文化搭台,经济唱戏"的做法到处流行,对地方文化的研究呈现勃兴之势,连一向冷落的先秦史学会也成了"香饽饽",被各地邀请去为他们那里的古文化和古代名人做学术论证。已是先秦史学会副会长的刘老师当然不能置身度外,但他对这股地方文化热始终保持着清醒的认识。他多次在会议发言中指出,肯定各地文化自有特色,是为了丰富中国古代文化整体,地域性文化由交流融合走向统一是总趋势,不能因过度强调地方而妨碍和割裂整体。

为了在科学把握上作出表率,他每次收到请柬,都要慎重选择,并非有请必到。只要答应参加,则一定广泛收集资料,认真写出文章,做到言必有据,力避从感性出发而为左右袒。在此,我想举出他对秦文化的研究以展现其一贯的理性主义立场。

刘老师是"秦人",对"秦地"具有天然的感情,但当有人把秦能战胜六国的原因归之于有先进的铁器、普遍使用牛耕和农业经济水平最高时,他却立即著文表示不予认同。在他看来,西周铜器铭文中的嬴字多由"能(熊)"与"人"或"女"字组成,恰可与文献透露出的大量信息相印证,说明嬴姓秦族属于一个擅长驯养鸟兽的族类。西迁之后虽然发展了农耕,在"秦"的字形组合中有了"禾""臼""杵"等元素,但所居的西汉水流域河谷盆地狭小,稍远即是山峦,以牙齿磨耗、龋齿、生前牙齿脱落、上下颌骨表面骨质隆起等作为指标进行分析,仍可看出,生活于西山遗址一带的早期秦人饮食结构既复杂多样,又以肉食居多。这恰恰表明,农牧兼营并长期保留牧猎经济传统才是秦人强大生命力的源泉,夸大铁器与牛耕的作用,不仅与事实不符,同时也会掉进唯生产力论的泥淖。

刘老师的意思是,由于秦人农业经济起步晚,才没有实行过与农耕文明相适应的宗法制,后来的变法改革所遇阻力小而较为彻底,才使秦在及时刷新制度方面占了上风。刘老师把这种历史现象叫作"边缘崛起",并认为中国古代政治格局的变化一直走的是"边缘崛起"的道路。但落后的边缘一旦进入中心,权力加上野蛮,必然造成"其使民也酷烈",从而埋下将自己炸毁的火药桶。所以,与盛赞秦国的成功相比,刘老师更关注秦朝的失败,当一些人一味追捧秦始皇和《商君书》时,他却要求重视对吕不韦和《吕氏春秋》的研究。刘老师指出,吕不韦任秦相十三年,在此期间,秦灭二周,围三晋,败强楚,下魏三十七城,克韩之成皋、荥阳,进行了一系列的战争,吕不韦是这些战争的决策者和参与者,曾亲身统兵作战;但他却以丰富的阅历和远大的目光,超越了军事经验的局限,通过编著《吕氏春秋》,最早提出了"兼容并包"的政治主张,并以"天下非一人之天下也,天下人之天下也"为理据,要求国君念及天下苍生,自觉转变治国之道,吸纳不同学派之人,共同服务于即将统一的国家。就认识的超前性而言,吕不韦胜过了秦始皇。因此,刘老师主张,对吕不韦这类能敏锐抓住重大"历史课题"的人，不管其结局如何，都应给予充分的肯定。进而，刘老师还强调，重大"历史课题"的出现自有历史的合理性，为解决"历史课题"而提出的正确主张尽管可能因超前而暂被弃置，但迟早都会变为现实。在刘老师看来，汉儒虽不打吕不韦的旗子，但许多人却都在《吕氏春秋》的影响下把握经学，《吕氏春秋》所蕴含的反对单纯暴力政治、要求兼采各家之所长的兼容并包精神在黄老盛行和独尊儒术的表象下复活了，《吕氏春秋》实为秦文化的瑰宝，对中华传统文化的形成产生过关键性影响，应该大力挖掘、研究和弘扬。刘老师的上述看法不仅是科学的、公正的，而且也反映了他自己一贯坚持的厌弃专制、向往民主的人民立场。

在晚年，刘老师把很多精力投放在对黄帝和黄帝文化的研究上。他将五十多种文献中涉及黄帝的记述全部录出，又博采方志、碑刻和考古报告，与何炳武教授一起主编并出版了《黄帝陵志》和《黄帝文化志》。他在整理中发现，有关黄帝的资料实际包括五类，分属于历史学、民族学、文化学、民俗学、民间文学等不同学科，因此，即使采用最粗略的划分，黄帝研究也应区别为黄帝时代远古史的研究和黄帝文化的研究。基于这样的认识，刘老师便著文反复强调，要研究历史上的黄帝，首先必须甄别文献，收集证据，以求真的态度梳理黄帝事迹，展现黄帝时代的社会风貌，特别应运用多重证据法，重视考古及古文字学提供的新材料；如果研究的是文化史上的黄帝，就得以文化的流变为主线，先弄清是什么时代、哪种文化、因为何故成了主流文化，然后再考察这种文化将黄帝改塑成了什么样子，带来了什么样的后果，产生了什么样的影响。刘老师认为，作为一个严肃的社会科学工作者，既应尊重约定俗成，把黄帝看作中华民族的精神标识，又要尊重学术规范，避免将文化现象当成历史事实。只有坚持运用科学的方法，拿出来的研究成果才会有说服力。我感到，刘老师的工作不仅为陕西的黄帝研究奠定了基础，也为研究的健康发展指明了方向。假如大家都能按本学科的标准和方法进行探讨，自说自话和相互打烂仗的情况即可消除，黄帝时代的历史及黄帝文化的面貌也将更加清晰。从这一角度看，刘老师之于黄帝研究，可谓功莫大焉。

三

自1957年入西北大学，刘老师一直住在西安。他觉得这里的饭好、水好，连带着土腥味的空气也是甜的，天地浑然一体的灰黄更是黄得敦厚可亲。后来情况发生了变化，在北京工作的小女儿为他生了一对双胞胎的小外孙，他和老伴郗老师便办了退休手续，常常过去帮忙。只是刘老师的心却仍留在西安，总想找个机会往回跑。外孙越大，回来得越勤，住的时间也越长。特别是搬到新校区以后，房子大了，他为自己装修了书房，为喜欢画画的郗老师装修了画室，将藏书分类、编号，整整齐齐地上了架，似乎已生落叶归根之念，并将在专业上重整旗鼓，大干一场了。我也希望西安能把他彻底拴住，以便朝夕相从，随时请教疑难。

事实上，刘老师每次回来，都不是为了故地重游，除参加会议外，还负有学术使命。2004年回来，整理出版了他的先秦思想文化论文专集《求学集》，收入工作期间所撰写的重要论文41篇；2015年回来，主持召开了先秦制度史研讨会，邀请在川大学习时的朋友重新聚首，纪念先秦史师资培训班举办三十六周年；2018年回来，又出版了《求学续集》，将退休以后所写的文章汇为一编。我感觉，他虽仆仆于北西两京，但心中的学术目标却既明确，又坚定，因此，在不安定的境况下，一切仍能按部就班地有计划进行。

《求学集》《求学续集》是刘老师的学术结晶，处处闪耀着思想的光辉，足以垂范后学。但他却坚持要用"求学"为名，并亲笔题签，设计了封面。据我理解，他是要把谦以待人的优良作风坚持到底，把"活到老，学到老"当作自己的座右铭。刘老师的专业是历史学，但他认为，要从事历史研究，离不开语言文字学、考古学、文化人类学和马克思主义理论。为在语言文字上打好基础，他在"文化大革命"中抽暇把王力主编的四册《古代汉语》通读了一遍，在川大，又由徐老指导，从《说文解字》入手，学习甲骨文、金文。并参与《殷周金文集录》的选编与考释。至于对人类学方面的相关报导及考古新发现，他更以史家的敏锐，随时予以关注。所以，当我展读《求学集》《求学续集》时，就不仅为其中蕴含的强大逻辑力量所折服，而且也为材料的新颖、文字的优美所吸引，忍不住要一直读下去。刘老师能由博反约，把深奥的思想史问题说得深入浅出，靠的就是"以勤立学"。刘老师在谦逊好学方面为我们树立了榜样。

《求学续集》共30多万字，出版社并不负责校对。我劝刘老师找学生帮忙，或由我的学生来做，刘老师不放心，非要亲履亲为。果然书比正集印得好，纸好、字大、装帧精美尚在其次，更重要的是没有错字，刘老师很高兴，亲笔签名，广送朋友。也许有人并不知道，这时他已年届八十，并且患有严重的眼疾。2009年暮春时节，弟子李刚在西安电子科技大学为《续集》的出版召集了专题座谈会，群贤毕至，高朋满座，大家一边交流学习刘老师学术思想的心得体会，一边祝福他健康长寿。学术上后继有人，使刘老师感到愉快和欣慰。

于是，2018年和2019年，刘老师就在西安住的时间多一些。郗老师担心他一个人不安全，也从北京回来相陪。一人在书房看书，一人在画室作画，有时刘老师会踱过来在郗老师的画作上题字，后来自己干脆也拿起画笔，留下了几幅很招人爱的写生。间或我会陪他们到校外散步，在漫天的落霞中遥望幽幽南山，心中常涌起无限美好的遐思。然而，好景不长，正要安享晚年的刘老师却感觉自己病了，浑身不舒服，没胃口，不想吃东西。但去了四家医院，仍旧不能确诊，有的说肺有毛病，有的说是贫血，有的说就是感冒，只要不发烧，就可以出院。我们都缺乏医疗知识，也认为既然找不到问题，与其在医院受罪，还不如回家养着。

谁知天有不测风云，2019年秋，刘老师回到北京，即查出来是患了食道癌。渐渐不能进食，只好住院靠输液维持。又赶上新冠肺炎流行，医院不准许外人进入，亲朋好友无法前往探视，只能打电话、通视频聊表安慰。眼见他越来越瘦，声音越来越弱，最后竟通不成话，改由一位好心的河南籍护工转述病情。听护工说，刘老师特别想吃西安的凉皮和馄饨。女儿、女婿设法买来了，却只能闻闻味儿，一口也咽不下，闻之令人酸鼻。挨到2020年7月19日，刘老师终于脱离苦海，往生极乐世界。学术界失去了一位睿智的思想者，中国先秦史学会失去了一位忠厚的领袖，我也失去了一位始终对我爱护有加的师长。消息传来，顿觉五内俱焚，却无法赴京同他告别，只能忍悲含泪，在心底里默祝他一路走好。

2020年10月26日清晨，刘老师魂归长安少陵原。方光华副省长携夫人一早赶来，在安葬仪式上发表了十分动情的讲话。当即决定，由西北大学思想文化研究所和中国先秦史学会联合举办学术研讨会，纪念刘老师逝世一周年。赖众人齐心协力，积极筹备，方省长的指示得以顺利落实。今天，这么多的朋友从四面八方赶来，足见刘老师的精神感人至深。恍然间，我真的觉得，刘宝才教授并没有走，他就在我们身边，永远激励着我们，在学术探索的道路上，一直向前、向前。

2020年11月

翻译专栏

重建与毁弃：北魏洛阳城

[美] 熊存瑞　著　　肖爱玲、王笑寒　译

晋永嘉五年（311），匈奴人攻陷都城之后，中国北方进入了历史上最为混乱的十六国时期。洛阳，作为中华文明摇篮——中原地区的最著名的城市，成为各方势力相互争夺的焦点，几经易手，最终于430年被北魏占领。60余年后，孝文帝太和十七年至十九年（493—495）间，一座崭新的城市——后世所谓的"北魏洛阳城"在旧城废墟上产生。欲解析其重建之原因，我们有必要回顾一下这一阶段洛阳的生存状态。

一、西晋永嘉五年之后的洛阳

依据历史文献，可将洛阳311年至493年间的182年历史划分为四个阶段：311—352年为第一阶段，前期洛阳一直是匈奴与羯赵的争夺焦点，后期则为羯族政权控制；353—379年为第二阶段，洛阳相继为东晋和前秦统治。东晋政权希冀以武力重返中原，但在桓温三次北伐失败后，氐族前秦政权短暂统一了北方；383—430年为第三阶段，前秦淝水之战惨败后，北方地区因政权垮塌造成的权力真空而出现了一批新的政治力量，北魏太武帝最终统一了北方；430—493年为第四阶段，北魏统治的数十年间，洛阳一直不为世人所重，直到孝文帝时才又意识到它的重要性。

第一阶段：311—352年

311年匈奴大军攻占洛阳，纵兵大掠。[1] 而就在他们持续洗劫北部乡里过程中，统帅们各存异志，军中最强大的羯人将领——石勒出于野心而自立门户。312年，也许是为了对抗石勒，刘聪任命赵固为荆州刺史、领河南太守，镇守洛阳。但五年后

---

[1] 《晋书》卷一〇〇，北京：中华书局，1974年，第2611页（译者按：原文作《晋书》卷七〇，有误）；《资治通鉴》卷八七，北京：中华书局，1956年，第2764页；（北魏）崔鸿撰，（清）汤球辑补：《十六国春秋辑补》卷九，丛书集成初编本，第65页。

（317），赵固就投奔了第三方势力——东晋。[1]随后，匈奴人经过一场艰苦卓绝的战斗，收回了洛阳。[2]320 年，洛阳再次失守。其关键原因是驻守洛阳的四位将领（尹安、宋始、宋恕、赵慎）先是叛降了后赵（319 年刚刚建立）石勒，随即又降东晋。当时，东晋的当权者们仍然怀揣着收复北方失地的梦想。

洛阳城市人口在上述拉锯战中损耗殆尽，成了一座空城。[3]324 年，东晋与匈奴出于权宜之计联手对抗羯赵。羯赵则抓住联军防守疏漏的弱点，最终占领了洛阳，继而（326）控制了司、豫、徐、兖之地，形成了与东晋政权以淮河为界的局面。[4]

随着后赵的扩张，匈奴前赵势力逐渐退出了中原地区。至 4 世纪 20 年代末，匈奴控制区域仅剩今关中和甘肃东部地区。328 年，刘曜为阻击后赵羯人的西进发起了最后一次东征。在围攻后赵洛阳金墉城时，刘曜掘开千金堨（今洛阳北）以灌城，企图通过以此突破敌军防线。但当后赵君主石勒大军赶到时，刘曜只好撤离金墉城，移军于洛阳城西。

刘曜虽然是一位作战勇猛又颇具雄才的将官，但他嗜酒成性，而且随着年龄的增长，这一嗜好变得越来越严重了。当 329 年正月二十一日，刘曜与石勒大军在洛阳城西墙中门西明门[5]外展开决战时，刘曜先是饮酒数斗准备出战，因赤色爱马无故颠仆，换乘了一匹小马。随后，又饮酒斗余方才出战，前赵军队大溃。撤退时，刘曜马陷石渠坠于冰上被俘，身上受伤十余处，其中三处刺穿了身体。

至此，刘曜十万大军半数被斩首。[6]刘曜被俘执送至后赵都城襄国，石勒给予其优厚待遇。刘曜虽为此深受感动，但当被要求劝降其子时还是拒绝了，并要求其子刘熙"与大臣匡维社稷，勿以吾易意也"，因而遭石勒杀害。[7]匈奴前赵政权随之土崩瓦解。自此至 4 世纪中叶后赵灭亡，洛阳一直在后赵控制下。331 年，后赵定都北部的襄国（河北邢台），以洛阳为南都，置行台治书侍御史。实际上，石勒最喜欢的城市应该是邺城，新建了邺宫。[8]继任者石虎虽将国都迁至邺城，但他也看到了洛阳的重要价值，大肆营建洛阳宫室，[9]"发司豫荆兖二十六万人城洛阳宫"。[10]

349 年石虎驾崩，次年冉闵继位（改国号为魏，称为冉魏）。334—352 年间是石虎、

---

[1]《资治通鉴》卷八八，第 2781 页；卷九〇，第 2848 页。
[2]《晋书》七〇，第 1707—1708 页；《资治通鉴》卷九〇，第 2855—2856 页。
[3]《资治通鉴》卷九一，第 2877 页；《晋书》卷七〇，第 1708—1709 页。
[4]《资治通鉴》卷九三，第 2935—2936 页；《晋书》卷六，第 162—163 页（译者按：整合了原著参考文献"5""6"）。
[5] 一些文献中记载为"西阳门"，但这是后来改称的名字。
[6]（北魏）崔鸿撰，（清）汤球辑补：《十六国春秋辑补》卷一四，第 107—108 页。
[7]《资治通鉴》卷九四，第 2960、2963—2965 页；《晋书》卷一〇三，第 2700—2701 页。
[8]《晋书》卷一〇五，第 2748 页；《资治通鉴》卷九四，第 2979 页。
[9]《资治通鉴》卷九五，第 3002 页；卷九七，第 3051 页；《晋书》卷一〇六，第 2772 页。
[10]（北魏）崔鸿撰，（清）汤球辑补：《十六国春秋辑补》卷一八，第 137 页。

冉闵二人相继统治时期，也是北方地区最为黑暗的时期。石虎是历史上最为著名的暴君之一，他对臣民施以罕见的恐怖统治，谋杀、强奸、刑讯逼供无所不为。冉闵身为汉人，仇恨石赵，颁布"杀胡令"清洗胡人，一次性屠杀邺城"六夷"20余万。①

351年，在冉魏内部纷争不断之际，南部边境的地方都督和屯驻洛阳的两名将领投降了东晋。②354年，在此前效忠冉闵的周成（本已投降东晋，现已自立）重新夺回洛阳之前，洛阳名义上都是由东晋政权控制的。③然而，早在352年，冉闵与前燕的战斗中被鲜卑慕容恪④所俘，冉魏政权就已灭亡了。⑤

第二阶段：353—379年

后赵政权灭亡后，北方地区复陷战乱之局。如以华北平原和中国东北为根基的前燕慕容氏、以关中为根基的前秦氐族政权等，一批新兴势力趁机崛起。这也为东晋复仇主义者收复中原创造了机会。作为东晋的次要盟友，位于西北地区的一个"原始藏族"——羌族，也卷入了这场纷争。353年，羌人首领姚襄在山桑（安徽蒙城以北）伏击了东晋掌权者殷浩的北伐部队，联盟因此解体。⑥356年，野心勃勃的姚襄北上占据许昌，觊觎洛阳，最终招致东晋北伐。七月，东晋殷浩的宿敌桓温带兵北上。八月，即攻入洛阳，大败姚襄的羌军。⑦

桓温进入洛阳以后，曾短暂屯驻于南宫太极殿前，旋而徙驻金墉城，似乎表明此时的洛阳皇宫还比较残破。桓温修复了晋室皇陵，留下了一支2000人的小部队卫戍洛阳城后，就班师返回南方了。⑧此后，桓温曾提议迁都洛阳，将播迁江表者回乡安置，但这些建议并没得到皇帝和朝廷官员的支持。由此可见，东晋朝廷并未对回归旧地和洛阳的安危做长远打算。所以，当洛阳再次面临前燕（慕容氏）、前秦（氐）的攻击时，只能依赖于南方的支援了。

362年，洛阳守将先是赖于晋军增援击退了前燕慕容氏的进攻。两年后，仅剩500名守军的洛阳，在被切断了南方粮食供应和军事援助之后，再次经历了这伙人的清洗。前燕任命左中郎将慕容筑为洛州刺史，镇守金墉城，治理洛阳及其周边地区。⑨前秦

---

① 《资治通鉴》卷九八，第3099—3100页；《晋书》卷一〇七，第2792页。
② 《晋书》卷一〇七，第2796页；《资治通鉴》卷九九，第3118页。
③ 《资治通鉴》卷九九，第3137—3138页；《晋书》卷八，第200页。
④ 译者按：原文作"慕容皝（Murong Huang）"，疑有误。据《晋书》卷一〇七记载，冉闵为慕容恪所擒，第2796页；另据《晋书》卷一〇九载，慕容皝死于348年，第2826页。故应改为"慕容恪"。
⑤ 《晋书》卷一〇七，第2797页；《资治通鉴》卷九九，第3125—3126页。
⑥ 《资治通鉴》卷九九，第3132—3135页；《晋书》卷七七，第2045—2046页。
⑦ 姚襄向西撤退，次年为前秦所害。参见《资治通鉴》卷一〇〇，第3161—3162页；《晋书》卷一一六，第2963—2964页。
⑧ 《资治通鉴》卷一〇〇，第3155—3157页；《晋书》卷九八，第2572页。
⑨ 《资治通鉴》卷一〇一，第3188—3191、3196、3199页；卷一〇二，第3126页；《晋书》卷九八，第2571—2577页；王仲荦：《魏晋南北朝史》，上海：上海人民出版社，1979—1980年，第332—338页。

也于 368 年（一说 369 年）任命邓羌为洛州刺史，镇守陕城（河南三门峡以西），遏制慕容氏的西扩。①

369 年，东晋桓温发动了最后一次北伐，希望借此提高其威望，为登基称帝铺平道路。②桓温兵锋直指慕容氏，但在枋头（河南浚县西南）、河南东部的睢县以西的战斗中相继溃败。③

与此同时，王猛率领的前秦大军东征，于 370 年初从慕容氏手中夺取了洛阳的控制权。④

第三阶段：383—430 年

前秦统一北方后，于 383 年对东晋发动了一场空前规模的战争，史称"淝水之战"。与前秦政权在战败之后出人意料地迅速衰亡相伴的，是北方大批地方势力的崛起。如慕容氏的后燕政权（慕容皝之子慕容垂所建）、羌族的后秦政权（姚襄之弟姚苌所建），以及历史上第二个拓跋氏的北魏政权，是其中几个较具实力的地方势力。

384 年，在后秦、后燕大举进入中原地区之际，前秦将领（苻晖）率领 7 万部众逃离洛阳和陕城，西奔长安。⑤而在淝水之战中声名鹊起的东晋谢玄将军，则发起了北伐，收复了包括洛阳周边地区在内的河南和山东的许多失地，⑥晋廷派遣高茂担任河南太守驻守洛阳。⑦由于东晋朝廷缺乏后续措施以稳固这一地区的统治，从长远角度来看上述胜利还只是短暂的结果。

399 年七月，当洛阳受到后秦政权的巨大威胁时，晋军将领（杨佺期）向新崛起的拓跋魏求助，并声称"晋之与魏，本为一家"。⑧然至十月，北魏援军仍未出现。河南太守辛恭靖婴城固守百余日之后，洛阳——这个东晋控制十五年（384—399）的城市，终为后秦所取。⑨

此后的 17 年，洛阳一直在后秦的统治下。但在 416 年，南北方地区看似无关的两件大事，却使得洛阳再度易手。其一，后秦君主姚兴病重驾崩。姚兴之死带来的继承权问题引发了后秦皇室的血腥内斗，大幅度削弱了后秦的统治基础。其二，东晋军事奇才刘裕的出现。刘裕对内肃清政敌，对外夺取羌族西侧的蜀地（今四川和重庆），

---

① 《资治通鉴》卷一〇一，第 3212 页。
② 王仲荦：《魏晋南北朝史》，第 336 页。
③ 《晋书》卷九八，第 2576—2577 页；《资治通鉴》卷一〇二，第 3213—3217 页；王仲荦：《魏晋南北朝史》，第 337—338 页。
④ 《资治通鉴》卷一〇二，第 3226—3228 页；《晋书》卷一一一，第 2854 页。
⑤ 《晋书》卷一一四，第 2922 页；《资治通鉴》卷一〇五，第 3330 页。
⑥ 《晋书》卷七九，第 2083 页；《资治通鉴》卷一〇五，第 3336 页。
⑦ 《资治通鉴》卷一〇五，第 3331 页；《晋书》卷一一四，第 2922 页。
⑧ 《资治通鉴》卷一一一，第 3493—3494 页；《晋书》卷六七，第 1806 页。
⑨ 《资治通鉴》卷一一一，第 3497 页。

并抢在后秦援军赶到之前占据了洛阳。① 刘裕乘胜攻占长安,征服了后秦,随后东返。420 年,刘裕建康称帝,成为刘宋政权的开国皇帝。因此,从 416 年到 423 年的 7 年间,洛阳一直处于南方政权的控制中。②

然而在这一阶段结束之前,一系列重大事件又迫使南方政权最终放弃了洛阳。422 年,宋武帝刘裕驾崩,少帝刘义符即位后荒嬉无度,对洛阳并无有效的支援。与此同时,北魏拓跋氏早已从潜在的盟友转变为直接的敌人,一直觊觎洛阳。423 年,北魏明元帝南下攻打山东和中原地区,洛阳孤立无援,最终失守。③ 明元帝在洛阳短暂休整,观览了《石经》,而后驾崩。④

从文献记载来看,刘宋政权并未因此放弃洛阳。430 年七月,宋军再度攻下金墉城。十月,北魏太武帝的拓跋大军杀死 5000 多名宋朝官军,再次夺回了金墉城。⑤ 在之后长达一个多世纪的时间里,洛阳始终处于拓跋氏的控制之下,长安乃至整个北中国也很快落入北魏手中。⑥

第四阶段:430—493 年

从 430 年到 494 年初,在拓跋魏长达一个世纪统治的初期,北方地区处于稳定发展阶段,并无特别重大的事情发生,洛阳也依然是一座破败的城市。然公元 493 年,第一次到达洛阳的北魏孝文帝,驻扎金墉城,望着西晋宫室丘墟,不禁潸然泪下。很显然,这座城市除了金墉城外,基本上是不适宜居住的。⑦

简要回顾永嘉五年以来百余年的历史,可以发现洛阳一直就是诸多民族追逐权力的战场,他们分别是匈奴(汉、前赵)、羯(后赵)、鲜卑(前燕、后燕、北魏)、氐(前秦)、羌(后秦)、汉(晋、南朝刘宋)等。430 年以前,后赵统治洛阳长达 23 年,时间最为久远,其在城市建设上也多有建树。其他政权控制洛阳时间各异,从 3 个月(430 年的南朝宋)到 17 年(后秦)不等。在这种不稳定的政治局势下,无论是进行大规模的重建,还是提供长期的后勤和军事保障力量,在当时看来都是难以实现的,洛阳因此也就不可能重新成为政治、文化和宗教的中心。而且,"永嘉之乱"以后,洛阳每次易手都会遭受沉重打击,城市已有建筑遭受了更严重的破坏或损毁。因而,桓

---

① 《资治通鉴》卷一一七,第 3693—3695 页;姚兴其人,参见吕思勉:《两晋南北朝史》,上海:上海古籍出版社,2005 年,第 244—245 页;同书第 264、272—273 页载有刘裕伐蜀之事。

② 《资治通鉴》卷一一七,第 3694、3689 页;关于刘裕攻占长安,参见吕思勉:《两晋南北朝史》,第 279—281 页,同书第 299 页载有刘裕代晋之事。

③ 《资治通鉴》卷一一九,第 3751—3752 页;吕思勉:《两晋南北朝史》,第 324—326 页。

④ 《魏书》卷三,北京:中华书局,1974 年,第 63 页(译者按:原文作《魏书》卷二,有误。经译者核验,当为《魏书》卷三);《资治通鉴》卷一一九,第 3756 页。

⑤ 《资治通鉴》卷一二一,第 3821—3822 页;《南史》卷七〇,北京:中华书局,1975 年,第 1699 页。

⑥ 《魏书》卷四上,第 78 页;《资治通鉴》卷一二一,第 3826 页。在北魏征服长安前,长安处于匈奴夏政权的控制下。夏军撤出关中后,为西北方的吐谷浑人所灭。

⑦ 《魏书》卷七下,第 173 页。

温迁都洛阳的建议（493年之前唯一的建议者①）不被采纳，甚至北魏自430年控制这一地区以后，洛阳一直没有被作为都城备选之地等，也都不足为奇了。金墉城是洛阳作为一个区域中心城市的重要证据，这一点在356年桓温北伐、430年刘宋防守、493年孝文帝考察的三件历史史实上得以证明。然而，孝文帝的到访彻底改变了这座城市的历史进程。

二、重建洛阳

太和十七年（493），孝文帝在金墉城上颁诏，正式迁都洛阳，而在此之前上溯至道武帝天兴元年（398），北魏都城一直设在平城（今山西北部大同城东北部）。鲜卑人的祖先以游牧为生，自公元前2世纪起，便活跃在大兴安岭北部。南迁以后，遍布在中国东北地区、内蒙古至阿尔泰山的大片土地之上。2世纪时形成了首个部落联盟。3世纪时，鲜卑族分为三个部分：宇文部居东、慕容部居中，拓跋部居西。315年，晋廷承认拓跋部的地位，封拓跋猗卢为"代王"。②376年，代国被长安的前秦政权所灭，十年之后又得以复国。

复国后的拓跋政权迁都平城。平城是位于中国北部边境的一座小镇，其北部是广阔的蒙古草原，西南、南部和东部是巍峨的吕梁山和太行山山脉。多山的地势有可能使这一地区免受中原战乱的蹂躏，但因靠近北方草原，则面临着游牧民族侵掠的威胁。此外，大同盆地出产的谷物也难以满足平城日渐增长的人口的需要，从华北平原运粮是解决这一问题的重要途径，但运输费用高昂。因此，北方兴起的民族政权大多不考虑以平城为都。北魏神瑞二年（415），明元帝萌生了迁都邺城的想法，因两位大臣的强烈反对而作罢，二人之一便是对北魏政局影响越来越大的崔浩。③

70余年后，亲政的孝文帝再次把迁都事宜提上日程，此时与平城安危紧密相关的两大问题——粮食供应不足和柔然的威胁——都迫在眉睫。第一个问题是长期存在的，即如孝文帝所言："朕以恒代无运漕之路，故京邑民贫。"④ 太和十一年（487），孝文帝亲眼目睹了平城长期面临的干旱和饥荒的情景。⑤ 第二个问题虽是间歇性的，然一旦发生朝廷就要付出巨大代价。孝文帝亦曾派出一支数十万的骑兵北上阻击柔然入

---

① 译者按：刘裕北伐也曾有迁都洛阳之议。417年"（刘）裕议迁都洛阳。咨议参军王仲德曰：'非常之事，固非常人所及，必致骇动。今暴师日久，士卒思归，迁都之计，未可议也。'裕乃止。"参见《资治通鉴》卷一一八，第3711页。

② 《晋书》卷五，第128—129页。宇文氏最初为匈奴种，后逐渐鲜卑化。

③ 《资治通鉴》卷一一七，第3680—3681页；《魏书》卷九一，第1965页。

④ 《魏书》卷七九，第1754页。本段英译来自 Jenner, W.J.F. *Memory of Loyang: Yang Hsüan-chih and the Lost Capital (493—534)*, Oxford: Clarendon Press, 1981, p. 44.

⑤ 《魏书》卷七下，第162—163页。

侵者，结果大批人马在暴风雪中丧生。①

孝文帝计划迁都之时，境内有三个大都市可以作为备选：长安、邺城和洛阳，长安是其中最无可能的选项。的确，北魏太武帝（423—452）曾派兵在长安城内修筑了一座小城，②长安城也因西北小国仇池首领送来的七千家流民得以充实。③然而，446年，在长安一座寺院中发现了大量的武器装备，这让太武帝立即联想到刚刚发生的攻击长安城的盖吴叛乱。愤怒的皇帝，在反佛大臣崔浩的怂恿下，发动了中国历史上第一次全国性的灭佛运动。大肆滥杀僧侣，销毁佛教圣像和经书，随后又将长安2000家工匠艺人迁往平城。④遭受了如此致命打击的长安城，自然与北魏新都无缘了。

河北南部的邺城的情况则大为不同。邺城平原广阔、交通便利和经济发达，早在明元帝时，邺城就曾是最有可能的迁都之地。孝文帝也曾有意于邺城，在邺城城西修筑了一座宫殿。孝文帝的御史崔光力荐迁都邺城。他认为："邺城平原千里，运漕四通，有西门、史起旧迹，可以饶富，在德不在险，请都之。"可以认为，在494年以前，邺城一直是新都强有力的竞争者。然，孝文帝认为邺城并"非久长之地，石虎倾于前，慕容灭于后。国富主奢，暴成速败"。⑤

至此，洛阳就成了新都的唯一选择。其实早在493年，孝文帝就已下定决心迁都洛阳了。⑥他曾对任城王拓跋澄说：

> 崤函帝宅，河洛王里，因兹大举，光宅中原，任城意以为何如？

澄对曰：

> 伊洛中区，均天下所据，陛下制御华夏，辑平九服，苍生闻此，应当大庆。⑦

然而，许多大臣强烈反对迁都。为了掩饰自己的意图，孝文帝于太和十七年八月发动了南征，从征步骑多达百余万。当大军抵达洛阳时，天气状况极其糟糕，霖雨不霁。孝文帝毫不畏惧，反而"戎服执鞭，御马而出，仍诏六军发轸"。此时，群臣突然稽颡于孝文帝马前，请求停止南伐。在激烈的争论后，孝文帝提出了最后通牒：如果想终止南征，就必须支持迁都洛阳。孝文帝随即高呼：

---

① 《南齐书》卷五九，北京：中华书局，1972年，第1025页。
② 《资治通鉴》卷一二二，第3849页；《魏书》卷四上，第82页。
③ 《魏书》卷四上，第83页（译者按：原文作《魏书》卷四下，有误）；《资治通鉴》卷一二二，第3851页。
④ 《资治通鉴》卷一二四，第3923—3924页；《魏书》卷四下，第100页。
⑤ （宋）乐史：《太平寰宇记》卷五五，台北：文海出版社，1993年，第1页注；《魏书》卷五四，第1206页。
⑥ 《魏书》卷七下，第173页。
⑦ 《魏书》卷一九中，第464页。

欲迁者左，不欲者右。

一些朝臣仍毅然决然地走向他的右侧，反对迁都，但支持迁都的重重人海最终淹没了反对者的声音。① 拓跋澄就是强烈反对远征的官员之一。与大多数人不同的是，拓跋澄在远征开始前就知道了皇帝的秘密计划。所以，他出现在请愿者队伍中，似乎可以说明请愿是由皇帝的支持者精心策划的，这样至少部分地为迁都的合法性创造了机会。未几，拓跋澄动身前往平城，赢得了旧都留守重臣的支持。高祖大悦：

若非任城，朕事业不得就也。②

洛阳曾经是东周、东汉、西晋等王朝的都城，以洛阳为都，孝文帝与其心腹大臣们对其中之文化象征意义有着非常清晰的认识。③ 然而，更为重要的是，应当把迁都事件放在当时社会经济改革的大背景下加以理解，这一背景可追溯到孝文帝的祖母冯太后在平城施行的改革。冯太后是汉族后裔，孝文帝两岁丧母之后即由冯太后躬亲抚养。471 年，年仅四岁的孝文帝登基，其父亲拓跋弘以太上皇的身份执政。476 年，拓跋弘在冯太后威逼下身亡。此后至 490 年冯太后病逝之前，即便在 486 年孝文帝亲政之后，朝政大权一直都在冯太后手中。期间，北魏相继颁行了均田制（485）和三长制（486）。④ 前者旨在更高效地利用土地资源与劳动力，从而增加财政赋税；后者则通过改革社会基层组织，对民众施以更严密的控制。

迁都洛阳之后，孝文帝加大了汉化改革的力度，如禁胡服、断北语、改汉姓、扶持汉化贵族等更为激进的改革措施。⑤ 毫无疑问，迁都使孝文帝的汉化政策变得更加容易，大大加快了汉化改革进程。

在施行文化改革的同时，经济改革也正同步推进。平城时期，金属货币已经退出了流通领域，代之以粮食和丝绸进行交换。495 年，北魏铸造了第一枚自己的钱币——太和五铢，孝文帝随即下令投入市场流通。⑥ 太和五铢的发行标志着国家经济颓势的扭转，也预示着洛阳作为商业中心的复兴。

---

① 《魏书》卷五三，第 1182—1183 页；卷七下，第 172—173 页；Jenner, W.J.F. *Memory of Loyang: Yang Hsüan-chih and the Lost Capital (493—534)*, p.38.

② 《魏书》卷一九中，第 465 页。

③ Jenner, W.J.F. *Memory of Loyang: Yang Hsüan-chih and the Lost Capital (493—534)*, pp.43—47.

④ 《北史》卷一〇〇，北京：中华书局，1974 年，第 3329—3330 页；《魏书》卷七下，第 161 页；王仲荦：《魏晋南北朝史》，第 520—536 页。高敏主编：《中国经济通史：魏晋南北朝经济卷》，北京：经济日报出版社，2001 年，第 294—309 页。据《南齐书》（卷五七，第 989 页），三长制颁行年份是 485 年。冯太后临朝专政之事，参见《魏书》卷一三，第 329—330 页；《北史》卷一三，第 495—497 页；吕思勉：《两晋南北朝史》，第 450—454 页。

⑤ Jenner, W.J.F. *Memory of Loyang: Yang Hsüan-chih and the Lost Capital (493—534)*, pp.58—59；吕思勉：《两晋南北朝史》，第 460—463 页；王仲荦：《魏晋南北朝史》，第 543—548 页。

⑥ 《魏书》卷一一〇，第 2863 页。

三、北魏洛阳城的结构与规划

493年十月二十六日，孝文帝颁下了营建洛阳城的诏令。[①]大约一年后，即494年十一月二十日，北魏皇室先祖的灵位从平城迁至洛阳太庙。洛阳取代平城成为北魏政权的所在地。[②]

负责洛阳城建设的朝臣共有三位，其中仅尚书仆射李冲负责技术层面的工作。[③]作为20世纪中国中古历史文化研究的伟大学者之一，陈寅恪基于北魏洛阳城"不规则"的形制以及李冲的个人经历，认为"河西"[④]是影响洛阳城市设计的主要因素。其论证十分精彩，影响颇为深远，但论据并不充分。[⑤]

从李冲的教育情况、家庭背景和个人经历来看，没有任何迹象证明他曾受到过域外或是"河西"的影响，但不可否认的是，其设计的洛阳城的确有一些鲜明的特点。其一，规划了一个长方形的大而封闭的外郭城，将内城完整地包裹在其中。其二，放弃了洛阳已有的双宫城形制，仅在内城北部建造了一个宫城。其三，在外郭城的东、西、南三个区域各设一个市场。

仔细研究这些看似非常规的城市特点，首先，封闭的外城和单一宫城的建制并非李冲首创，其可溯至曹魏洛阳城；[⑥]其次，三大市场的设计甚至可以追溯到更早的东汉，并影响到隋唐洛阳城的形制。[⑦]

对比《考工记》的内容，李冲似乎忽视了传统的"面朝后市"（即朝堂在南，市场在北）的经典原则，[⑧]而将"朝"和"市"的位置颠倒。但从北朝著名学者温子升曾用"面水背山，左朝右市"[⑨]之语来描述皇宫西面大觉寺的位置，这也许可以说明《考工

---

① 《魏书》卷七下，第173页；Steinhardt, Nancy Shatzman. *Chinese Imperial City Planning*, Honolulu: University of Hawai'i Press. 1990, pp.82—87；劳幹：《北魏洛阳城图的复原》，载《历史语言研究所集刊》第20本上册，1948年，第299—312页；段鹏琦：《汉魏洛阳故城》，北京：文物出版社，2009年，第76—156页。

② 《魏书》卷七下，第175页。

③ Jenner, W.J.F. *Memory of Loyang: Yang Hsüan-chih and the Lost Capital (493—534)*, pp.53—54.

④ 译者按：原文为"west"。陈寅恪《隋唐制度渊源略论稿》"礼仪"章附都城建筑云："关于北魏洛都新制所受河西文化之影响，可得而言者，则有主建洛阳新都之人即李冲之家世一端。其人与河西关系密切。"又云"然洛都营建，李冲实司其事，故一反传统面朝背市之制，而置市场于城南者，当出于李冲之规画。盖李冲乃就地施工主持建设之人，此事非与之有关不可。此寅恪所以言与其就北魏胡族系之实行性以为解释，无宁归公于河西系汉族李冲之实行性，较易可通也"。参考以上表述，故译作"河西"。此外，结合陈寅恪原著来看，本文作者所言的"不规则"特征应指北魏洛阳城结构"异于经典传统面朝背市之成规"。

⑤ Xiong, Victor Cunrui. *Sui-Tang Chang'an: A Study in the Urban History of Medieval China*, Ann Arbor, MI: Center for Chinese Studies, University of Michigan, 2000, p.33.

⑥ 详见本书第2章。

⑦ Xiong, Victor Cunrui. *Emperor Yang of the Sui Dynasty: His Life, Times, and Legacy*, Albany, NY: SUNY Press, 2006, p.84.

⑧ Xiong, Victor Cunrui. *Sui-Tang Chang'an: A Study in the Urban History of Medieval China*, p.41.

⑨ （北魏）杨衒之撰，范祥雍校注：《洛阳伽蓝记校注》卷四，上海：上海古籍出版社，1978年，第234页。面水（方位在南）、背山（方位在北）、左朝（方位在东）、右市（方位在西）。

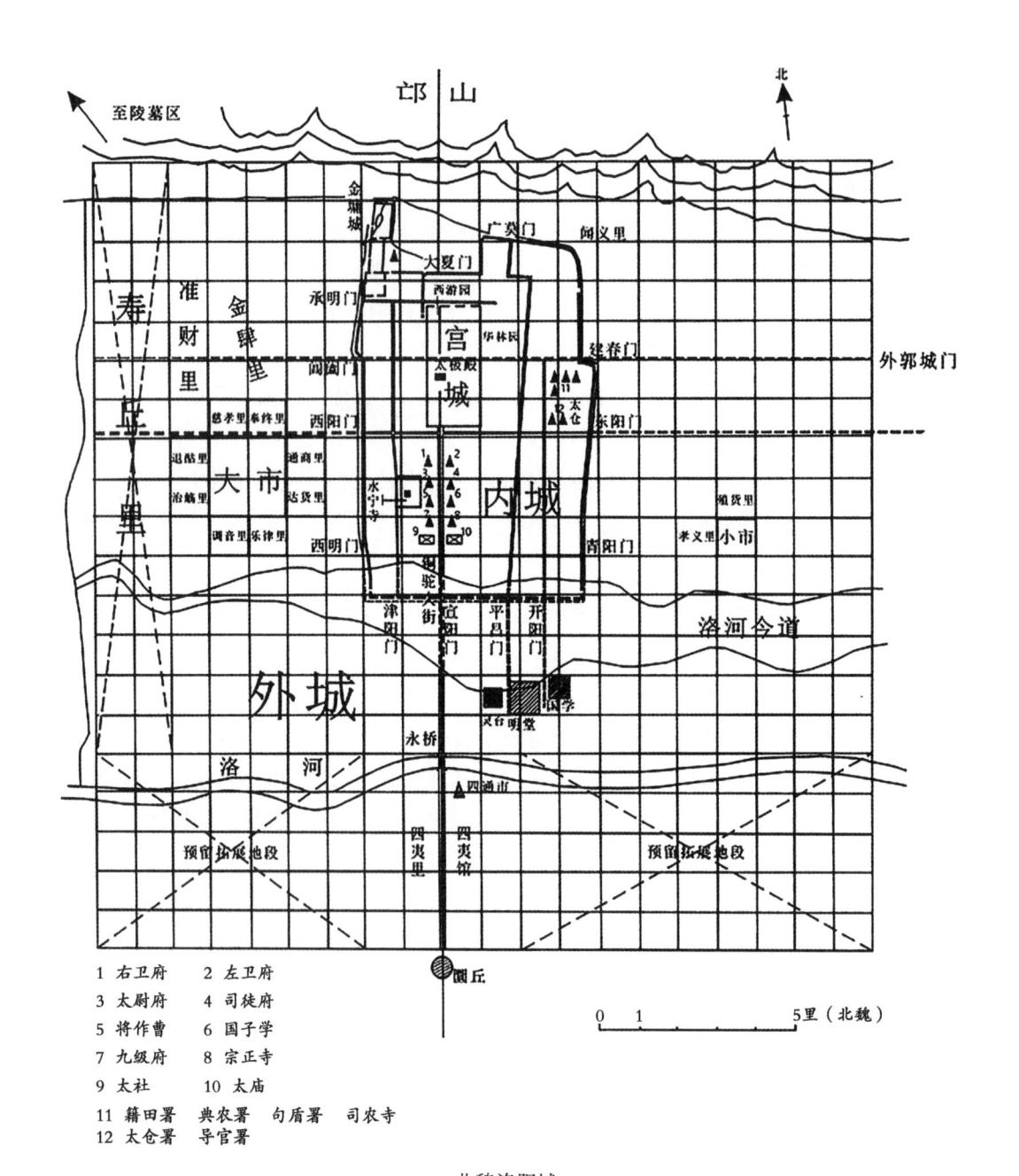

1 右卫府　2 左卫府
3 太尉府　4 司徒府
5 将作曹　6 国子学
7 九级府　8 宗正寺
9 太社　　10 太庙
11 籍田署　典农署　句盾署　司农寺
12 太仓署　导官署

北魏洛阳城

原图依据贺业钜《中国古代城市规划史》① 第473页图改绘，熊先生在图中增标了十余个里坊名（如大市、小市附近）和西游园，并将华林园的位置由至宫城北侧改至东侧。原图中阅武场、长分桥没有标注。译者进行了翻译和重绘。

---

① 贺业钜：《中国古代城市规划史》，北京：中国建筑工业出版社，1996年。

记》并非当时都城设计的范本。实质而言，迄今为止还没有发现哪一座都城是严格遵循了《考工记》的原则而建造的。另一方面，李冲改变了传统的双宫城制度，但把北魏唯一的宫城安置在东汉北宫之内，也可以看作是对汉朝传统的部分延续。

北魏洛阳城的规划中还应当融入了南朝建康城的建筑元素。蒋少游出身南朝，仕宦北魏，精于建筑。491年，孝文帝派遣蒋少游出使南齐，其真实目的是观察南齐都城宫室建筑的风格和形式。据《南齐书》记载，北魏宫室制度均出自他的手笔。① 虽说蒋少游这次出使比孝文帝决定迁都洛阳早了两年之久，但洛阳宫室的修建很可能借鉴了其从南方获得的建筑知识。②

四、皇宫、金墉城、皇家园林

宫城是北魏帝王的居所，位于洛阳内城中北部，为南北长的矩形。宫城面积不大，东西宽0.66公里，南北长1.4公里，总计0.924平方公里。依照惯例，宫城主体建筑沿宫城想象的南北轴线布设。最南端的宫城大殿，沿用了魏晋宫城太极殿的名称。③ 宫城内其他宫殿也多沿袭晋的名号。④ 李冲将宫城置于城市北部，这样做不仅大大延长了洛阳城的南北主干道——铜驼大街，而且增强了城市的对称性。这一城市建制，影响到一个世纪后隋唐长安城的宫城位置。但洛阳宫城与北城墙之间有一个狭窄的空间，而隋唐长安宫城北墙与外城北墙共用。

金墉城，始建于曹魏时期，位于内城西北隅。金墉城因其坚固的防御工事和16英亩的空间规模（约0.06平方公里），易守难攻。在北魏洛阳城落成之前，金墉城是洛阳城内最牢固的防御阵地，也是唯一一处保存完整的前朝遗迹。北魏时期，金墉城向北扩展至外城，面积约为60英亩（0.24平方公里）。⑤

洛阳内城有两处皇家御苑——西游园⑥和华林园。西游园位于宫城的西北部，围绕凌云台而建。凌云台是魏文帝曹丕修建的高大建筑，凌云台的北面是孝文帝所修筑的凉风观，二者高度应该相差不大。从凉风观顶部，向南可以望见洛河。碧海曲池占据了西游园的大部分空间。池中拔地而起的是灵芝钓台，钓台周围有三座殿宇，是皇

---

① 《南齐书》卷五七，第990页。
② 陈寅恪：《隋唐制度渊源略论稿》，北京：中华书局，1977年，第64页；Jenner, W.J.F. *Memory of Loyang: Yang Hsüan-chih and the Lost Capital (493—534)*, p.53.
③ 详见本书第3章。
④ （清）徐松辑，高敏点校：《河南志》，北京：中华书局，2012年，第81页。
⑤ 钱国祥、萧淮雁：《汉魏洛阳故城金墉城址发掘简报》(1999)，载于徐金星主编：《汉魏洛阳故城研究》，北京：科学出版社，2000年，第60，75—76页。
⑥ 译者补充说明：西游园又名"西林园"。关于其历史沿革、景观与功能分析，可参见郭建慧：《北魏洛阳西林（西游）园研究》，《中国园林》2020年第2期。

帝的避暑胜地。①

华林园，位于宫城东侧。该园旧名芳林园，始建于东汉，曹魏时进行了大规模的扩建和重建。一些重要建筑，如华林园的主要水体——天渊池和人造景观——景阳山等历经战乱得以留存。天渊池中的九华台已被摧毁，殿基悉为洛中故碑所垒，后造钓台于其上。②北魏诸帝在池中增建了殿宇、亭、台、楼阁，甚至水上假山，殿台楼阁之间有"飞廊"连接。暮秋时节，皇帝便会乘坐绘有鹢鸟的龙舟在池中游玩。③

北魏皇族的生活虽极尽奢华，但就洛阳宫城（主要是宫城和金墉城）的规模来看，与其他朝代地处长安和洛阳的都城相比都要小得多，④宫内建筑数量也很少。与东汉洛阳四座皇家御苑相比，北魏洛阳更是相形见绌。北魏洛阳城郊和外城没有御苑，而东汉洛阳有九个。上林苑是汉代著名的皇家猎场，也是九苑中最大的一处园囿。拓跋氏世代以游牧为生，本应更钟爱于狩猎，都城周边竟没有一处皇家猎场，着实令人吃惊。这一现象当然不能仅从汉化角度予以解释，这或与孝文帝的佛教信仰有关。作为洛阳城的建造者，孝文帝年少时就酷爱狩猎，14岁时就获得了"神射手"的荣誉，但他"至年十五，便不复杀生，射猎之事悉止"。⑤

五、官署区

北魏洛阳城自宫城南门阊阖门，向南穿过内城南门宣阳门的大街，是城市的南北轴线——铜驼大街，大街两侧布设诸多重要官署。

　　大街西侧有右卫府、太尉府、将作曹、九级府、太社、司州。
　　大街东侧有左卫府、司徒府、国子学、宗正寺、太庙、护军府。⑥

---

① （北魏）杨衒之撰，范祥雍校注：《洛阳伽蓝记校注》卷一，第46页；Jenner, W.J.F. *Memory of Loyang: Yang Hsüan-chih and the Lost Capital (493—534)*, p.166.
② （北魏）杨衒之撰，范祥雍校注：《洛阳伽蓝记校注》卷一，第68—69页，注13。
③ （北魏）杨衒之撰，范祥雍校注：《洛阳伽蓝记校注》卷一，第65—66页；Jenner, W.J.F. *Memory of Loyang: Yang Hsüan-chih and the Lost Capital (493—534)*, p.147.
④ 南梁建康城的宫城面积为0.7747平方公里，略小于北魏洛阳城。参见卢海鸣：《六朝都城》，南京：南京出版社，2002年，第72—73页。
⑤ 《魏书》卷七下，第187页。
⑥ （北魏）杨衒之撰，范祥雍校注：《洛阳伽蓝记校注》卷一，第1页；（清）徐松辑，高敏点校：《河南志》，第86页；Jenner, W.J.F. *Memory of Loyang: Yang Hsüan-chih and the Lost Capital (493—534)*, pp.147—148. 关于护军府，参见俞鹿年：《中国官制大辞典》，哈尔滨：黑龙江人民出版社，1992年，第1009页。关于九级府以外的其他官署，可参见Hucker, Charles O. *A Dictionary of Imperial Titles in Imperial China*, Stanford, CA: Stanford University Press, 1985. 九级府的表述可能存在传抄错误（参见Wang Yi-t'ung, tr. *A Record of Buddhist Monasteries in Lo-yang by Yang Hsüan-chih*, Princeton, NJ: Princeton University Press, 1984, p.15）。

这些政府官署集中城市核心区域布设，可见其地位之高、职权之重。左卫府和右卫府负责守卫皇宫，护军府则负责保证皇帝出巡安全。百官之中，三公地位最高。太尉、司徒与司空合为三公。太社和太庙是国家礼制建筑，也是国都的标志和象征，其布局符合"左祖右社"的经典原则（即太庙在东，太社在西）。司州相当于现代的"首都地区"，管辖京师及其周边地区，相当于汉朝的河南尹，地位举足轻重。

但一些极为重要的官署并不在这里。比如，六卿所掌管的六大行政机构之中，仅有宗正寺位于该区域，其他五个都不在这里。①朝廷三大最高决策机构——尚书省、中书省和门下省也不在此。

无论如何，官署机构在皇宫之南、沿铜驼大街对称分布的特点，为之后都城建设奠定了基础。李冲的这一设计形式被隋唐长安城发扬光大，在宫城以南形成了独立的官署区。

在城市形态上，北魏洛阳城与隋唐长安城有些相对突出的相似之处，但二者也存在着诸多差异：首先，北魏洛阳城的官署区置于居民区内，而隋唐长安城的官署区则位于有城墙合围的皇城之内，不与外界混杂。其次，以铜驼大街为中轴线的洛阳城，东西并不对称，而以朱雀大街为中轴线的隋唐长安城，对称地分为东、西两大部分，城市形态的象征意义更为凸显。②

六、人口与住宅区

在534年高欢迁都邺城之前，北魏建都洛阳共有39年的历史，这一阶段北方地区经济、文化得以繁荣发展，是北魏社会的鼎盛时期。根据元魏官员杨衒之提供的城市户数，可以推断鼎盛时期洛阳城市人口约有54.5万口。③考虑到另有大约18万未被政府登记的人口，总人口数应超过70万。杨衒之的人口数据并没有明确的年代，但应不晚于528年（是年，尔朱荣南侵洛阳，发动河阴之变）。当时西方最大的城市中心——君士坦丁堡的人口远不足此数，④南朝萧梁都城建康的人口也才仅有50万。⑤因此，可以说公元6世纪初，洛阳是世界人口最多的城市。

---

① 《魏书》卷一一三，第2995页。
② Xiong, Victor Cunrui. *Sui-Tang Chang'an: A Study in the Urban History of Medieval China*, pp.55—114.
③ （北魏）杨衒之撰，范祥雍校注：《洛阳伽蓝记校注》卷五，第349页。据杨衒之记载，洛阳户数达"十万九千余"，按每户五口计算，洛阳人口数量高达54.5万。杨衒之并没有回答这一数字到底是单指内城，还是指包括外城在内的"大洛阳"。鉴于内城有相当规模的官殿、官署和园囿，居住空间有限，这一数据更像是在指代"大洛阳"。
④ 在公元542年查士丁尼瘟疫肆虐前，君士坦丁堡的人口数量约在20万—36万之间，参见 Evans, J.A.S. *The Age of Justinian: The Circumstances of Imperial Power*, London: Routledge, 2000, pp.23, 275, note 26.
⑤ 有文献显示，建康人口达28万户。但此处所谓的"户"实际指的是"人口"。若加上未登记在籍的人口，建康城人口可达50万。详见卢海鸣：《六朝都城》，第196—197页。

此外，按照杨衒之的说法，大洛阳（包括内城和外城的城市空间）东西长 20 里，南北长 15 里（即东西长 10 公里，南北长 7.5 公里），①总面积为 75 平方公里（即 29 平方英里）。也就是说，在隋唐长安城（总面积 84 平方公里）和明南京城兴建之前，北魏洛阳城是全世界面积最大的城市。②

北魏洛阳城的空间管理方式与前朝大同小异，朝廷直接管辖的区域外，洛阳的内城和外城被划分为里坊和市场。关于北魏洛阳的里坊数有三种的不同记载，220 里，320 坊，323 坊等（一般来说，"里""坊"都意指"区"），学界对这一现象各有不同的解释。

依笔者之见，"坊"意指"区块"。③320 个坊的说法也好，323 个坊的说法也罢，这里的"坊"应是涵盖了包括宫殿、市场，以及其他非居民区在内的城市全域的坊数。"里"则指"某种特定意义上的区"，220 个"里"指的就是居民区的实际数量。然而，"坊""里"经常互用。

内城

内城不仅是皇室所在之地，也是权贵阶层所居之所。永和里位于青阳门（内城东垣最南端的城门）外御道北侧（这条御道是洛阳城东西主干道之一）。东汉洛阳城的破坏者——董卓，就曾居于此处。北魏录尚书事长孙稚、尚书右仆射郭祚、吏部尚书邢峦、廷尉卿元洪超、梁州刺史（一说为凉州刺史）尉成兴均在此建宅，"皆高门华屋，斋馆敞丽"，④他们都是权倾朝野的达官显贵。⑤

宣武帝舅父大将军高肇的宅邸坐落于阊阖门（内城西垣自北向南数第二道城门）附近。⑥阊阖门南侧住着宫中两位最有权势的人物，一是权阉刘腾，二是北魏宗室、领军将军元叉（元义）。520 年，二人联手发动"宣光政变"，将权势熏天的胡太后（即灵太后）囚禁于宫城永巷。

刘腾的宅邸在延年里，位于西阳门至东阳门的东西御道之北。其宅"屋宇奢侈，

---

① 北魏在不同时期至少采用了四种不同的长度测量标准。最短的是 1 尺 =0.2781 米，1 里（1800 尺）=0.5 千米。详见梁方仲：《中国历代户口田地田赋统计》，上海：上海人民出版社，1980 年，第 543 页。Jenner (1981, 108) 使用更长的长度测量标准（1 里 =532.5 千米）[译者按：此处"千米"应改为"米"，1 里 =532.5 米] 发现，由于地形的限制，杨衒之描述的外城可能略有夸张。

② 明南京城外城面积达 120 平方公里，其中内城面积达 60 平方公里。参见叶骁军：《中国都城历史图录》第三集，第 50 页。

③ "block"一词，用"区块"进行表述似乎更好。参见齐东方：《魏晋隋唐城市里坊制度——考古学的印证》，《唐研究》第九卷，第 56 页。成一农：《里坊制及相关问题研究》，《中国史研究》2015 年第 3 期，第 112 页。

④ Jenner, W.J.F. *Memory of Loyang: Yang Hsüan-chih and the Lost Capital (493—534)*, p.172；（北魏）杨衒之撰，范祥雍校注：《洛阳伽蓝记校注》卷一，第 60 页。

⑤ 录尚书事是尚书省的主管，权力甚至远超尚书令。参见俞鹿年：《中国官制大辞典》，第 183 页。

⑥ （北魏）杨衒之撰，范祥雍校注：《洛阳伽蓝记校注》卷一，第 52 页；Jenner, W.J.F. *Memory of Loyang: Yang Hsüan-chih and the Lost Capital (493—534)*, p.170.

梁栋逾制。一里之间，廊庑充溢，堂比宣光殿，门匹乾明门"，① 是皇室成员之外最为奢华的住宅，一般王公贵族盖莫能比。

元叉宅位于延年里之南的永康里，详细情况则缺乏记载。鉴于元叉在"宣光政变"后权倾朝野，有理由相信其宅邸与刘腾宅一样金碧辉煌。

自西阳门沿东西向御道东行，在到达内城东墙中门东阳门之前，道南有中书侍郎王翊的住宅，他与元叉有姻亲关系。②

南齐皇子萧宝夤逃亡北魏，宣武帝将南阳公主许配给他。萧宝夤刚到洛阳时就住在宣阳门外永桥南的归正里（是北魏专门安置江南归附者的里坊），后因耻于与蛮夷混居，便请求迁居内城。③ 萧宝夤的故事表明，内城里坊具有某种排他性。限于史料，我们无法得知入住内城的标准，但官品应该不是决定性因素。苞信县令段晖的官品并不高，但其宅院却位于内城西南角西明门附近的宜寿里。④

外郭城：东部地区

内城四面有外郭城包围，外郭城根据方位划分为东、西、南、北四个部分。东部地区最有名的地方当属晖文里和昭德里。

晖文里位于东阳门外二里御道北。内有胡太后为其母亲修建的秦太上君寺。太保崔光、太傅李延实、冀州刺史李韶、秘书监郑道昭四人的住宅均位于此地。崔光是拥护孝明帝即位的功臣。李延实是李冲之子、孝庄帝的舅父。李韶曾任七兵尚书、吏部尚书。郑道昭则是宣武朝最著名的儒生。⑤ 上述四人，俱为重臣，宅院"丰堂崛起，高门洞开"。晖文里，西晋名为马道里。蜀后主刘禅、吴末主孙皓等历史名人居住此里，宅院相连。刘禅居西（北魏李延实同宅），孙皓居东。⑥

昭德里，位于东阳门外御道南。据杨衒之记载，昭德里内有尚书仆射游肇、御史中尉李彪、幽州刺史常景、七兵尚书崔休、司农张伦五位朝廷大员的住宅。尚书仆射游肇是元叉政变后唯一敢于反对元叉的高级官员。御史中尉李彪是孝文帝的三位心

---

① （北魏）杨衒之撰，范祥雍校注：《洛阳伽蓝记校注》卷一，第38—39页；Jenner, W.J.F. *Memory of Loyang: Yang Hsüan-chih and the Lost Capital (493—534)*, p.163—165.

② （北魏）杨衒之撰，范祥雍校注：《洛阳伽蓝记校注》卷一，第55页；《魏书》卷六三，第1413页；赵超：《汉魏南北朝墓志汇编》，天津：天津古籍出版社，1992年，第253—254页

③ （北魏）杨衒之撰，范祥雍校注：《洛阳伽蓝记校注》卷三，第160页；Jenner, W.J.F. *Memory of Loyang: Yang Hsüan-chih and the Lost Capital (493—534)*, p.219. 注：面对萧宝夤的请求，"世宗从之，赐宅于永安里"。公元501年，萧宝夤逃往北魏，礼遇甚重，出任军事要职。晚年起兵反魏，事败。事见《北史》卷二九，第1049—1057页。

④ 段晖宅位于西晋初年朝廷大员荀勖旧宅的原址上。段晖在这里发现了三尊佛像，遂舍宅为寺。参见《洛阳伽蓝记校注》卷一，第55页；Jenner, W.J.F. *Memory of Loyang: Yang Hsüan-chih and the Lost Capital (493—534)*, pp.170—171。

⑤ Jenner, W.J.F. *Memory of Loyang: Yang Hsüan-chih and the Lost Capital (493—534)*, p.186；崔光见《魏书》卷六七，第1487—1499页，李延实见《魏书》卷八三下，第1836—1837页，李韶见《魏书》卷三九，第886—887页，郑道昭见《魏书》卷五六，第1240—1242页。

⑥ （北魏）杨衒之撰，范祥雍校注：《洛阳伽蓝记校注》卷二，第94—95页。

腹大臣之一，他曾与李冲交恶，险些被处死。幽州刺史常景曾受命镇压两次大规模叛乱。七兵尚书崔休则因女儿嫁给了元叉之子而在朝中备受尊畏。① 司农张伦是道武帝（386—408）时重要谋臣的后裔，孝庄帝（528—530）在位期间表现得十分活跃。② 杨衒之认为张伦的住宅最为豪奢，云：

> 斋宇光丽，服玩精奇，车马出入，逾于邦君。园林山池之美，诸王莫及。伦造景阳山，有若自然。其中重岩复岭，欹崟相属；深蹊洞壑，逦递连接。高林巨树，足使日月蔽亏；悬葛垂萝，能令风烟出入。崎岖石路，似壅而通；峥嵘涧道，盘纡复直。是以山情野兴之士，游以忘归。③

孝义里在青阳门东三里御道北（青阳门在东阳门以南，是内城的东门之一），这里有南朝降将车骑将军张景仁的宅邸。张宅起初也在归正里，那里有众多贩卖鱼鳖的商贩，张景仁以此为耻，遂徙居孝义里。④

"小市"位于孝义里东侧，但"小市"的具体情况不详，可供参考的信息极少。市北有殖货里，此处居民从事特定职业，比如太常民刘胡兄弟四人就以屠宰为业。⑤

外郭城：南部地区

铜驼大街自宣阳门（是内城南墙的主入口）向南，穿过外郭城，即铜驼大街南段。沿着铜驼大街跨过洛河上的永桥，街东就是最为喧闹的四通市（民间谓永桥市）所在。伊、洛二水的鱼鲜，颇受京师士庶的喜爱。四通市的设置缘于汇聚四邻各国归附者的四夷馆和四夷里。街道东侧的四座建筑统称为四夷馆。归附之人在四夷馆生活一段时间后，就会被赐宅于街道西侧的四夷里内。⑥ 四夷馆和四夷里共同构成了城市的"国际区"。归正里靠近伊、洛二水，自然环境更适合南方人生活。江南的叛降者，大多赐宅于归正里，可安置3000余家。里内居民自立巷市，以贩卖水产为业，时人谓之为"鱼鳖市"。⑦

总体来说，四夷馆和四夷里居住着为数众多的"外夷"。⑧ 所谓"四夷"，涵盖了

---

① 游肇见《魏书》卷五五，第 1215—1218 页；李彪见《魏书》卷六二，第 1381—1398 页；常景见《魏书》卷八二，第 1800—1808 页；崔休《魏书》卷六九，第 1525—1527 页。常景曾率军镇压杜洛周和葛荣叛乱。

② 《魏书》卷二四，第 612—615 页，张伦事见同书同卷 617—619 页。

③ 本段英译来自 Jenner (1981, 189)，作者根据《洛阳伽蓝记校注》卷二第 100 页做了修改。

④ （北魏）杨衒之撰，范祥雍校注：《洛阳伽蓝记校注》卷二，第 117 页；同书卷三，第 160 页；Jenner, W.J.F. *Memory of Loyang: Yang Hsüan-chih and the Lost Capital (493—534)*, p.200.

⑤ （北魏）杨衒之撰，范祥雍校注：《洛阳伽蓝记校注》卷二，第 117—121 页；（清）徐松辑，高敏点校：《河南志》，第 95 页。

⑥ （北魏）杨衒之撰，范祥雍校注：《洛阳伽蓝记校注》卷三，第 160 页。

⑦ （北魏）杨衒之撰，范祥雍校注：《洛阳伽蓝记校注》卷二，第 117 页；Jenner, W.J.F. *Memory of Loyang: Yang Hsüan-chih and the Lost Capital (493—534)*, p.200.

⑧ （北魏）杨衒之撰，范祥雍校注：《洛阳伽蓝记校注》卷三，第 160—161 页。注：上文语见《洛阳伽蓝记》"城东"某里坊，但实际描述的是"城南"的里坊。

自北方（远至蒙古）、东北（远至朝鲜和中国东北地区）和西方（远至帕米尔以西直至罗马东部）而来的人士，[1] 最知名的是柔然可汗郁久闾阿那瓌（552 年去世）。他曾因内乱南奔洛阳避难，在镇压六镇起义中立下了汗马功劳。阿那瓌最后被突厥所破，兵败自杀，柔然帝国自此衰亡。[2]

南朝的叛降者以亲王萧宝夤和将军张景仁最惹人瞩目，二人起先都居住在归正里，但后来都搬走了。萧宝夤移居内城，张景仁迁往东外郭城。[3] 归正里附近、永桥南御道以东，有"白象坊"和"狮子坊"。得名于 509 年犍陀罗国王进献的白象、波斯国王进献的狮子。[4]

外郭城：西部地区

外郭城西部地区有两个最为知名的地方，一是洛阳大市，二是寿丘里。大市占地面积达 1 平方公里，是洛阳乃至全国最大的市场。大市东边有通商、达货二里。里内居民尽皆工巧，以屠贩为生。有些居民非常富裕，比如商人刘宝，其车马服饰可与王公贵族相媲美。[5]

大市南边有调音、乐律二里，里内居民多精通曲艺。[6] 大市西边有退酤、治觞二里，里内居民多以酿酒为业。[7] 大市北边有慈孝、奉终二里，里内的居民以售卖棺椁、出租丧车为业。[8] 大市附近还有准财（译者按：依周祖谟校释，当为"阜财"）、金肆二里。[9] 凡此十里，多工商货殖之民。他们"千金比屋，层楼对出，重门启扇，阁道交通，迭相临望"，以金银饰品、锦缎、刺绣和奴仆来炫耀自己的财

---

[1] Jenner, W.J.F. *Memory of Loyang: Yang Hsüan-chih and the Lost Capital (493—534)*, pp.219—220.
[2] 《魏书》卷一〇三，第 2298—2303 页；（北魏）杨衒之撰，范祥雍校注：《洛阳伽蓝记校注》卷三，第 160 页；《北齐书》卷四，第 56 页；Jenner, W.J.F. *Memory of Loyang: Yang Hsüan-chih and the Lost Capital (493—534)*, pp.219—220.
[3] （北魏）杨衒之撰，范祥雍校注：《洛阳伽蓝记校注》卷三，第 160 页；卷二，第 117 页；Jenner, W.J.F. *Memory of Loyang: Yang Hsüan-chih and the Lost Capital (493—534)*, pp.219, 200.
[4] （北魏）杨衒之撰，范祥雍校注：《洛阳伽蓝记校注》卷三，第 161 页。那时的波斯处于萨珊王朝的统治之下。Jenner (1981, 221) 认定当时正属卡瓦德国王在位，参见 Frye, R.N. "The Political History of Iran under the Sasanians," in Ehsan Yarshater ed, *The Cambridge History of Iran, Volume 3: The Seleucid, Parthian and Sasanian Periods*, Cambridge: Cambridge University Press, 1983, pp.149—152。
[5] （北魏）杨衒之撰，范祥雍校注：《洛阳伽蓝记校注》卷四，第 202 页；Jenner, W.J.F. *Memory of Loyang: Yang Hsüan-chih and the Lost Capital (493—534)*, p.237.
[6] （北魏）杨衒之撰，范祥雍校注：《洛阳伽蓝记校注》卷四，第 203 页；Jenner, W.J.F. *Memory of Loyang: Yang Hsüan-chih and the Lost Capital (493—534)*, p.237.
[7] （北魏）杨衒之撰，范祥雍校注：《洛阳伽蓝记校注》卷四，第 203—204 页；Jenner, W.J.F. *Memory of Loyang: Yang Hsüan-chih and the Lost Capital (493—534)*, p.238; 参阅《河南志》，第 97 页。
[8] （北魏）杨衒之撰，范祥雍校注：《洛阳伽蓝记校注》卷四，第 204 页；Jenner, W.J.F. *Memory of Loyang: Yang Hsüan-chih and the Lost Capital (493—534)*, p.239.
[9] （北魏）杨衒之撰，范祥雍校注：《洛阳伽蓝记校注》卷四，第 205 页，第 219 页注 61；Jenner, W.J.F. *Memory of Loyang: Yang Hsüan-chih and the Lost Capital (493—534)*, pp.240—241. 参阅（宋）李昉等：《太平广记》卷三七一，北京：中华书局，1961 年，第 2950 页。

富，①但社会地位并不高。

寿丘里位于外郭城的最西端，即洛阳大市以西，是一个细长的区域。它东西长2里，南北长15里。南临洛水，北达邙山，为皇亲国戚所居，是迄今所知洛阳规模最大的里坊，民间称之为"王子坊"。杨衒之生动地描述了权贵们斗富的场景：

> 于是帝族王侯、外戚公主，擅山海之富，居川林之饶，争修园宅，互相夸竞。崇门丰室，洞户连房，飞馆生风，重楼起雾，高台芳榭，家家而筑；花林曲池，园园而有。莫不桃李夏绿，竹柏冬青。②

寿丘里最奢华的宅邸是大贪官河间王元琛的。文柏堂内置有玉砌的井，金铸的提水罐，罐上系着用五色丝结成的绳索。③

作为外郭城内唯一的权贵住宅区，寿丘里无疑为洛阳大市及其临近里坊的经济发展做出了贡献。

除了这两个地方，外郭城西部地区还有一些名人的宅邸，最著名的当属元叉的宅邸了。④这座豪宅位于西明门外御道北，宅内有一座比凌云台还要高的塔楼，立足塔顶京师可一览无余。又置土山钓池，亦冠于当世。元叉在内城另有宅院，故将此宅舍为冲觉寺。⑤

外郭城：北部地区

外郭城北部背靠邙山，空间狭小，居民较少。最著名的人物当属住在闻义里的宋云，他是中古最伟大的旅行家之一，曾成功冒险往返印度。西周早期，这里是安置殷商顽民的地方。⑥

洛阳里坊的命名具有鲜明特色。比如"通商里""达货里""殖货里"，是毗邻外郭城市场的里坊，经营内容多与工商业活动有关，是专门从事工商业的区域。与之相类，城中的"外国人"（包括南朝降魏之人）被限制在洛河以南的四夷区。

上述城市空间的划分，充分体现了春秋著名思想家管子的隔离管理之意图："昔圣王之处士也，使就闲燕；处工，就官府；处商，就市井；处农，就田野。"⑦四民不相

---

① （北魏）杨衒之撰，范祥雍校注：《洛阳伽蓝记校注》卷四，第205页；Jenner, W.J.F. *Memory of Loyang: Yang Hsüan-chih and the Lost Capital (493—534)*, p.240.

② 本段英译来自 Jenner (1981, 241—242)，有修改。

③ （北魏）杨衒之撰，范祥雍校注：《洛阳伽蓝记校注》卷四，第206页；《魏书》卷二〇，第529页。

④ 译者按：应为清河王元怿宅，原因是此处所参考之文献明显为《洛阳伽蓝记校注》卷四，冲觉寺条。冲觉寺为清河王元怿舍宅而来。

⑤ Jenner, W.J.F. *Memory of Loyang: Yang Hsüan-chih and the Lost Capital (493—534)*, p.227.

⑥ （北魏）杨衒之撰，范祥雍校注：《洛阳伽蓝记校注》卷五，第249—252页。

⑦ 《国语·齐语》；Ho, Ping-ti. "Lo-yang, A.D. 495—534: A Study of Physical and Socio-Economic Planning of a Metropolitan Area," *Harvard Journal of Asiatic Studies* 26, 1966, pp.82—89.

杂处，又或体现了当时社会对工商业者的偏见。

里坊由官府统一管理。每个里/坊有里正二人、吏四人，四个门由八名门士管辖，① 禁止在坊墙上乱开坊门。② 从某种意义上来讲，洛阳里坊与奥古斯都统治下的罗马下级行政区（vici）有相通之处，因为每个下级行政区（vicus）都由四名罗马皇帝任命的官员管辖。两者不同之处在于洛阳里坊四面皆有围墙，而罗马下级行政区（vicus）则根据已有的街道划定。③

里坊管理的重要性不言而喻，但自平城迁都洛阳后，其效率和权威性均大幅下降。里正的官阶仅属于流外四品，④ 不在正式的官阶序列内。生活在里坊内的权贵，如王公卿尹、贵势姻戚都可以无视其职权；更有州郡侠客荫结贵游，附党连群，劫掠市场。直至朝廷将宫中的羽林军派往诸坊巷司察盗贼，里坊安全问题才得到解决。⑤

"市"和"里"一样四面封闭。住在里坊的居民可以前往市场从事商业贸易，行刑也多在市场附近执行。⑥ 建阳里位于建春门外，⑦ 阳渠以北。里内有土台，土台上建有两层楼，楼上悬挂有钟，敲钟则代表闭市。此处距离洛阳三市都不近，但钟声却能传播 50 里远。⑧ 另一口打击乐器肯定是用来宣布开市的，颇似唐长安城的街鼓。这表明，洛阳市场的开闭是有固定时间的。⑨

七、文化与宗教的繁荣

528 年，尔朱荣攻占洛阳，⑩ 皇室昵亲元颢南逃萧梁。梁武帝萧衍派遣陈庆之率领南梁军队护送元颢返回洛阳，史称"元颢入洛"。元颢大军进驻洛阳期间，陈庆之有机会与洛阳的士大夫交流。⑪ 此前的陈庆之，与生活在南朝建康城中的所有人一样，认

---

① （北魏）杨衒之撰，范祥雍校注：《洛阳伽蓝记校注》卷五，第 349 页。
② 《魏书》卷一一四，第 3046 页。
③ Stambaugh, John E. *The Ancient Roman City*, Baltimore, MD: Johns Hopkins University Press, 1988, pp.114, 345, n. 18.
④ "流外"制度专为次等官员设置。
⑤ 《魏书》卷六八，第 1514—1515 页。
⑥ （北魏）杨衒之撰，范祥雍校注：《洛阳伽蓝记校注》卷二，第 82 页；卷四，第 200 页。关于北魏城市市场功能，参见侯旭东：《北朝"市"制度：行为与观念》，载于侯旭东：《北朝村民的生活世界：朝廷、州县与村里》，北京：商务印书馆，2005 年，第 172—230 页。
⑦ 译者按：原文记为"建春门以西"，疑误，应为建春门外（即建春门以东）。详参《洛阳伽蓝记》卷二，龙华寺条；另请参见钱国祥：《北魏洛阳外郭城的空间格局复原研究——北魏洛阳城遗址复原研究之二》，《华夏考古》2019 年第 6 期。
⑧ 译者按：原文记"钟"为"鼓（drum）"，但据《洛阳伽蓝记校注》卷二，龙华寺条载"有钟一口，撞之闻五十里"，因此原文中的"鼓"应改为"钟"。
⑨ （北魏）杨衒之撰，范祥雍校注：《洛阳伽蓝记校注》卷二，第 75 页；Jenner, W.J.F. *Memory of Loyang: Yang Hsüan-chih and the Lost Capital (493—534)*, p.177. 在唐长安，正午时分以击鼓的方式宣布开市；黄昏时分以击钲的方式宣布闭市内，参见 Xiong, Victor Cunrui. *Sui-Tang Chang'an: A Study in the Urban History of Medieval China*, pp.173—174。
⑩ 参见后文。
⑪ 河阴之变爆发时，元颢身在邺城，事见《魏书》卷二一上，第 564—565 页（译者按：疑误。《魏书》云"颢至汲郡，属尔朱荣入洛"）。陈庆之见《梁书》卷三二，第 459—464 页。

为洛阳是"戎狄之乡",但此次经历彻底改变了他的看法。回到南方后,陈庆之被委以重任,担任了司州刺史的要职,统辖包括建康在内的重要区域。正是洛阳成熟和先进的文明,让陈庆之摒弃了已有的偏见,开始重视和提拔北方之人,甚至模仿北魏礼仪,以至于江表士庶竞相模仿,成为社会潮流。①

经过一个多世纪的汉化改革,鲜卑治下的北魏社会由崇尚武功转变为一种上层广泛参与的儒家社会。孝文帝毕生致力于推进文化融合,其在汉诗方面小有成就。北方最著名的文人温子升(495—547)和邢邵(496—?)都久居洛阳,创作出了大量优质精炼的骈文。②郦道元是孝文时的朝臣,曾任河南尹,撰有学术价值极为重要的《水经注》。此书不仅是中古时期洛阳最全面和系统的综合性地理著作,也是一部具有较高文学价值的作品,其对大自然生动而细致的描绘尤为突出。③然而,就文体而言,我们不得不承认,北方作家远不如南方作家高明。

儒家思想是鲜卑汉化改革的一个重要内容。北魏礼制中心设在洛阳,仪式活动依据儒家经典进行,几乎没有受到鲜卑游牧生活传统的影响。儒家文化的影响甚至波及平城,那里原有的天神崇拜已经让位于中原地区的传统礼仪。④

与之相应的是,儒家文化教育也日益受到重视。平城时期国都就已设立了太学。迁都洛阳后,不仅重建了太学,还增设国子学和四门学。前者招收高级官员子弟,后者则主要招收年轻学生,功能上类似于"小学",小学博士多达40位。因此,洛京乃至全国经学大盛。⑤鉴于当时儒学普遍缺乏活力,北魏时期对儒家思想或哲学的影响微乎其微,也就不足为奇了。

北魏时期道教文化的影响越来越弱。平城时期,道教有着很强的影响力,但491年孝文帝颁布了一道限制道教发展的诏令,除平城南郊的一所道观外,废弃了城内所有的道教宫观,⑥而且这一政策在洛阳继续施行。这一禁令至499年孝文帝去世后才稍有所松动。杨衒之以"寺观灰烬,庙塔丘墟"之语形容547年洛阳城的寺观状况,从字面内容来看,当时洛阳城内外不仅有佛寺,也是有道观的,⑦但鲜有洛阳道教活动的史料保存下来。⑧

值得注意的是,当时还发生了两件对道教活动打击比较大的历史事件。一是北魏

---

① (北魏)杨衒之撰,范祥雍校注:《洛阳伽蓝记校注》卷二,第117—119页。
② 温子升见《北史》卷八三,第2783—2786页;邢邵见《北齐书》卷三六,第475—479页。另可参见曹道衡、沈玉成:《南北朝文学史》,北京:人民文学出版社,2006年,第354—359页。
③ 曹道衡、沈玉成:《南北朝文学史》,第354—359、365—372页。
④ 北魏平城建立了儒家礼制祭祀网络,并于公元494年放弃了本土的天神崇拜。参见Xiong 2003, 37-4;逯耀东:《从平城到洛阳:拓跋魏文化转变的历程》,台北:联经出版事业公司,1985年,第60—67页。
⑤ 《魏书》卷八四,第1842页;吕思勉:《两晋南北朝史》,第1201—1202页。
⑥ 《魏书》卷一一四,第3055页。
⑦ (北魏)杨衒之撰,范祥雍校注:《洛阳伽蓝记校注》原序,第2页。
⑧ Jenner, W.J.F. *Memory of Loyang: Yang Hsüan-chih and the Lost Capital (493—534)*, p.136.

正光元年（520），清通观道士姜斌与佛教高僧的一次朝堂辩论。辩论的结果是，北魏孝明帝认为道家所论无宗旨，而被驱逐。① 二是北齐天保六年（555），文宣帝高洋在国都邺城（洛阳的东北方向）也组织了一场佛、道之间的辩论，道教再次失利而被勒令废止。毫无疑问，南北朝时期北方地区的道教势力受到了极大的破坏，仅在西魏、北周的长安得以保存。②

相较于儒家、道教，佛教显然更受洛阳人的欢迎。作为外来宗教的佛教文化，在渗入中国社会的同时，也受到了中华传统文化的影响。透过《洛阳伽蓝记》，我们可一窥佛教在洛阳的传播情况。内城东墙北头第一门——建春门外御道北是建阳里，里内有十座寺庙，内有士庶二千余户，大都崇奉佛教。③ 一个极端的案例可进一步说明佛教文化对社会影响之深。534年，永宁寺浮屠起火，城内百姓皆来观望，悲哀之声震动了京城，而三名僧人则纵身跳入火海，自焚而死。④

依据一些零散的文献信息可知，都城洛阳佛像崇拜非常盛行。每当城东宗圣寺的佛像在城中巡游，或青阳门（东墙南门）外平等寺金像显灵时，洛阳城内就会出现万巷皆空之象。⑤ 特别是孝昌三年（527），洛阳居民发现平等寺门外金像面有悲容，双目垂泪，遍体皆湿，引起了京师广大士女的围观。但这种现象被认为是一种不祥之兆，预示着洛阳城来年将遭受一场劫难。⑥

佛教在都城洛阳的繁荣应归功于皇室的支持。孝文帝与冯太后一样，都是虔诚的佛教信徒和捍卫者。他为印度高僧跋陀尊者于嵩山（洛阳西南）建少林寺，甚至授予少数佛教高僧每月觐见三次的特权。由于孝文帝的庇佑，佛教中法相（Dharmalaksana）、涅槃（Nirvana）、论藏（Abhidarma）在北方得以蓬勃发展。⑦

孝文帝虽然是一位虔诚的佛教徒，但他坚决执行政教分离的政策，严格限制洛阳佛教寺院的数量。如其在位之期间，内城唯有一座佛寺，郭城唯有尼寺一所，其余均被安置在外郭城之外。宣武帝（499—515在位）统治期间，这一禁令逐渐松弛了。⑧

孝文帝促进了佛教文化的传播，他的儿子宣武帝和儿媳胡太后都促进了佛教建筑

---

① 卿希泰主编：《中国道教史》（第一卷），成都：四川人民出版社，1996年，第451页。大约在同一时期，一个名为赵暄的人活跃在孝明朝。据《赵暄墓志》可知，志主通晓易理、天文历法无不精通，更能以秘术逆占将来，预测祸福。以上这些都是道教所关注的领域，但也不完全如此。而且并没有迹象表明赵暄信奉道教。参见赵振华：《洛阳古代铭刻文献研究》，西安：陕西出版集团三秦出版社，2009年，第280—286页。
② 念常：《佛祖历代通载》卷九，第553页；志盘：《佛祖统纪》卷三八，第357页。没有明确的证据表明洛阳存在道教团体［参见 Jenner, W.J.F. *Memory of Loyang: Yang Hsüan-chih and the Lost Capital (493—534)*, p.136］。然杨衒之笔下确有"寺观灰烬，庙塔丘墟"之语。
③ （北魏）杨衒之撰，范祥雍校注：《洛阳伽蓝记校注》卷二，第78页。
④ （北魏）杨衒之撰，范祥雍校注：《洛阳伽蓝记校注》卷一，第12页。
⑤ （北魏）杨衒之撰，范祥雍校注：《洛阳伽蓝记校注》卷二，第79页。
⑥ （北魏）杨衒之撰，范祥雍校注：《洛阳伽蓝记校注》卷二，第104—105页。
⑦ 汤用彤：《汉魏两晋南北朝佛教史》，台北：骆驼出版社，1987年，第501—504、832—848页。
⑧ 《魏书》卷一一四，第3044页。

和艺术的发展。宣武帝本人亲自修建了瑶光、景明、永明三座大寺，①并于500年在龙门修建了两座石窟寺以纪念孝文帝和母亲（高照容）。其实早在5世纪八九十年代，龙门就已经开始修建大型石窟了。后来，宦官刘腾为纪念宣武帝本人，又奏请在龙门修建三座石窟寺，统称为宾阳三洞。其中，我们了解最多的是宾阳中洞，它高9.3米、深11米、宽11.1米，是三洞中唯一完成于北魏时期的洞窟，是佛教艺术瑰宝。②据史料记载，公元500年至523年，上述洞窟的开凿动用了超过十八万人的劳力，花费了高昂的人力成本。③

胡太后对佛教的狂热程度较宣武帝有过之而无不及，其对佛教最突出的贡献是营建了永宁寺。永宁寺坐落在宫城阊阖门南一里御道西，516年落成，是当时洛阳城最受瞩目的地标建筑。胡太后曾亲率文武百官参加永宁寺奠基仪式。据载永宁寺塔九层浮屠从地面到塔顶有490尺（136米）之高。果真如此的话，当时世界上最高的建筑非永宁寺莫属，但这种说法明显有夸大之嫌。④另一记载显示，永宁寺塔高达一千尺（278米），这种说法更不可信。⑤无论真实高度如何，永宁寺浮屠高耸入云都是不争的事实，人言"去京师百里尤可遥见之"。刹上有金宝瓶，角角皆悬金铎，合计有一百二十铎。浮屠有四面，每面三户六窗，户皆朱漆。扉上各有五行金铃，合有五千四百枚。浮图北面有佛殿一所，形如太极殿，这严重僭越了礼制标准。佛殿中央有一尊高达18尺的巨型金像，旁边还有10座真人金像，以及许多镶满珍珠、用金线编织或用玉石制作的雕像，件件都是精湛的艺术品。寺院由僧侣住宅、阁楼和望台组成，总数多达一千余间。胡太后为修缮永宁寺不惜花费重金。⑥南印度（一说波斯）沙门菩提达摩（后被尊称为禅宗初祖）对寺院的壮观景象感到惊叹。⑦从某种意义上来说，胡太后修建永宁寺延续了孝文帝所奉行的政策，但礼佛等级标准却大大超出了孝文帝的合理限度。⑧

---

① 瑶光寺位于宫城的西部或西北部，靠近内城的西垣。永明寺位于外城的西部，用来安置异国沙门（至远者来自罗马东地）。景明寺位于外城的南部，是三座寺院中最大的一座，内有堂观一千余间，风景优美。上述三寺参见《洛阳伽蓝记校注》卷一，第46页；卷四，第235—236页；卷三，第132页。

② 关于这三所北魏皇家石窟，学界意见不一，但将其视为宾阳洞是中国学界近来的共识。参见刘汝醴：《关于龙门三窟》，载于《龙门石窟研究论文选》，上海：上海人民美术出版社，1993年，第56—61页。

③《资治通鉴》卷一四九，第4675页。另据《魏书》卷一一四，第3043页记载，动用劳动力多达八十万六千三百六十六人（译者按：疑误，《魏书》云"用功八十万二千三百六十六"）。

④（北魏）郦道元注，杨守敬、熊会贞疏，段熙仲点校，陈桥驿复校：《水经注疏》卷一六，南京：江苏古籍出版社，1989年，第1412页；Jenner, W.J.F. *Memory of Loyang: Yang Hsüan-chih and the Lost Capital (493—534)*, p.148. 假设每层的高度约为总高度的十分之一，加之顶部的塔杆，那么每层的平均高度为13.6米，与现代三层楼的高度相当。

⑤（北魏）杨衒之撰，范祥雍校注：《洛阳伽蓝记校注》卷一，第1页；段鹏琦等：《北魏洛阳永宁寺》，北京：中国大百科出版社，1996年，第20—21页。

⑥（北魏）杨衒之撰，范祥雍校注：《洛阳伽蓝记校注》卷一，第1—3页；Jenner, W.J.F. *Memory of Loyang: Yang Hsüan-chih and the Lost Capital (493—534)*, pp.147—149.

⑦ 汤用彤：《汉魏两晋南北朝佛教史》，第781页。

⑧《魏书》卷一一四，第3044页；段鹏琦等：《北魏洛阳永宁寺》。

胡太后修建的佛寺不止永宁寺一所。在她执政初期，宦官刘腾主持了五座寺院修建。① 南外郭城的景明寺内还有胡太后主持修建的七层浮图一所，宝塔装饰华丽，奢华程度堪比永宁寺。②

胡太后大肆修建佛教建筑动的一个原因是为了证明其虔诚的佛教信仰，③ 这一行为背后则可能是为了解决佛法理念与其肉欲放纵，以及为了生存和统治而不得不采用的政治权术之间的内在矛盾。

宣武帝和胡太后统治时期，洛阳也迎来了经书翻译的盛世。508 年，北印度高僧、翻译家菩提流支抵洛，居永宁寺，有 700 名僧人协助他译经。翻译作品主要包括《十地经论》《入楞伽经》《金刚般若波罗蜜经》以及《妙法莲华经论》，在中国佛教史上都产生了重大影响。④ 与此同时，一批新的士大夫出现了，他们不仅是佛教徒，还参与到了注经事业之中。⑤

公元 518—522 年，胡太后派遣宋云和比丘惠生前往西域取经，足迹远至犍陀罗（位于巴基斯坦西北部）。在途经嚈哒（白匈奴）国时，二人受到了国王的接见。他们讲述的故事，部分保存在杨衒之的《洛阳伽蓝记》中，极大地丰富了我们对六世纪早期中亚和北印度的了解。他们带回的 170 部佛经，皆为大乘妙典，无疑推动了洛阳佛教文化的发展。⑥

佛教寺院的繁荣不单是依靠宣武帝和胡太后的庇护，也缘于社会各界的广泛追捧：

> 王侯贵臣，弃象马如脱屣；庶士豪家，舍资财若遗迹。于是昭提栉比，宝塔骈罗，争写天上之姿，竞摸山中之影。金刹与灵台比高，广殿共阿房等壮。⑦

---

① 《魏书》卷九四，第 2027 页。在这五座寺院中，有两座名为太上公和太上君的寺院，分别供奉着胡太后的父母。参见《洛阳伽蓝记校注》卷二，第 94 页；卷三，第 140 页。

② （北魏）杨衒之撰，范祥雍校注：《洛阳伽蓝记校注》卷三，第 132 页。

③ （北魏）杨衒之撰，范祥雍校注：《洛阳伽蓝记校注》卷一，第 1—3 页；Jenner, W.J.F. *Memory of Loyang: Yang Hsüan-chih and the Lost Capital (493—534)*, pp.148—149;《魏书》卷一一四，第 3043 页。关于洛阳寺院数量，参见《洛阳伽蓝记校注》卷五，第 349、351 页，注 3；《魏书》卷一一四，第 3045 页。

④ （唐）道宣：《续高僧传》卷一，第 428 页 a。《续高僧传》的记述有些地方并不合理，永宁寺是宣武帝死后由胡太后建造的，而该书却声称是宣武帝将菩提流支安置在永宁寺。此处笔者遵循了汤用彤的解释（参见《汉魏两晋南北朝佛教史》，第 505 页）。关于经书，参见 Jenner, W.J.F. *Memory of Loyang: Yang Hsüan-chih and the Lost Capital (493—534)*, pp.133—134. 菩提流支所译经书的清单（共计 39 部作品），参见《洛阳伽蓝记校注》卷四，第 232—233 页，注 4。

⑤ 汤用彤：《汉魏两晋南北朝佛教史》，第 506—507 页。据同书第 525—529 页载，北方佛教与经学俱起弘，南方佛理与玄学契合无间。

⑥ （北魏）杨衒之撰，范祥雍校注：《洛阳伽蓝记校注》卷五，第 251—349 页；Jenner, W.J.F. *Memory of Loyang: Yang Hsüan-chih and the Lost Capital (493—534)*, pp.255—71；张星烺：《中西交通史料汇编》第六册，北京：中华书局，1977—1979 年，第 228—246 页；Chavannes, Édouard. *Voyage de Song Yun dans l'Udyana et le Gandhara, 518—522*, 1962, v. 2, Book 6, pp.1—68.

⑦ （北魏）杨衒之撰，范祥雍校注：《洛阳伽蓝记校注》原序，第 1 页。本段英译来自 Jenner (1981, 141—142)，有修改。注：汤用彤在《汉魏两晋南北朝佛教史》（第 506—507 页）注意到，北魏时期许多将领和宦官舍宅为寺，此事可证洛阳崇佛之盛。

在社会各界的大力支持下，洛阳寺院和僧尼数量空前高涨。北魏建都之前，洛阳有 100 所佛寺；到了 518 年，佛寺数量增至 500 余所；再到 534 年，更是骤增至 1367 所。前朝寺庙之盛，无逾北魏洛阳者。① 公元 528 年河阴之变爆发后，朝士死者之家多舍宅为寺，佛寺再度猛增。② 就佛寺数量而言，当时唯一能与洛阳比肩是南朝建康城。然即使在鼎盛时期，建康的寺院数量也仅有 500—700 所，相比之下相形见绌。即使是建康最著名的寺庙，都较少有关建筑规模和形式的文字证据，所以很难相信还有其他能够超过洛阳永宁寺和景明寺的寺院。

佛教势力的急剧扩张侵害了城内居民的利益。518 年，任城王元澄上奏，洛阳已有三分之一的住宅被佛寺侵夺。③ 生活于 7 世纪的学者傅奕强调，洛阳王公贵族修建寺院时较多挤占了民宅。④ 尽管我们还无法确认其真实性，但佛教势力的无限制扩张，无疑严重挤压了普通百姓的生存空间。

八、洛阳毁弃

5 世纪晚期，北魏建都洛阳之时就为其衰落埋下了伏笔。6 世纪初，伴随着王朝权力的削弱，洛阳亦呈倾颓之象。

拓跋魏建都平城之时，从今天河北北部到内蒙古中部设有六个镇，组成了抵御柔然的北部防线。当时，六镇将卒颇受朝廷重视，高官子弟常被派往六镇服役，仕途顺畅，待遇优渥。孝文帝迁都洛阳后，大刀阔斧地推行汉化改革，六镇官兵逐渐失去了特权和地位，沦为"镇户"。朝堂之上，也开始实施排异武人的政策。张彝次子张仲瑀上封事，求铨别选格，排抑武人，不使预在清品（清品在官场至关重要），旨在严格限制武官仕途。神龟二年（519），千名羽林、虎贲将士在洛阳发动了暴乱进行对抗，殴打了张彝及其次子张仲瑀，焚烧其宅院，更将其长子张始均投入火中。⑤ 朝廷很快平息了这次暴乱，带头之人也被问斩，但有识者皆知国之将坠。

正光五年（524），六镇军民发起大规模的起义，反对重文轻武政策，矛头直指中央。⑥ 叛乱爆发伊始，六镇尽为镇民所有。次年六月，北魏在柔然的帮助下取得胜利。

---

① 公元 509 年，洛阳佛寺数量已超过 500 座。参见 Gernet, Jacques. *Buddhism in Chinese Society: An Economic History from the Fifth to the Tenth Centuries*, trans. by Franciscus Verellen. New York: Columbia University Press, 1995, pp.15—16. 有佛教文献记载，北齐（550—577）邺城的佛寺数量为 4000 座。如果这个记录真实，那么平均每个里坊就有 10 座寺院，但那样的话居住空间将所剩无几。参见《续高僧传》卷一〇，第 501 页。

② 汤用彤：《汉魏两晋南北朝佛教史》，第 522 页。胡太后长期独揽大权，公元 520 年，刘腾在内的反对派发动政变，剥夺了胡太后的权力。公元 525 年，胡太后重新掌权，再度临朝听政。

③ 《魏书》卷一一四，第 3045 页。

④ 傅奕之言，语见道宣：《广弘明集》卷六，第 128 页 b。

⑤ 《魏书》卷六四，第 1432—1433 页。

⑥ 陈寅恪著，万绳楠整理：《魏晋南北朝史讲演录》，台北：云龙出版社，1995 年，第 301—314 页。

不久之后，关陇、河北又相继爆发起义。① 这次叛乱引发了一连串事件最终摧毁了北魏王朝，洛阳也失去了国都地位。

六镇起义军尽管在军事上失利了，但他们以"去汉化"为旗帜，对抗洛阳的汉化风气，产生了极为深远的影响。起义军得到了边镇兵士的广泛支持，这不仅有鲜卑人，也包括其他非鲜卑人，甚至还有鲜卑化的汉人。

时局动荡之际，尔朱荣、宇文泰和高欢三支势力在乱世中崛起，逐鹿中原。尔朱荣原为契胡（羯胡）酋长，久居北境，兵强马壮。在屡次镇压叛乱之际，收编叛军，以扩张实力。宇文泰和高欢参加了六镇起义，二人后来均投入尔朱荣麾下。

北魏孝昌四年（528），大权独揽的胡太后对孝明帝产生猜忌，将其毒杀，扶持年仅两岁的宗室幼子元钊为帝。② 尔朱荣以此为由起兵南下，以祭天为由将洛阳百官引至河阴（洛阳以北），纵兵屠戮，将胡太后与幼主元钊投入黄河，王公卿士皆敛手就戮，死者两千余人。③ 这场屠杀发生于洛阳北部的河阴县，史称"河阴之变"。尔朱荣认为"洛中人士繁盛，骄侈成俗，不加芟荑，终难制驭"，所以这场变乱的受害者多为汉人和汉化的鲜卑人。④ "河阴之变"虽未祸及洛阳百姓，但大批朝士的殒命很容易使人联想到西晋的"永嘉之乱"。

尔朱荣返回晋阳不久，萧梁大将陈庆之率领大军北伐中原，攻城略地，所向披靡。新登基的北魏孝庄帝（528—530在位）被迫出逃。北海王元颢在陈庆之的拥护下于529年6月17日入主洛阳宫。⑤ 陈庆之时为侍中，洛阳士大夫多与之交流往来，给他留下了不错的印象。然从长远的观点来看，陈庆之及其率领的南方军队在洛阳的处境是十分危险的，其兵力不满一万，不足羌、胡之众的十分之一。所以，陈庆之请求调任徐州，元颢没有允许。不久，尔朱荣率军南下洛阳反攻元颢，大败陈庆之。8月8日战事结束。元颢在逃亡途中被斩杀，传首洛阳。陈庆之军士死散殆尽，本人削发伪装成僧人，只身逃回了建康。⑥

尔朱荣是孝庄帝重新主政洛阳的最大功臣，但其"遥制朝政，树置亲党，布列魏主左右，伺察动静，大小必知"，孝庄帝完全在其监控之下。孝庄帝又偏偏生性勤于政事，数自审理冤狱，亲览词讼，并着手谋划除掉尔朱荣。⑦ 孝庄帝借言皇子出生，引

---

① 王仲荦：《魏晋南北朝史》，第563—577页。
② 《资治通鉴》卷一五二，第4738—4739页；王仲荦：《魏晋南北朝史》，第579—591、602—606页。注：太后杀害年少的叛逆帝王性质十分严重。但这种事在北魏历史上并非没有先例。冯太后就曾除杀献文帝，扶持年幼的孝文帝登基。
③ 《魏书》卷七四，第1646—1648页，卷一〇，第255—256页，卷一三，第339—340页。注：据《魏书》卷七四，河阴死难者多达一千三百余人。
④ 《资治通鉴》卷一五二，第4742—4743页；《北史》卷五三，第1915页。
⑤ 《资治通鉴》卷一五三，第4760页；《梁书》卷三二，第462页。
⑥ 《资治通鉴》卷一五三，第4764—4765页；《梁书》卷三二，第463页。
⑦ 《北史》卷四八，第1757—1761页；《资治通鉴》卷一五四，第4777—4783页（译者按：对原著参考文献页码进行了调整）。

诱尔朱荣进宫。① 尔朱荣自恃其强，认为孝庄帝不足为惧，更无视亲近之人的警告，莽撞进宫。是日，孝庄帝在明光殿东序下西向坐，尔朱荣及其心腹元天穆在御榻西北南向坐。庄帝亲信光禄少卿鲁安、典御李侃晞等抽刀从东户入，尔朱荣急忙冲向庄帝，但庄帝预先横刀膝下，遂手刃尔朱荣，安等乱斫，荣与天穆同时俱死。随尔朱荣同行进宫的30人也均被杀掉。随后，孝庄帝登阊阖门，宣读温子升提前准备好的诏书，谴责尔朱荣的罪行。②

洛阳居民欢欣鼓舞，声满京城，百官来贺。③ 但好景不长，冬十月的一天，尔朱氏一千胡骑身着素服，聚集在内城北墙西端大夏门外，索要尔朱荣的尸体。孝庄帝以尔朱荣构逆为由拒绝了他们的请求。群胡恸哭，声振城邑。帝亦为之怆然，遣侍中朱瑞赍铁券赐给这伙人的领袖尔朱世隆。④ 但尔朱世隆认为孝庄帝背信弃义，冤杀尔朱荣，所以拒收铁券，誓要报仇。皇帝见安抚无效，募敢死之士以讨世隆，招募一日即得万人。然而洛阳人士久不习战，故屡战不克。⑤

元魏与尔朱氏互不相让，双方皆无法占据优势。尔朱荣之侄尔朱兆盘踞晋阳，势力范围涵盖今日的山西，军事实力强大。531年初，尔朱兆打破僵局，攻入洛阳，孝庄帝在云龙门（皇宫东侧的主入口）外被俘。尔朱兆在洛阳短暂停留了十多天，营军于尚书省。期间纵兵大掠，甚至扑杀皇子，污辱妃嫔，屠戮朝廷重臣。但他放弃了焚烧洛阳城的计划，⑥ 城中仅有太常乐库遭到焚毁。⑦

尔朱兆返回晋阳后，将孝庄帝囚于三级寺。531年1月23日，不顾高欢的强烈反对，尔朱兆勒死了孝庄帝。⑧

洛阳的陷落再一次凸显了这座城市防守能力的脆弱。当时孝庄帝为防守洛阳，曾派遣勇士焚毁河桥（河桥位于城北，架于黄河之上）。⑨ 但尔朱兆进攻当日，黄河水位不高，水不没马腹，未能给洛阳提供保护。尔朱兆麾下胡骑轻松涉水而渡。⑩

很快，尔朱氏就面临一场更大的挑战，其亲信高欢迅速崛起。高欢的主要兵力蓄养在今河北地区的，是一支20万的六镇流散旧部。532年3月，高欢在邺城附近击败尔朱氏，尔朱家族随即四分五裂。随后，高欢进逼洛阳，迎立孝武帝元修（532—534在位）为帝，进封大丞相。

---

① 《资治通鉴》卷一五四，第4780—4782页；《北史》卷四八，第1761页。
② 《魏书》卷一〇，第265—266页。
③ 《资治通鉴》卷一五四，第4783页。
④ 通常情况下，铁券可使受赐人世代免受死罪。
⑤ 《资治通鉴》卷一五四，第4786页。
⑥ 《资治通鉴》卷一五四，第4792页。
⑦ 《魏书》卷一〇九，第2837页；《资治通鉴》卷一五六，第4833页。
⑧ 《资治通鉴》卷一五四，第4790—4793页；（北魏）杨衒之撰，范祥雍校注：《洛阳伽蓝记校注》卷一，第11页。
⑨ 《魏书》卷一〇，第267页；《资治通鉴》卷一五四，第4786页。
⑩ 《资治通鉴》卷一五四，第4790页。

孝武帝即位于洛阳城东郭之外，用鲜卑旧制，以黑毡蒙七人，高欢居其一，帝于毡上西向拜天。祭祀仪式采用了孝文帝汉化之前的做法，与汉制南郊祭天、太庙祭祖的形式完全相悖，鲜卑传统礼仪的复兴可视为对孝文帝汉化政策的一种反抗。高欢本为汉人，但自幼长于怀朔，鲜卑化程度极深。①

永熙三年（534）初，一场莫名的大火降临洛阳，孝武帝派出了1000名的羽林军扑救，城内最壮丽的建筑——永宁寺的九层浮屠被焚毁了，人们莫不悲惜。②"既而有人从东莱至，云及海上人咸见之于海中，俄而雾起乃灭。说者以为天意，永宁见灾，魏不宁矣，飞入东海，渤海应矣"。③渤海高欢就是人们所预言之人，他的崛起将给北魏带来致命一击。

高欢认为，洛阳久经丧乱，遂上书孝武帝请求迁都邺城（位于今河北南部）。但性格强硬的孝武帝不甘屈居人下，甚至暗中计划除掉高欢。最终，厌恶洛阳的高欢居于上风，他以山西为大本营，下令将运往洛阳的粮食改道运往邺城。④

孝武帝当时在邙山以北尚有十万余众的戍卫军，由大都督斛斯椿指挥。斛斯椿向孝武帝建言趁高欢立足未稳进行奇袭，但未获采纳。因为孝武帝一面忌惮高欢，一面又担心高欢失势后斛斯椿的势力坐大。⑤高欢的主要对手宇文泰认为，高欢数日行八九百里，此兵家所忌，极易受到攻击。孝武帝无力渡河决战，只能沿津据守。若一处得渡，孝武帝一方将回天乏术。

不久，高欢引军渡河，洛阳形势岌岌可危。孝武帝不知所措，问计于群臣。群臣或欲奔梁，或云南依贺拔胜，或云西就关中，或云守洛口死战。⑥当众人得知孝武帝即将西逃的消息后，洛阳城人口逃离大半。

最后，孝武帝决定西入关中，投奔宇文泰。宇文泰本为武川镇将，在六镇起义中崛起，后宰制关陇。孝武帝西奔途中受到了宇文泰的热烈欢迎。宇文泰在谒见皇帝时免冠流涕，责怪自己让皇帝奔波。而孝武帝则安慰宇文泰，称其忠节，表示信任。未几，孝武帝与宇文泰生隙，被毒害而亡。⑦

在东部，高欢召集百官，指责某些大臣"处不谏争，出不陪随"，虚伪地谴责他们不守臣节，将之尽数杀害。此举一方面是为了展示他对元魏皇室的忠诚，另一方面则

---

① 《资治通鉴》卷一五五，第4811—4824页；陈寅恪著，万绳楠整理：《魏晋南北朝史讲演录》，第327—332页。
② （北魏）杨衒之撰，范祥雍校注：《洛阳伽蓝记校注》卷一，第12页；Jenner, W.J.F. *Memory of Loyang: Yang Hsüan-chih and the Lost Capital (493—534)*, p.162.
③ 《北齐书》卷二，第13页。
④ 《北齐书》卷二，第13—16页。
⑤ 平心而论，斛斯椿的行径不足以让孝武帝信赖。当年斛斯椿被高欢击败后就背叛了往日效忠的尔朱家族。参见《魏书》卷八〇，第1773—1774页。
⑥ 《北齐书》卷二，第17页。贺拔胜是北方的杰出将领，不久前被高欢击败，后投降南梁，最后北归，加入了宇文泰阵营。
⑦ 《资治通鉴》卷一五六，第4851—4853、4858页；王仲荦：《魏晋南北朝史》，第586页。

是为了肃清政敌,为独揽朝政开辟道路。

早在孝武帝遇弑前,高欢就在洛阳城东北迎立了年仅 10 岁的孝静帝登基(此举再次违背汉制)。① 自那时起,初以洛阳为根据地的东魏高欢政权与以长安为根基的宇文泰政权正式决裂。535 年,宇文泰立元宝炬为帝,史称"西魏"。双方在中国北方相争长达半世纪之久。

洛阳朝政完全处于高欢的掌控之中,都城的战略转移得以实施。高欢认为洛阳西逼西魏,南近梁境,极不安全。534 年 11 月 18 日,孝静帝自洛阳出发,迁都邺城,随行洛阳居民多达四十万户。② 洛阳人口枯竭,行政级别下降,政治、经济地位一落千丈。535 年,东魏尚书右仆射高隆之发十万民夫拆毁洛阳宫殿,运其材入邺。洛阳遭受毁灭性打击。③

与此同时,东西魏长期冲突不断。537 年,西魏在关中的沙苑之战中大获全胜,独孤信趁势占领金墉城。当时的洛阳破败不堪,人士流散。④ 538 年 7 月,东魏大将侯景包围金墉城,火烧洛阳内外城官寺、民居,人口仅存十之二三。

宇文泰在前往洛阳祭拜魏国皇陵的路上得知独孤信告急,即刻东进与之会师,河桥之战爆发。战场位于北面的黄河河桥与南面的邙山之间。起初东魏大败,兵士淹死黄河者以万数。⑤ 高欢毫不气馁,再次发起反攻。西魏守将将城中房屋焚毁殆尽,仓皇撤退。高欢占领洛阳后,拆毁了金墉城。⑥

高欢虽具汉人血统,但他起自六镇,有很强的鲜卑文化认同感,同情鲜卑士卒。迁都邺城不止是为了控制朝廷,另一方面也是为了远离被孝文帝深度汉化的洛阳。高欢治下的北齐反汉化倾向极为严重,高欢两个儿子依靠政变相继上台,延续了亲近鲜卑的传统。

洛阳衰亡的过程漫长而痛苦。尔朱荣死后,宇文泰与高欢的斗争给洛阳带来了难以磨灭的苦难,直接导致了洛阳城的衰败。短短十年间,洛阳竟遭受了七次攻伐,528 年、531 年、534 年三次蒙辱。至 538 年,建都 44 年的洛阳城,繁华散尽,化作丘墟。

东西魏之争仍在继续,双方都不曾给洛阳哪怕一丝喘息的机会。539 年初,东魏

---

① 《魏书》卷一二,第 297 页;《资治通鉴》卷一五六,第 4852、4855 页。
② 《北史》卷六,第 224 页;《魏书》卷八二,第 1806 页;《资治通鉴》卷一五六,第 4857 页。《北齐书》卷二,第 18 页。通常一户指一个家庭,若依史料记载,40 万户意味着有 200 万口人,但当时洛阳不可能有那么多的人口。因此,此处所指的"户"实意为"人口"。参见周一良:《魏晋南北朝史札记》,北京:中华书局,1985 年,第 404—405 页。
③ 《资治通鉴》卷一五七,第 4864 页;《北史》卷五四,第 1945 页。公元 546 年,洛阳最珍贵的文物——石经,被送往邺城,这一事件无疑暗示了洛阳地位的沦丧。参见《资治通鉴》卷一五九,第 4940 页;《北史》卷五,第 193 页。
④ 《资治通鉴》卷一五七,第 4888 页;《周书》卷三八,第 680 页(译者按:原文作《周书》卷三〇,有误。经译者核验,当为《周书》卷三八)。
⑤ 《资治通鉴》卷一五八,第 4893—4895 页。
⑥ 《北齐书》卷二,第 20 页;《资治通鉴》卷一五八,第 4898—4899 页;《北史》卷六,第 226—227 页。此后,金墉城再度启用,直到唐初方才废置。

洛阳守将弃城而走，西魏占据洛阳。①543年的邙山之战，西魏损兵三万，东魏重获洛阳。②四年后，在一个目击者的描述中，洛阳依然是一座荒凉的城市：

> 城郭崩毁，宫室倾覆，寺观灰烬，庙塔丘墟。墙被蒿艾，巷罗荆棘。野兽穴于荒阶，山鸟巢于庭树。游儿牧竖，踯躅于九逵；农夫耕老，艺黍于双阙。③

在随后的几十年里，洛阳——这座曾经繁荣的大都市，终将被世人的忽视和遗忘。

本文来源：[美]熊存瑞著：《古都洛阳城市形态研究（公元前1038—公元938）》之第四章，第82—117页，伦敦和纽约的Routledge出版，2017。

---

① 《资治通鉴》卷一五八，第4898—4899页；《北史》卷九，第323页。
② 《资治通鉴》卷一五八，第4914—4917页；《周书》卷二，第28页。另据《北齐书》卷二，第21页记载，周军伤亡多达六万人。
③ （北魏）杨衒之撰，范祥雍校注：《洛阳伽蓝记校注》原序，第1页。本段英译来自Jenner（1981，142），有修改。

《长安学研究》征稿启事

1. 本刊宗旨：作为中国最著名的历史文化名城之一，西安拥有悠久的历史文化积淀，同时也烙印着数千年中国历史的缩影。本着立足长安，放眼中国历史的宗旨，我们创办了刊物《长安学研究》，深入探索长安从一座城市到一个文化圈的成长过程，并由此放眼其在中国历史长河中之地位。

2. 本刊每年出版两期，分别于年中、年末出版。

3. 本刊在欢迎一切中国历史研究优秀成果的基础上，同时欢迎以下相关内容的论文：有关长安历史文化及城市史的相关理论与研究；有关丝绸之路相关成果；国外有关中国历史及长安研究成果翻译；新近出版有关中国历史及长安历史文化著作书评；相关历史问题文献综述等。

4. 来稿字数不低于八千字，不设上限，尤盼惠赐高水平之厚重长文。

5. 注释采用页下注，每页重新编号，注释码用阿拉伯数字1、2、3……表示，具体格式参考《历史研究》。

6. 来稿电子文档为doc/docx格式，简体中文，英、日、法、德等非中文语种请使用国际通用字体，字号小四号，行距20磅，邮件主题为"作者姓名＋稿件名称"。

7. 来稿请提供真实姓名、所在单位、职称、详细通讯地址、电子邮箱和联系电话。

8. 来稿无论是否采用，均致审稿意见。

9. 稿酬从优，一经刊发，即赠当期样刊两册。

本征稿启事长期有效。

通讯地址：中国陕西省西安市长安区西长安街620号　陕西师范大学国际长安学研究院《长安学研究》编辑部。

邮政编码：710119

电子邮箱：caxbjb@163.com

联络人：权家玉

垂询电话：029—85310066

《长安学研究》编辑部
2024年6月